¡EXPLOREMOS! 2

MARY ANN BLITT
College of Charleston

MARGARITA CASAS
Linn-Benton Community College

NATIONAL
GEOGRAPHIC
LEARNING | CENGAGE
Learning·

Australia • Brazil • Mexico • Singapore • United Kingdom • United States

¡EXPLOREMOS! Nivel 2
Mary Ann Blitt | Margarita Casas

Senior Product Director: Monica Eckman

Senior Product Team Manager: Heather Bradley Cole

Senior Product Manager: Martine Edwards

Senior Content Development Manager: Katie Wade

Content Development Manager: Kevin O'Brien

Associate Content Developer: Katie Noftz

Associate Content Developer: Kayla Warter

Media Producer: Elyssa Healy

Product Assistant: Angie P. Rubino

Senior Product Marketing Manager: Andrea Kingman

Director Product Marketing: Ellen S. Lees

Senior Content Project Manager: Esther Marshall

Art Director: Brenda Carmichael

Manufacturing Planner: Betsy Donaghey

IP Analyst: Christina A. Ciaramella

IP Project Manager: Betsy Hathaway

Production Service: Lumina Datamatics, Inc.

Compositor: Lumina Datamatics, Inc.

Cover and Text Designer: Brenda Carmichael

Cover Image: Libor Vaicenbacher//500px

For product information and technology assistance, contact us at
Customer & Sales Support, 888-915-3276

For permission to use material from this text or product, submit all requests online at **www.cengage.com/permissions.** Further permissions questions can be emailed to **permissionrequest@cengage.com.**

National Geographic Learning | Cengage Learning
20 Channel Center Street
Boston, MA 02210
USA

Cengage Learning is a leading provider of customized learning solutions with office locations around the globe, including Singapore, the United Kingdom, Australia, Mexico, Brazil and Japan. Locate your local office at **www.cengage.com/global.**

Visit National Georgraphic Learning online at **NGL.Cengage.com**
Visit our corporate website at **www.cengage.com**

Library of Congress Control Number: 2016952196

Student Edition:
ISBN: 978-1-305-96942-1

Printed in the United States of America
Print Number: 01 Print Year: 2016

DEDICATORIA

To my parents and closest friends, I am forever grateful
for your unconditional love and support

Para los estudiantes de español, que aprendan a apreciar
el idioma y sus culturas
(Mary Ann)

A mi queridísima familia: A Gordon, a mis padres, a mis
hermanos Luis, Alfonso y Fer, a Paty y a mis sobrinos.
Gracias por su apoyo y cariño incondicional.

To all our Spanish students!
(Margarita)

Scope and Sequence

Grammar	Reading/Listening	Culture

Scope and Sequence

Chapter	Objectives	Vocabulary

Grammar	Reading/Listening	Culture

¡Exploremos! is a Spanish word meaning **Let's explore!** We hope that studying Spanish will take you on a lifelong adventure.

Learning Spanish prepares you to communicate with millions of people— about 450 million people speak Spanish as their first language. It also allows you to appreciate new music, movies, food, and literature. In addition, learning another language opens your mind and makes you think about your first language and culture from a new perspective. In our modern, globalized world, speaking Spanish gives you an advantage throughout your education and in your future profession.

¡Exploremos! welcomes you to the vast Spanish-speaking world. We hope that you will enjoy the trip and that it opens many doors for you within your own community and in the world beyond.

Mary Ann Blitt
Margarita Casas

Acknowledgments

We would like to express our most sincere gratitude and appreciation to everybody who has supported us on this first edition of *¡Exploremos!* and played a role in the creation of this series. We are so grateful to all who contributed in order to improve it.

We wish to thank everybody who has worked so hard at Cengage to make this project a success. In particular we would like to give a big thank you to our content development team: Martine Edwards, Katie Wade, Katie Noftz, and Kayla Warter. It was a pleasure to work with you all. We also want to thank Beth Kramer. A huge thank you goes to Esther Marshall—we do not know how the project would have been completed without her. Our thanks also go to Mayanne Wright and Andrew Tabor for all their input; to Andrea Kingman, Brenda Carmichael, Christina Ciaramella and the text/image permissions team including Venkat Narayanan from Lumina Datamatics, Aravinda Kulasekar Doss and the production team from Lumina Datamatics for their dedicated work and professional contribution, media producers Carolyn Nichols and Nick Garza, Karin Fajardo, Lupe Ortiz and Margaret Hines, the proofreaders.

Reviewers List

The following teachers have participated in one or several reviews, attended focus groups, have participated in research activities, or belong to the advisory board for *¡Exploremos!*

Mary Ilu Altman Corgan *Central Catholic High School*
Victor Arcenio *Youngstown East High School*
Tim Armstrong *Pomona High School*
Luz Ayre *Frassati Catholic High School*
Josefa Baez *Forest Ridge School of the Sacred Heart*
Samantha Becker *Indian Trail and Bradford High Schools*
Daniel J. Bee *Archbishop Hoban High School*
Bonnie Block *CATS Academy*
Caryn Charles *Hawthorne High School*
Ruvisela Combs *Fairview High School*
Amy Cote *Chandler School*
Nicole Cuello La O *De La Salle Collegiate High School*
Pat Dailey *Malden High School*
Joseph D'Annibale *Avenues: The World School*
Fatima De Granda-Lyle *Classical High School*
Samantha Dodson *Morris School District*
Kelsie Dominguez *Knightdale High School of Collaborative Design*
Paul Dowling *South High School*
Emily Edwards *Corinth Holders High School*
Rachel Fallon *Plymouth North High School*
Gerardo Flores *Cherokee Trail High School*
Rene Frazee *George Washington High School*
Dana Furbush *Tenny Grammar School*
Bridget Galindo *Rangeview High School*
Michael Garcia *Azle High School*
Anne Gaspers *Thornton High School*
Stacy Gery *Manitou Springs High School*
Denise Gleason *Bosque School*
Mirna Goldberger *Brimmer and May School*
Marianne Green *Durham Academy*
Rachel Hazen *Alden High School*
Karen Heist *Woodside High School*
Heidi Hewitt *Montachusett Regional Vocational Technical School*
Christopher Holownia *The Rivers School*
Sheila Jafarzadeh *Quincy High School*

LaMont Johnson   *Maryvale High School*
Michelle Jolley   *Hanford High School*
Michelle Josey   *Crystal River High School*
Kathy Keffeler   *Douglas High School*
Amy Krausz   *Lyons Township High School*
Cynthia Lamas-Oldenburg   *Truman High School*
Evelyn A Ledezma   *Bethlehem Central High School*
Joshua LeGreve   *Green Lake School District*
Tracey Lonn   *Englewood High School*
Rashaun J. Martin   *Haverhill High School*
Toni McRoberts   *Cibola High School*
Laura Méndez Barletta   *Stanford Online High School*
Nancy Mirra   *Masconomet Regional High School*
Margaret Motz   *Rock Canyon High School*
Saybel Núñez   *Avenues: The World School*
Alba Ortiz   *Cottonwood Classical Preparatory School*
Alba Ortiz   *V. Sue Cleveland High School*
Marcelino Palacios   *Channelview High School*
Marne Patana   *Middle Creek High School*
Michelle Perez   *Lebanon High School*
Amelia Perry   *McGill-Toolen Catholic High School*
Kristin Pritchard   *Grand View High School*
Karry Putzy   *Solon High School*
Jocelyn Raught   *Cactus Shadows High School*
Sally Rae Riner   *Green Bay West High School*
Erin Robbins   *Hollis Brookline High School*
José Rodrigo   *West Windsor-Plainsboro High School*
Lisandra Rojas   *Las Vegas Academy of Arts*
Gregory M. Rusk   *V. Sue Cleveland High School*
Leroy Salazar   *Heritage High School*
Kathleen Santiago   *Alden High School and Middle School*
Kelleen Santoianni   *McHenry East High School*
Claudia Seabold Marchbanks   *Crystal River High School*
Rachel Seay   *Corinth Holders High School*
Ann Shanda   *Bucyrus Secondary School*
Ellen Shrager   *Abington Junior High School*
Ryan Smith   *Washoe County School District*
Krista Steiner   *Clinton Middle School*
Adrienne Stewart   *Robbinsville High School*
Andrew Thomas   *Wyoming East High School*
Robert Topor   *Downers Grove South High School*
Anthony Troche   *Las Vegas Academy of Arts*
Karen Trower   *Romeoville High School*
Zora Turnbull Lynch   *Tabor Academy*
Laura VanKammen   *Kenosha eSchool*
Jessica Verrault   *West Windsor-Plainsboro High School North*
Patricia Villegas   *Aurora Central High School*
Ashley Warren   *West Windsor-Plainsboro High School North*
Nicole Weaver   *Denver South High School*
Jonathan Weir   *North Andover High School*
Michael Whitworth   *Watson Chapel High School*
Nancy Wysard   *Mid-Pacific Institute*

Advisory Board Members

Sue Adames *Chaparral High School*
Santiago Azpúrua-Borrás *Hammond School*
Laura Blancq *Mid-Pacific Institute*
Anne Chalupka *Revere High School*
Diana Cruz *Excel Academy Charter School*
Melissa Duplechin *Monarch High School*
Linda Egnatz *Lincoln-Way High School*
JoEllen Gregie *Lyons Township High School*
Lorena Robins *Weber School District*
Dana Webber *State College Area High School*
Tracy Zarodnansky *West Windsor-Plainsboro High School North*
Jenna Ziegler *Alden High School and Middle School*

Learning Strategy

Congratulations on your decision to continue studying Spanish! You have learned a lot already, but most people need to review a concept a few times before they really get it. This chapter is here to help you review the grammar and vocabulary that you learned previously so that you can feel more confident using it. If you have a good understanding of the basics of a language, you then have a solid foundation on which you can build new knowledge.

¡Bienvenidos de nuevo!

Estudiantes peruanas de la ciudad de Cusco

Gramática

Gender and number of nouns

1. A noun is a person, place, or thing. In Spanish, all nouns have gender (masculine / feminine) whether or not they refer to people. In general, if they are not referring to people, nouns that end in **-o** are masculine, and nouns that end in **-a** are feminine. Exceptions include **el** día (m.), **el** mapa (m.), **el** problema (m.), **la** mano (f.), **la** foto (f.), and **la** moto (f.).

2. In order to make a noun plural, add an **-s** to words ending in a vowel. (libro → libros) Add **-es** to words ending in a consonant, unless that consonant is **-z** in which case the **-z** changes to **-c** before adding **-es**. (lápiz → lápices)

3. Some nouns lose an accent mark or gain an accent mark when they become plural. (examen → exámenes) You will learn more about accents in **Capítulo 2**.

Definite and indefinite articles

1. Definite articles mean *the*, and are used to refer to specific nouns or nouns already mentioned. They agree in gender and number with the noun they modify.

	masculino	femenino
singular	el	la
plural	los	las

2. Indefinite articles mean *a, an,* or *some*, and are used to refer to non-specific nouns or nouns not yet mentioned. They also agree in gender and number with the noun they modify.

	masculino	femenino
singular	un	una
plural	unos	unas

Hay

1. **Hay** means *there is* when followed by a singular noun and *there are* when followed by a plural noun.

> **Hay** un libro en el pupitre.
> *There is a book on the desk.*

> **Hay** veinte estudiantes en la clase.
> *There are twenty students in the class.*

> The vocabulary you will need for the activities in this chapter can be found in **Vocabulario esencial,** R-28 and R-29. All of the vocabulary from **Nivel 1** can be found in the glossary at the end of this book.

A practicar

R1.1 **Los números y el salón de clases** Escribe el número de objetos en la clase de la Señora Ramírez. Sigue el modelo usando la palabra **hay**.

Modelo cartel (3)
   Hay tres carteles.

1. pizarra (2)
2. pupitre (34)
3. lápiz (28)

4. reloj (1)
5. computadora (7)
6. cuaderno (15)

R1.2 **En la mochila** Marcela prepara su mochila para el primer día de clases. Completa su lista con los artículos indefinidos apropiados (**un, una, unos, unas**).

Tengo...

1. _____ cuadernos
2. _____ lápiz
3. _____ computadora

4. _____ bolígrafos
5. _____ libros
6. _____ diccionario

R1.3 **¿Cierto o falso?** Miren el salón de clase y túrnense para decir cuántos de los siguientes objetos hay.

Modelo reloj
   Estudiante 1: *Hay un reloj.*
   Estudiante 2: *Cierto. / Falso, no hay relojes.*

1. pupitre
2. computadora
3. ventana
4. mesa

5. pizarra
6. bandera
7. cartel
8. puerta

R1.4 **Los saludos** En parejas inventen diálogos entre las personas del dibujo. Incluyan saludos (*greetings*) y presentaciones (*introductions*). **¡OJO!** Uno de los diálogos debe incluir la forma de **usted.**

Gramática

Subject pronouns

1. The subject pronouns in Spanish are **yo, tú, él, ella, usted, nosotros/nosotras, vosotros/vosotras, ellos, ellas,** and **ustedes**.

2. **Tú** and **usted (Ud.)** both mean *you*. **Tú** is informal, and **usted** is formal.

3. The subject pronouns **nosotros, vosotros,** and **ellos** must be made feminine when referring to a group of only females (**nosotras, vosotras, ellas**). If there is a mixed-gender group, the subject pronouns remain in the masculine form because it also has a generic meaning.

4. **Vosotros** and **ustedes** both mean *you* (plural). In Spain, **vosotros** is used to address a familiar group and **ustedes** is formal. In Latin America, only **ustedes** is used and serves both contexts.

Ser

1. The verb **ser** means *to be*, and its forms are as follows:

yo *(I)*	**soy**	nosotros / nosotras *(we)*	**somos**
tú *(you)*	**eres**	vosotros / vosotras *(you, plural)*	**sois**
usted *(you)*	**es**	ustedes *(you, plural)*	**son**
él *(he)* / ella *(she)*		ellos / ellas *(they)*	

2. **Ser** is used when describing someone's characteristics (tall, intelligent, etc.) and to say where someone is from.

Adjective agreement

1. Adjectives describe a person, place, or thing. In Spanish, adjectives must agree in gender and number with the nouns that they modify.

2. If a singular masculine adjective ends in **-o**, the ending must be changed to **-a** when modifying a feminine noun (**Él es alto.** → **Ella es alta.**).

3. If a singular masculine adjective ends in **-a** or **-e**, it does not need to be changed when modifying a feminine noun (**Él es idealista.** → **Ella es idealista. Él es paciente.** → **Ella es paciente.**).

4. If a singular masculine adjective ends in a consonant, it does not need to be made feminine, unless the ending is **-or**, in which case you would add an **-a** (**Él es trabajador.** → **Ella es trabajadora.**).

5. Once you have made the adjective agree in gender, you must make it also agree in number. To modify plural nouns, you add **-s** to adjectives that end in vowels or **-es** to adjectives that end in consonants (**Él es bajo.** → **Ellos son bajos. Ella es liberal.** → **Ellas son liberales.**).

A practicar

R1.5 **Opuestos** Relaciona el adjetivo en la primera columna con el adjetivo contrario en la segunda columna.

1. bajo
2. gordo
3. cómico
4. corto
5. trabajador
6. pequeño

   a. grande
   b. perezoso
   c. alto
   d. delgado
   e. serio
   f. largo

R1.6 **Nuevos estudiantes** Alex es un nuevo estudiante. Lee su presentación y completa el párrafo con la forma apropiada del verbo **ser**.

¡Hola! Yo **(1)** _____ Alex. Mis padres **(2)** _____ de Guatemala, pero yo

(3) _____ de los Estados Unidos. Ella **(4)** _____ mi hermana gemela

(twin) Lucía. Nosotros **(5)** _____ gemelos pero **(6)** _____ muy diferentes.

Yo **(7)** _____ extrovertido y cómico, pero ella **(8)** _____ tímida y muy

seria. ¿Cómo **(9)** _____ tú?

R1.7 **¿Cómo somos?** Decide cuáles de los siguientes adjetivos te describen. Después pregúntale a tu compañero si esos adjetivos lo describen. Reporta la información a la clase. **¡OJO!** Necesitas usar la forma apropiada del adjetivo.

Modelo   cómico
        Estudiante 1: *¿Eres cómica?*
        Estudiante 2: *Sí, soy cómica. ¿Y tú?*
        Estudiante 1: *Soy cómico también. / No, no soy cómico.*
        Estudiante 1 (reporte): *Jessica y yo somos cómicos. / Jessica es cómica, pero yo no.*

1. generoso

2. idealista

3. trabajador

4. atlético

5. tímido

6. optimista

7. paciente

8. antipático

R1.8 **Las descripciones** En parejas túrnense para describir a las personas en la ilustración. Deben usar dos adjetivos para cada *(each)* persona.

Gramática

Possessive adjectives

1. The possessive adjectives in Spanish are as follows:

mi(s)	*my*	**nuestro(a)(s)**	*our*	
tu(s)	*your*	**vuestro(a)(s)**	*your (plural, informal)*	
su(s)	*his, her, its, your (formal)*	**su(s)**	*their, your (plural, informal or formal)*	

2. Possessive adjectives, like other adjectives, must agree in gender and number with the nouns that they modify. **Nuestro** and **vuestro** are the only possessive adjectives that need to change for gender.

Nuestra familia es muy grande.   *Our family is very big.*

Mis primos son jóvenes.   *My cousins are young.*

3. In Spanish, the *'s* does not exist. Instead, it is necessary to use **de**.

Elena es la hija **de** Juan.
Elena is Juan's daughter.

4. When **de** is followed by **el** in Spanish, you form the contraction **del**.

Anita es una amiga **del** maestro.
Anita is a friend of the teacher.

Regular -ar verbs

1. A verb that ends in **-ar** is in the *infinitive* form. To form the present tense of a regular verb, the **-ar** is dropped from the infinitive and an ending is added that reflects the subject (the person doing the action).

nadar

yo	**-o**	nad**o**	nosotros(as)	**-amos**	nad**amos**
tú	**-as**	nad**as**	vosotros(as)	**-áis**	nad**áis**
él / ella / usted	**-a**	nad**a**	ellos / ellas / ustedes	**-an**	nad**an**

2. When using two verbs together that are dependent upon each other, the second verb remains in the infinitive.

Los estudiantes **necesitan estudiar**.
The students need to study.

However, both verbs are conjugated if they are not dependent on each other.

Mi primo **trabaja, practica** deportes y **estudia** en la universidad.
My cousin works, plays sports, and studies at the university.

3. Place the word **no** before the conjugated verb to make a statement negative.

Mis padres **no** toman café.
*My parents **don't** drink coffee.*

4. To form a yes/no question, you simply use intonation to raise your voice and place the subject after the conjugated verb. There is no need for a helping word in Spanish.

¿Cocinas tú bien?
Do you cook well?

A practicar

R2.1 **La familia** Escoge la palabra que describe la relación entre Susana y cada persona de su familia.

abuelo(a)   hermano(a)   madre   padre   primo(a)   tío(a)

1. Roberto es el _____ de Susana.
2. Daniel e Ignacio son los _____ de Susana.
3. Pilar es la _____ de Susana.
4. Jorge es el _____ de Susana.
5. Mercedes es la _____ de Susana.
6. Enrique y Rosa son los _____ de Susana.
7. Alicia es la _____ de Susana.
8. Sara es la _____ de Susana.

R2.2 **Mi familia** Amalia le escribe un mensaje a una amiga sobre su familia. Completa el párrafo con los adjetivos posesivos apropiados: **mi(s)**, **tu(s)**, **su(s)**, **nuestro(s)**, **nuestra(s)**. Presta atención a la concordancia (*agreement*).

Mi familia y yo vivimos en San José. **(1)** _____ casa no es muy grande, pero es bonita. **(2)** _____ padres son maestros y **(3)** _____ hermana Reina es estudiante en la universidad. **(4)** _____ clases son muy difíciles. **(5)** _____ familia tiene dos gatos. **(6)** _____ gatos son grandes y gordos. Durante las vacaciones visitamos a **(7)** _____ abuelos. Ellos tienen un perro y **(8)** _____ perro es muy cariñoso. ¿Cómo es **(9)** _____ familia?

R2.3 **¿Quién?** Explícale a tu compañero quién hace (*does*) o no hace las siguientes actividades.

Modelo   mirar la tele por la noche
Mis padres y yo miramos la tele por la noche.
El maestro de español no mira la tele por la noche.

1. trabajar en una oficina
2. estudiar geografía
3. cocinar muy bien
4. practicar un deporte
5. esquiar
6. limpiar la casa
7. cantar en un coro (*choir*)
8. tomar fotos

R2.4 **Conversación** Túrnense para hacer y responder las preguntas sobre sus familias y sus actividades.

1. ¿Cuántas personas hay en tu familia? ¿Cómo se llaman? ¿Cómo son?
2. ¿Tienes mascotas? ¿Qué son? ¿Cómo se llaman?
3. ¿Hablas mucho por teléfono? ¿Con quién hablas?
4. ¿Cuándo estudias y qué estudias?
5. ¿Quién cocina en tu familia? ¿Quién limpia la casa?

Gramática

The verb tener

1. The verb **tener** means *to have*, and its forms are as follows:

yo	**tengo**	nosotros(as)	**tenemos**
tú	**tienes**	vosotros(as)	**tenéis**
él / ella / usted	**tiene**	ellos / ellas / ustedes	**tienen**

2. The verb **tener** can also mean *to be* when used in certain expressions. See **expresiones con** *tener* on page R-28.

Mi mejor amiga **tiene** diecinueve años.
*My best friend **is** nineteen years old.*

Yo siempre **tengo** hambre antes del almuerzo.
*I **am** always hungry before lunch.*

Adjective placement

1. In Spanish, adjectives are generally placed after the noun they describe.

La química no es una clase **fácil**.
*Chemistry is not an **easy** class.*

2. Adjectives such as **mucho, poco,** and **varios** that indicate quantity or amount are placed in front of the object.

Tengo **varias** clases los jueves, pero no tengo clase los viernes.
*I have **several** classes on Thursdays, but I don't have class on Fridays.*

3. Bueno and **malo** are often used in front of the noun they modify, and the **o** is dropped when used in front of a masculine singular noun.

La señora es una **buena** maestra.
*The woman is a **good** teacher.*

Es un **mal** día.
*It is a **bad** day.*

4. When using more than one adjective to describe a noun, use commas between adjectives and **y** *(and)* before the last adjective.

Mis clases son largas, difíciles **y** aburridas.
*My classes are long, difficult, **and** boring.*

A practicar

R2.5 **Las materias** Relaciona cada materia *(subject)* con uno de los lugares de la lista.
No debes repetir *(repeat)* respuestas.

1. la química
2. la música
3. la literatura
4. las matemáticas
5. la educación física

a. la biblioteca
b. el gimnasio
c. el laboratorio
d. el auditorio
e. el salón de clase

R2.6 **En mi clase** Completa las oraciones para describir lo que hay en tu clase de español. Presta atención a la posición del adjetivo y a su forma.

Modelo una computadora / nuevo
> *En la clase de español (no) hay una computadora nueva.*

En la clase de español (no) hay...

1. un estudiante / rubio
2. una estudiante / interesante
3. un maestro / joven
4. libros / mucho
5. un escritorio / grande
6. carteles / poco
7. una pizarra / viejo
8. exámenes/ difícil

R2.7 **En busca de...** Encuentra a alguien que responda **sí** para cada situación. Escribe los nombres de las ocho personas en tu cuaderno.

Modelo tener sed
> Estudiante 1: *¿Tienes sed?*
> Estudiante 2: *Sí, tengo sed. / No, no tengo sed.*

1. tener sueño hoy
2. tener 15 años
3. tener éxito en las matemáticas
4. tener que tomar un examen esta semana
5. tener hambre ahora
6. tener miedo de los insectos
7. tener ganas de viajar a Puerto Rico
8. siempre tener frío

R2.8 **Conversación** Entrevista (*Interview*) a dos compañeros sobre la escuela y sus clases este año. Anota sus respuestas para escribir un resumen.

1. ¿Qué clases tomas?
2. ¿Qué clases son difíciles? ¿Qué clases son fáciles?
3. ¿Para qué clase tienes que trabajar mucho?
4. ¿Tienes sueño en tu primera clase por la mañana?
5. ¿Tienen buena comida (*food*) en la cafetería de nuestra escuela? ¿Generalmente tienes mucha hambre a la hora del almuerzo (*lunch*)?

Monkey Business Images/Shutterstock.com

Gramática

The verb gustar

1. The Spanish equivalent of *I like* is **me gusta**, which literally means *it pleases me*. The expression **me gusta** (*I like*) is followed by a singular noun. When followed by a plural noun, the verb becomes **me gustan**.

> **Me gusta** la clase.
> *I like the class. (The class pleases me.)*

> **No me gustan** los exámenes.
> *I don't like exams.*

> **Me gustan** el francés y el italiano.
> *I like French and Italian.*

Remember that when using **gustar** with a noun, you must use the definite article as well.

2. When followed by a verb or a series of verbs, the singular form **gusta** is used.

> A Julio **le gusta** practicar deportes y leer.
> *Julio likes to play sports and read.*

> A mi hermana **le gusta** nadar y esquiar.
> *My sister likes to ski and swim.*

3. **Gustar** can also be used to ask about or indicate what other people like.

me gusta(n)	*I like*	**nos gusta(n)**	*we like*
te gusta(n)	*you like*	**os gusta(n)**	*you like (plural, Spain)*
le gusta(n)	*he/she likes*	**les gusta(n)**	*they, you (plural) like*

4. To clarify who he or she is, it is necessary to use an **a** in front of the name or personal pronoun.

> **A Marta** le gusta correr.
> *Marta likes to run.*

5. To express different degrees, use the terms **mucho** (*a lot*), **un poco** (*a little*), and **para nada** (*not at all*).

> No me gusta trabajar **para nada**.
> *I don't like working **at all**.*

Regular -er and -ir verbs

1. Regular **-er** and **-ir** verbs follow a pattern very similar to that of regular **-ar** verbs.

2. The endings for regular **-er** verbs are as follows:

comer

yo	**-o**	com**o**	nosotros(as)	**-emos**	com**emos**
tú	**-es**	com**es**	vosotros(as)	**-éis**	com**éis**
él / ella / usted	**-e**	com**e**	ellos / ellas / ustedes	**-en**	com**en**

3. The endings for regular **-ir** verbs are as follows:

vivir

yo	**-o**	viv**o**	nosotros(as)	**-imos**	viv**imos**
tú	**-es**	viv**es**	vosotros(as)	**-ís**	viv**ís**
él / ella / usted	**-e**	viv**e**	ellos / ellas / ustedes	**-en**	viv**en**

A practicar

R3.1 **Las vacaciones** Estas personas tienen planes para viajar este verano. Escribe adónde viajan, qué tiempo hace y qué ropa necesitan.

abrigo bufanda botas camiseta chaqueta gafas de sol gorro guantes impermeable pantalones (cortos) paraguas sandalias suéter tenis traje de baño

Modelo Maritza / Puerto Rico
Maritza viaja a Puerto Rico. Hace mucho calor. Necesita llevar unos pantalones cortos, un traje de baño y unas sandalias.

1. Rodrigo / Guatemala
2. Lila / Argentina
3. Regina / Colombia
4. Jaime / Perú

R3.2 **Un mensaje** Marcos escribe un mensaje a un amigo en los Estados Unidos. Completa su mensaje con la forma apropiada del verbo más lógico entre paréntesis.

¡Hola! Para responder tu pregunta, yo **(1)** _____ (leer/vivir) en un apartamento con mis padres y mi hermano Alberto. Alberto y yo **(2)** _____ (abrir/aprender) inglés en la escuela. (Nosotros) **(3)** _____ (leer/vender) libros en inglés y **(4)** _____ (escribir/abrir) composiciones. Yo **(5)** _____ (recibir/deber) buenas notas, pero mi hermano **(6)** _____ (creer/deber) estudiar más para tener buenas notas. Por las noches nuestros padres **(7)** _____ (asistir/escribir) a una clase de inglés en la universidad. Ellos **(8)** _____ (aprender/creer) que es importante aprender inglés. Tú **(9)** _____ (vivir/comprender) mucho español, ¿verdad?

R3.3 **¿Te gusta?** Habla con un compañero para saber *(to know)* si le gustan las siguientes cosas *(things)* y actividades.

Modelo el frío
Estudiante 1: *¿Te gusta el frío?*
Estudiante 2: *No me gusta el frío para nada. ¿A ti te gusta el frío?*
Estudiante 1: *Sí, me gusta mucho.*

1. el color azul
2. llevar camisetas
3. los bluyines
4. la ropa cómoda
5. la primavera y el otoño
6. los tenis
7. comprar zapatos
8. nadar y tomar el sol

Gramática

The verb ir

1. The verb **ir** means *to go*:

yo	**voy**	nosotros(as)	**vamos**
tú	**vas**	vosotros(as)	**vaís**
él / ella / usted	**va**	ellos / ellas / ustedes	**van**

2. To tell where someone is going, it is necessary to use the preposition **a** *(to)*. When asking where someone is going, the preposition **a** is added to the word **dónde (adónde)**. When **a** is followed by the definite article **el**, you must use the contraction **al**.

> **¿Adónde** van?
> *(To) **Where** are they going?*

> Mis amigos van **al** museo.
> *My friends are going **to the** museum.*

3. It is common to use the verb **ir** in the present tense to tell where someone is going at that moment.

> Mi amiga **va** a la universidad ahora.
> *My friend **is going** to the university now.*

4. The verb **ir** is used in a variety of expressions.

ir de compras *to go shopping*	**ir de paseo** *to go for a walk*
ir de excursión *to go hiking*	**ir de viaje** *to take a trip*

Ir + a + infinitive

1. Similar to English, the verb **ir** can be used to talk about the future. To tell what someone is going to do use the structure **ir + a +** infinitive.

> El viernes **vamos a bailar**.
> *On Friday we're going to dance.*

> Miguel **va a estudiar** este fin de semana.
> *Miguel is going to study this weekend.*

2. To ask what someone is going to do, use the verb **hacer** in the question. When responding, the verb **hacer** is not necessary.

> ¿Qué vas a hacer (tú)?
> *What are you going to do?*

> (Yo) Voy a estudiar (trabajar, comer, etcétera).
> *I am going to study (work, eat, etc.).*

Telling time

1. To tell at what time an event occurs, use **a la/ a las**.

> La clase es **a la** una.
> *Class is **at** one o'clock.*

2. Use **cuarto** to express a quarter before or after an hour, and use **media** to express half past an hour.

> Voy a mi casa a las tres menos **cuarto** de la tarde.
> *I go home at **quarter** to three in the afternoon.*

> Vamos a comer a las dos y **media**.
> *We are going to eat two-**thirty**.*

A practicar

R3.4 **¿Cuándo es?** Completa las oraciones con los días, meses y fechas apropiadas.

1. Los días del fin de semana son _____ y _____.

2. Asistimos a clases de _____ a _____.

3. La fecha del Año Nuevo es el _____.

4. El Día de la Madre es en _____ y el Día del Padre es en _____.

R3.5 **¿Adónde van?** Usa el verbo **ir** para explicar adónde van estas personas.

Modelo El maestro tiene que enseñar su clase.
Va al salón de clase.

1. Yo quiero jugar *(play)* básquetbol.

2. Tú practicas el fútbol.

3. Mis compañeros de clase quieren estudiar para el examen.

4. Mi amigo y yo tenemos hambre.

5. Los estudiantes de la clase de historia van a ver una presentación.

6. Ustedes necesitan buscar un libro para un proyecto.

R3.6 **El fin de semana...** Escribe frases sobre lo que van a hacer estas personas durante el fin de semana usando la información entre paréntesis.

Modelo (La tía de Irene / tomar una siesta)
La tía de Irene va a tomar una siesta.

1. (Ignacio / escribir una composición)

2. (Nosotras / mirar la tele)

3. (Mis hermanas / practicar un deporte)

4. (Jorge y yo / comer en un restaurante)

5. (Usted / leer)

6. (Los abuelos / cocinar)

7. (Vosotros / caminar a casa)

8. (Yo / estudiar para un examen)

R3.7 **Rutinas** En parejas túrnense para explicar qué van a hacer las personas en las imágenes y a qué hora.

Modelo Raúl
Raúl va a correr con el perro a las diez.

1. Silvia y Gisela   2. Tomás   3. Lupe y yo   4. el señor y la señora Márquez   5. Olga

Gramática

Stem-changing verbs (o → ue)

1. Stem-changing verbs have a change in the stem or the root of the verb when they are conjugated. All of the endings are the same as other **-ar**, **-er**, and **-ir** verbs.

2. **Poder** is an **o → ue** stem-changing verb. Notice that **o** changes to **ue** in all forms except **nosotros** and **vosotros**.

puedo	podemos
puedes	podéis
puede	**pue**den

3. The verb **jugar** follows the same pattern, but its stem changes from **u → ue**:

juego	jugamos
juegas	jugáis
juega	**jue**gan

Estar with prepositions

1. **Estar** means *to be* and is used to talk about position or location. Its forms are as follows:

estoy	estamos
estás	estáis
está	están

2. You will always use **estar** when using any of the prepositions of place.

a la derecha de	**al lado de**	**a la izquierda de**	**cerca de**	**debajo de**	**dentro de**
detrás de	**en encima de**	**enfrente de**	**entre**	**fuera de**	**lejos de**

El café **está entre** la farmacia y la biblioteca.
The coffee shop is (located) between the pharmacy and the library.

3. Note that most of the prepositional phrases include the word **de**. Remember to form the contraction **del** when **de** is followed by the definite article **el**.

Vivo lejos **del** supermercado.　　　*I live far from the supermarket.*

A practicar

R4.1 **¿Qué hacemos aquí?** Escoge el lugar que corresponde con la descripción a la izquierda.

1. Los pilotos pasan mucho tiempo aquí.　　**a.** el parque

2. Hay muchos cuadros *(paintings)* aquí.　　**b.** el aeropuerto

3. Las personas nadan aquí.　　**c.** el banco

4. Vamos de compras aquí.　　**d.** la escuela

5. Los estudiantes aprenden aquí.　　**e.** el cine

6. Las personas van aquí para ver películas.　　**f.** la tienda

7. Camino con mi perro aquí.　　**g.** el museo

8. Hay dinero aquí.　　**h.** la piscina

R4.2 **En común** En parejas entrevístense para saber si los dos hacen las siguientes actividades. Después repórtenle a la clase.

Modelo Siempre recordar hacer la tarea
Estudiante 1: *¿Siempre recuerdas hacer la tarea?*
Estudiante 2: *Sí, (No, no) siempre recuerdo hacer la tarea.*
Resumen: *Nosotros dos siempre recordamos hacer la tarea. / Yo siempre recuerdo…, pero… no siempre recuerda…*

1. Dormir en un hotel durante las vacaciones
2. Jugar baloncesto en el parque
3. Almorzar en la cafetería
4. Poder nadar en una piscina
5. Volver a casa después de las cuatro
6. Devolver los libros a la biblioteca a tiempo *(on time)*

R4.3 **¿Dónde están?** Mira la ilustración y usa el verbo **estar** y las preposiciones para explicar dónde están los edificios y los autos.

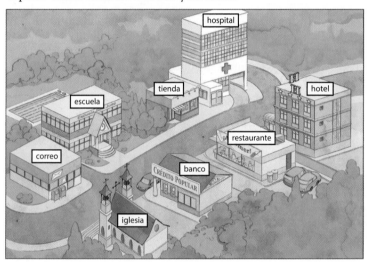

Modelo la escuela / el banco
La escuela está enfrente del banco.

1. la piscina / la escuela
2. el auto rojo / el banco
3. el hotel / el correo
4. el correo / la escuela
5. el restaurante / el hotel y el banco
6. el banco / la iglesia
7. la tienda / el hospital
8. el auto azul / el auto verde

R4.4 **El fin de semana** Habla con un compañero sobre tus actividades de los fines de semana.

1. ¿Duermes hasta tarde *(until late)* los fines de semana? ¿A qué hora te gusta almorzar los domingos?
2. ¿Adónde vas? ¿Con quién vas? ¿Por qué?
3. ¿Te gusta ir al cine? ¿Por qué?
4. ¿Te gusta ir al centro comercial? ¿Cuál es tu tienda favorita? ¿Dónde está?
5. ¿Hay un parque cerca de tu casa? ¿Vas al parque los fines de semana? ¿Qué actividades puedes hacer en el parque?

Gramática

Interrogatives

1. To ask for specific information in Spanish, you generally start the question with a question word and place the subject after the verb.

   ¿Dónde trabajan tus padres?   *¿Where do your parents work?*

   Remember that it is not necessary to have a helping word such *do* or *does*.

2. Prepositions (**a, con, de, en, por, para,** etc.) must be placed in front of the question word.

   ¿Con quién estudias?   **With** *whom do you study?*

3. **Quién** and **cuál** must agree in number with the noun they refer to, and **cuánto** and **cuántos** must agree in gender.

   ¿Quiénes van a comer con nosotros?   **Who(m)** *is going to eat with us?*

   ¿Cuáles son tus películas favoritas?   **What** *are your favorite movies?*

   ¿Cuántas camas hay en la casa?   **How many** *beds are in the house?*

4. When asking *which*, use **qué** in front of a noun and **cuál** in front of a verb or with the preposition **de**.

   ¿Qué electrodomésticos necesitas?   **Which (What)** *appliances do you need?*

   ¿Cuáles de los libros te gustan más?   **Which** *of the books do you like the most?*

5. When asking *what*, use **cuál** with the verb **ser** with the exception of the question **¿Qué es?** *(What is it?)*. Use **qué** with all other verbs.

   ¿Cuál es tu número de teléfono?   **What** *is your phone number?*

   ¿Qué buscas en el garage?   **What** *are you looking for in the garage?*

Stem-changing verbs (e → ie) and (e → i)

1. You will recall that stem-changing verbs have a change in the stem or the root of the verb, and that all of the endings are the same as other **-ar, -er,** and **-ir** verbs.

2. **Querer** is an **e → ie** stem-changing verb. Notice that **i** changes to **ie** in all forms except **nosotros** and **vosotros**.

quiero	queremos
quieres	queréis
quiere	quieren

3. The **e → ie** stem-changing verbs **comenzar** and **empezar** are followed by the preposition **a** when used with an infinitive.

   Empieza a llover.   *It's starting to rain.*

4. **Pedir** is an **e → i** stem-changing verb. Remember that **pedir** means to ask *for* something or to order something, whereas **preguntar** means to ask a question. Like the verb **querer**, there are no stem-changes in the **nosotros** and **vosotros** forms.

pido	pedimos
pides	pedís
pide	piden

5. The **e → i** stem-changing verbs **reír** and **sonreír** require accents on the **í** in all of the conjugated forms.

   Los niños **sonríen** en la foto.   *The children smile in the photo.*

A practicar

R4.5 **¿Recuerdas?** Indica el nombre de cada habitación y tres objetos que hay dentro.

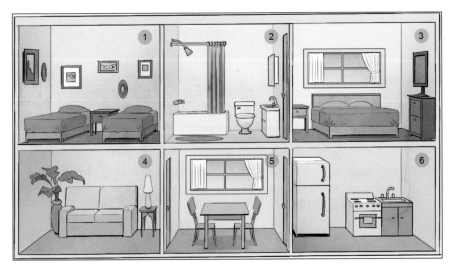

Habitación 1 = _____ : 1. _____ 2. _____ 3. _____

Habitación 2 = _____ : 1. _____ 2. _____ 3. _____

Habitación 3 = _____ : 1. _____ 2. _____ 3. _____

Habitación 4 = _____ : 1. _____ 2. _____ 3. _____

Habitación 5 = _____ : 1. _____ 2. _____ 3. _____

Habitación 6 = _____ : 1. _____ 2. _____ 3. _____

R4.6 **Algunas preguntas** Amalia responde las preguntas de una amiga. Escribe la pregunta necesaria para obtener la información subrayada *(underlined)*.

cómo   cuándo   cuál(es)   cuánto/a(s)   dónde   por qué   quién(es)   qué

Modelo Tomo <u>seis</u> clases.
　　　　　¿Cuántas clases tomas?

1. <u>Mis padres</u> van a comprar una casa.
2. La casa está <u>en la calle Juárez</u>.
3. Hay <u>tres</u> dormitorios en mi casa.
4. Mi dormitorio es <u>grande</u>.
5. Hay <u>una ventana</u> en mi dormitorio.

6. Puedes ir a mi casa <u>a las tres</u>.
7. Me gusta mi habitación <u>porque es amarilla</u>.
8. Mi color favorito es <u>amarillo</u>.

R4.7 **Comparando** En parejas pregúntense si hacen las siguientes actividades. Después *(make)* un diagrama de Venn en sus cuadernos sobre las similitudes y diferencias entre tú y tu compañero.

1. Preferir estudiar en el dormitorio
2. Competir en un deporte
3. Querer mirar una película este fin de semana
4. Entender muy bien las matemáticas
5. Pensar viajar este *(this)* verano
6. Empezar a hacer la tarea cuando llega a casa

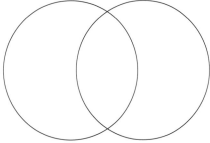

Gramática

Estar with adjectives and present progressive

1. Remember that **estar** is an irregular verb:

estoy	estamos
estás	estáis
está	están

2. Apart from indicating location, the verb **estar** is also used to express an emotional, mental, or physical condition.

| Mis padres **están** felices. | *My parents **are** happy.* |
| **Estoy** ocupado. | *I **am** busy.* |

3. The verb **estar** is also used with present participles to form the present progressive. The present progressive is used to describe actions in progress. To form the present participle, add -**ando** (-**ar** verbs) or –**iendo** (-**er** and -**ir** verbs) to the stem of the verb.

    El maestro **está hablando** con Tito ahora.   *The teacher **is talking** to Tito now.*

4. When the stem of an -**er** or an -**ir** verb ends in a vowel, -**yendo** is used instead of -**iendo**.

    leer – le**yendo**   oír – o**yendo**

5. Stem-changing -**ir** verbs have an irregular present participle. An **e** in the stem becomes an **i**, and an **o** in the stem becomes a **u**.

    mentir – m**i**ntiendo   dormir – d**u**rmiendo

6. In the present progressive, the verb **estar** must be conjugated; however, you will notice that the present participle does NOT change at all; it is the same for all conjugations.

    Mis hijas **están estudiando** inglés.   *My daughters **are studying** English.*

Ser and estar

1. The verb **ser** is used in the following ways:

- to describe characteristics of people, places, or things
  La profesora **es** inteligente.
- to identify a relationship, occupation, or nationality
  Mi novia **es** peruana.
- to express origin
  Yo **soy** de Bolivia.
- to express possession
  El libro **es** de Álvaro.
- to tell time and give dates
  Son las dos.

2. The verb **estar** is used in the following ways:

- to indicate location
  Ella **está** en la casa.
- to express an emotional, mental, or physical condition
  Mi madre **está** enferma hoy.
- in the present progressive
  Estoy estudiando.

3. The use of **ser** and **estar** with some adjectives can change the meaning of the adjectives. **Ser** indicates a characteristic or a trait, while **estar** indicates a condition. Some common adjectives that change meaning are: **aburrido, feliz, bueno, malo, guapo**.

| Carlos **es** aburrido. | *Carlos is boring. (personality)* |
| Graciela **está** aburrida. | *Graciela is bored. (present condition)* |

A practicar

R5.1 **Las emociones** Escoge la reacción más lógica a cada situación.

1. Eres cantante y recibes un premio Grammy.

   a. Estoy cansado.   **b.** Estoy enojado.   **c.** Estoy emocionado.

2. Vas de vacaciones a las Islas Canarias y pierdes tu pasaporte.

   a. Estoy avergonzado.   **b.** Estoy preocupado.   **c.** Estoy seguro.

3. Un compañero de clase quiere tu autógrafo.

   a. Estoy sorprendido.   **b.** Estoy ocupado.   **c.** Estoy celoso.

4. Recibes una caja *(box)* de chocolates y comes todo en un día.

   a. Estoy enfermo.   **b.** Estoy cansado.   **c.** Estoy enamorado.

5. Necesitas trabajar pero no puedes encontrar un trabajo.

   a. Estoy alegre.   **b.** Estoy frustrado.   **c.** Estoy equivocado.

R5.2 **¿Qué están haciendo?** Describe lo que están haciendo todos en el parque.

   Modelo Elena
   Elena está bebiendo agua y tomando el sol.

beber	comer	estudiar	jugar al béisbol/al fútbol/al tenis	leer
patinar *(to skate)*	remar *(to row)*	tomar el sol	tomar fotos	

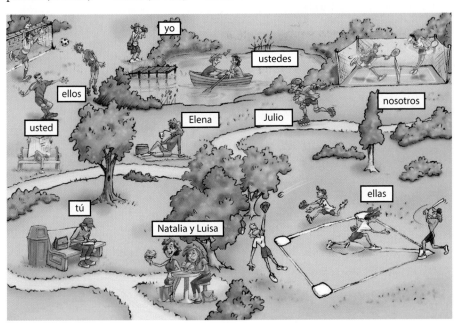

R5.3 **Un poco de todo** Completa las preguntas con las formas necesarias de **ser** o **estar**. Después trabaja con un compañero y túrnense para responder a las preguntas.

1. ¿Cuántas clases _____ tomando? ¿Cuál _____ tu clase favorita? ¿Por qué _____ un buen estudiante?

2. En tu opinión ¿cuál _____ la clase más difícil? ¿Quién _____ el maestro?

3. ¿_____ cansado por la mañana? ¿Por qué?

4. Cuando (tú) _____ en tu casa, ¿en qué habitación te gusta _____? ¿Por qué?

R5.4 **Descripciones** Pregúntale a un compañero si estos adjetivos lo describen. Presta atención al uso de **ser** y **estar** y a las formas de los adjetivos.

> **Modelo** honesto Estudiante 1: *¿Eres honesta?*
> Estudiante 2: *Sí, soy honesta.*
> triste Estudiante 1: *¿Estás triste?*
> Estudiante 2: *No, no estoy triste.*

1. paciente
2. feliz
3. enfermo

4. optimista
5. atlético
6. cansado

7. trabajador
8. amable
9. ocupado

R5.5 **Oraciones incompletas** Completa las oraciones de forma original. Presta atención a los usos de **ser** y **estar**.

1. Cuando estoy enojado prefiero...
2. En mi escuela todos los estudiantes están...
3. Yo soy muy...

4. Mis amigos y yo somos...
5. Ahora mismo mis compañeros de clase y yo estamos...
6. Mi familia es...

Gramática

Verbs with changes in the first person

1. The following verbs have irregular first person forms:

hacer	→ **hago**	conducir	→ **conduzco**
poner	→ **pongo**	dar	→ **doy**
salir	→ **salgo**	ver	→ **veo**
traer	→ **traigo**		

2. The following verbs are not only irregular in the first person form, but also have other changes:

decir		venir	
digo	decimos	**vengo**	venimos
dices	decís	vienes	venís
dice	dicen	viene	vienen

seguir		oír	
sigo	seguimos	**oigo**	oímos
sigues	seguís	oyes	oís
sigue	siguen	oye	oyen

Saber and conocer

1. **Saber** and **conocer** are irregular in the first person form.

saber		conocer	
sé	sabemos	**conozco**	conocemos
sabes	sabéis	conoces	conocéis
sabe	saben	conoce	conocen

2. While the verbs **saber** and **conocer** both mean *to know*, they are used in different contexts. **Saber** is used to express knowledge of facts or information as well as skills. **Conocer** is used to express acquaintance or familiarity with a person, place, or thing.

Ana **conoce** Chile.	*(familiarity)*
Ana **sabe** donde está Chile.	*(fact)*

3. When using **saber** to mean *to know how to do something*, it is followed by the infinitive.

El maestro **sabe** enseñar.   The teacher **knows how to** teach.

4. When expressing knowledge or familiarity with general concepts or subjects, the verb **conocer** is used.

El artista **conoce** el arte prehispánico.   *The artist **knows** (is familiar with) pre-Hispanic art.*

5. Remember to use the *personal* **a** with **conocer** when referring to a person or a pet.

Conozco **al** piloto.   *I know the pilot.*

A practicar

R5.6 **Los trabajos** Decide qué profesión corresponde con cada definición.

abogado	asistente de vuelo	bailarín	cocinero	enfermero
ingeniero	mesero	periodista	veterinario	

1. Trabaja con animales.

2. Sirve comida y bebidas en el avión *(plane)*.

3. Busca información y escribe artículos.

4. Trabaja en un hospital.

5. Diseña nuevas tecnologías.

6. Le gusta la danza.

7. Prepara comida en la cocina.

8. Es experto en la ley *(law)*.

9. Trae comida y bebidas a las mesas en un restaurante.

Stephen Coburn/Shutterstock.com

R5.7 **Entrevista** Selecciona el verbo necesario para completar cada *(each)* pregunta. Después entrevista a un compañero con las preguntas. Si tu compañero responde sí a la primera pregunta, haz la pregunta adicional.

1. ¿(Saber/Conocer) cantar? ¿Dónde cantas?

2. ¿(Saber/Conocer) al hermano o a la hermana de un compañero de clase? ¿De quién?

3. ¿(Saber/Conocer) otro país *(country)*? ¿Cuál?

4. ¿(Saber/Conocer) a un maestro de otra lengua? ¿Quién?

5. ¿(Saber/Conocer) jugar un deporte? ¿Qué deporte?

6. ¿(Saber/Conocer) el nombre de una canción en español? ¿Qué canción?

R5.8 **En busca de...** ¿Quiénes hacen las siguientes actividades? Encuentra a un compañero para cada actividad. Escribe los nombres de los cinco compañeros en tu cuaderno y después repórtale a la clase.

Modelo conducir el coche de tus padres
Estudiante 1: *¿Tú conduces el coche de tus padres?*
Estudiante 2: *No, no conduzco.*

1. poner la mesa en su casa

2. ver la televisión todas las noches

3. hacer la tarea a veces *(sometimes)* en la biblioteca

4. traer el almuerzo a la escuela

5. venir a la escuela en autobús

Gramática
Reflexive verbs

1. Reflexive verbs are verbs whose subject also receives the action performed. In Spanish, these verbs are characterized by the reflexive pronoun **se** that follows the infinitive form of the verb. Many of the verbs used to talk about daily routine are reflexive verbs.

2. Reflexive verbs are conjugated like regular verbs, except that the reflexive pronoun **se** must also be changed to reflect the subject.

levantarse	
me levanto	**nos** levantamos
te levantas	**os** levantáis
se levanta	**se** levantan

3. The reflexive pronoun can always go in front of the conjugated verb. If you are using two verbs, it will often precede the first verb. However, it is possible to attach the pronoun to the end of the infinitive or the present participle. Notice that if you attach the pronoun to the present participle, you must use an accent.

Nos lavamos las manos antes de comer.	*We wash our hands before eating.*
Paula **se está estirando**. / Paula **está estirándose**.	*Paula is stretching.*
¿**Vas a ducharte** antes de salir?	*Are you going to shower before going out?*

Remember that even when you use the infinitive the pronoun must agree with the subject.

4. The verbs that you have learned as reflexive (**bañarse, lavarse**, etc.) can also be used without a reflexive pronoun. If the person doing the action does not receive the action, the possessive pronoun is not used.

| Roberto **lava** su coche los sábados. | *Roberto washes his car on Saturdays.* |

5. Use the definite article rather than the possessive adjective after a reflexive verb.

| Mariana se cepilla **los** dientes. | *Mariana brushes her teeth.* |

Adverbs of time and frequency

1. One of the functions of an adverb is to tell when an action occurs. The following common adverbs of time may be used either before or after the action:

ahora	hoy	mañana	pronto
a menudo	luego	más tarde	todos los días

Tengo que bañarme **ahora**. / **Ahora** tengo que bañarme.

I need to take a bath now. / Now I need to take a bath.

2. The following adverbs of time usually come before the verb:

a veces*	normalmente	(casi) siempre	ya
mientras*	(casi) nunca	todavía	ya no

| **A veces** mis padres se acuestan tarde. | *Sometimes my parents go to bed early.* |
| Mi hermano **siempre** se despierta tarde. | *My brother always gets up late.* |

* If using a subject in the sentence, these adverbs are placed in front of the subject.

3. To say what someone does before or after another activity, use the expressions **antes de** + *infinitive* and **después de** + *infinitive*.

> **Antes de acostarse,** mi hermana lee un libro.   ***Before going to bed,*** *my sister reads a book.*

Antes and **después** can be used without the preposition **de** and followed by a conjugated verb; however, the meaning changes slightly, and they are translated as *beforehand* and *afterwards*, respectively.

> Me ducho y **después** me acuesto.   *I shower and **afterwards** I go to bed.*

4. When saying how often you do something, use the word **vez (veces)**.

> Me cepillo los dientes **dos veces al día.**   *I brush my teeth **twice a day**.*

Notice that the adverbial expression comes after the activity.

A practicar

R6.1 **Partes del cuerpo** Escoge la palabra que no pertenece *(does not belong)*.

1. la nariz	los ojos	el estómago
2. el tobillo	los dedos	la pierna
3. la cara	la cabeza	el pie
4. el pelo	el codo	el brazo
5. el cuello	la boca	los dientes

R6.2 **Por la mañana** Pon las actividades en una secuencia lógica.

a. secarse   **d.** ducharse

b. despertarse   **e.** levantarse

c. vestirse

1. …   **2.** …   **3.** …   **4.** …   **5.** …

R6.3 **¿Cuándo?** Con un compañero pregúntense cuándo hacen las siguientes actividades. Usen los siguientes adverbios de tiempo en sus respuestas.

antes de	a veces	después de	mientras	nunca
siempre	todos los días	una vez a		

Modelo maquillarse
> Estudiante 1: *¿Cuándo te maquillas?*
> Estudiante 2: *Nunca me maquillo ¿y tú?*

1. cepillarse los dientes   **4.** practicar deportes

2. ducharse   **5.** lavarse el pelo

3. lavarse la cara   **6.** ponerse ropa elegante

R6.4 **En busca de…** ¿Quiénes hacen las siguientes actividades? Encuentra a un compañero para cada actividad.

1. ducharse por la noche   **4.** vestirse en el baño

2. acostarse siempre tarde   **5.** lavarse el pelo todos los días

3. despertarse a las seis   **6.** arreglarse en menos de 15 minutos

Gramática
The preterite

1. The preterite is used to discuss actions completed in the past. To form the preterite of regular **-ar** verbs, add these endings to the stem of the verb:

bailar			
yo	bail**é**	nosotros(as)	bail**amos**
tú	bail**aste**	vosotros(as)	bail**asteis**
él / ella / usted	bail**ó**	ellos / ellas / ustedes	bail**aron**

2. The preterite endings for regular **-er** and **-ir** verbs are identical. They are as follows:

beber / vivir			
yo	beb**í** / viv**í**	nosotros(as)	beb**imos** / viv**imos**
tú	beb**iste** / viv**iste**	vosotros(as)	beb**isteis** / viv**isteis**
él / ella / usted	beb**ió** / viv**ió**	ellos / ellas / ustedes	beb**ieron** / viv**ieron**

3. **-Ar** and **-er** verbs that have stem changes in the present tense do not change in the preterite tense.

> Generalmente la tienda **cierra** a la hora del almuerzo pero ayer no **cerró**.
> *The store usually closes for lunch but yesterday it did not close.*

4. Verbs ending in **-car**, **-gar**, and **-zar** have spelling changes in the **yo** form in the preterite. Notice that the spelling changes preserve the original sound of the infinitive for **-car** and **-gar** verbs.

car → qué   **Busqué** el libro.   ***I looked for** the book.*

gar → gué   **Llegué** tarde a la fiesta.   ***I arrived** late to the party.*

zar → cé   **Empecé** a estudiar español el año pasado.   ***I started** studying Spanish last year.*

5. The third person singular and plural of **oír** and **leer** also have spelling changes when conjugated in the preterite tense. These verbs carry accents in all forms of the preterite except for the third person plural.

oír → oyó, oyeron   **leer → leyó, leyeron**

Stem-changing verbs in the preterite

1. **-Ir** verbs that have stem changes in the present tense also have stem changes in the preterite. The third person singular and plural change **e → i** and **o → u**.

pedir	
pedí	pedimos
pediste	pedisteis
p**i**dió	p**i**dieron

dormir	
dormí	dormimos
dormiste	dormisteis
d**u**rmió	d**u**rmieron

> Mi hermano **pidió** pollo, pero yo **pedí** sopa.
> *My brother **ordered** chicken, but I **ordered** soup.*

2. Other common stem-changing verbs:

conseguir (i)	morir (u)	repetir (i)	servir (i)
divertirse (i)	preferir (i)	seguir (i)	vestirse (i)

A practicar

R6.5 **Deportes** Empareja *(Pair)* cada deporte o actividad con el equipo necesario para jugarlo *(to play it)*. No debes repetir palabras.

patín   pelota   raqueta   red   saco de dormir

1. voleibol
2. acampar
3. bádminton
4. patinar
5. básquetbol

R6.6 **Ayer** Describe lo que hizo *(did)* Sergio ayer. Usa el pretérito y las expresiones de tiempo (**primero, después, luego, etcétera**).

Modelo (foto 1) 6:30 a.m.   *A las seis y media Sergio corrió en el parque.*

R6.7 **Un sondeo** En grupos de 4–5 hagan preguntas para saber quién hizo *(did)* las siguientes actividades. Usen el pretérito. Después repórtenle la información a la clase.

Modelo servir la cena la semana pasada
    Estudiante 1: *¿Ustedes sirvieron la cena la semana pasada?*
    Estudiante 2: *No, no serví la cena la semana pasada.*
    Estudiante 3: *No, yo tampoco (me neither).*
    Estudiante 4: *Sí, serví la cena la semana pasada.*

1. almorzar en un restaurante el fin de semana pasado
2. dormir ocho horas anoche
3. divertirse durante el fin de semana pasado
4. acostarse temprano anoche
5. jugar en un partido recientemente

R6.8 **Entrevista** Primero debes escribir una o dos preguntas usando cada verbo. Después vas a entrevistar a un compañero con las preguntas.

Modelo dormirse
    ¿A qué hora te duermes? ¿Te duermes cuando ves la televisión?

1. despertarse
2. levantarse
3. ducharse
4. vestirse
5. arreglarse
6. acostarse

Repaso 1

Saludos y despedidas
Buenos días *Good morning*
Buenas tardes/noches *Good afternoon/ evening*
¿Cómo está(s)? *How are you?*
Bien/mal/regular *Fine/bad/regular*
Mucho gusto *Please to meet you*

El salón de clases
el bolígrafo *pen*
el cuaderno *notebook*
el escritorio *desk*
el lápiz *pencil*
la mesa *table*
la mochila *backpack*
el pupitre *student desk*
el reloj *clock*
la silla *chair*

La apariencia física
alto(a) *tall*
bajo(a) *short*
bonito(a) *pretty*
delgado(a) *thin*
feo(a) *ugly*
gordo(a) *fat*
guapo(a) *good-looking*
joven(a) *young*
moreno(a) *dark-skinned/dark-haired*
rubio(a) *blond(e)*
viejo(a) *old*

La personalidad
aburrido(a) *boring*
antipático(a) *unfriendly*
cómico(a) *funny*
generoso(a) *generous*
inteligente *intelligent*
paciente *patient*
perezoso(a) *lazy*
simpático(a) *nice*
sociable *sociable*
tonto(a) *dumb*
trabajador(a) *hardworking*

Repaso 2

La familia
el (la) abuelo(a) *grandfather (mother)*
el (la) esposo(a) *husband (wife)*
el (la) hermano(a) *brother (sister)*
el (la) hijo(a) *son (daughter)*
la madre *mother*
el padre *father*
el (la) primo(a) *cousin*
el (la) tío(a) *uncle (aunt)*

Verbos
cocinar *to cook*
cantar *to sing*
estudiar *to study*
hablar *to speak*
limpiar *to clean*
llegar *to arrive*
mandar (un mensaje) *to send (message)*
mirar *to look at; to watch*
necesitar *to need*
practicar *to practice*
tomar *to take; to drink*
trabajar *to work*

Lugares
el auditorio *auditorium*
la biblioteca *library*
la cafetería *cafeteria*
el campo (de fútbol) *(soccer) field*
el gimnasio *gymnasium*

Clases
el álgebra *algebra*
el arte *art*
la biología *biology*
la educación física *physical education*
la geografía *geography*
le geometría *geometry*
la historia *history*
las lenguas *languages*
las matemáticas *mathematics*
la música *music*
la redacción *composition*

Expresiones con *tener*
tener...años *to be ...years old*
tener calor *to be hot*
tener éxito *to be successful*
tener frío *to be cold*
tener ganas de *to feel like*
tener hambre *to be hungry*
tener miedo (de) *to be afraid (of)*
tener que *to have to*
tener sed *to be thirsty*
tener sueño *to be sleepy*

Repaso 3

La ropa
el abrigo *coat*
la blusa *blouse*
los bluyines *blue jeans*
la camisa *shirt*
la camiseta *t-shirt*
la chaqueta *jacket*
la falda *skirt*
los guantes *gloves*

los pantalones cortos *shorts*
el suéter *sweater*
el traje de baño *bathing suit*
el vestido *dress*
los zapatos *shoes*

El tiempo
Está nublado. *It is cloudy.*
Hace buen/mal tiempo. *It is nice/bad weather.*
Hace frío. *It is cold.*
Hace calor. *It is hot.*
Hace fresco. *It is cool.*
Hace viento. *It is windy.*
Llueve. *It is raining.*
Nieva. *It is snowing.*

Verbos
abrir *to open*
asistir *to attend*
comer *to eat*
correr *to run*
vivir *to live*

Los días de la semana
el lunes *Monday*
el martes *Tuesday*
el miércoles *Wednesday*
el jueves *Thursday*
el viernes *Friday*
el sábado *Saturday*
el domingo *Sunday*

Los meses
enero *January*
febrero *February*
marzo *March*
abril *April*
mayo *May*
junio *June*
julio *July*
agosto *August*
septiembre *September*
octubre *October*
noviembre *November*
diciembre *December*

Palabras adicionales
ahora *now*
el Año Nuevo *New Year*
el cumpleaños *birthday*
el día *day*
la fecha *date*
el fin de semana *weekend*
hoy *today*

Repaso 4

Los lugares de la ciudad
el aeropuerto *airport*
el banco *bank*
la calle *street*
el centro comercial *shopping center*
el cine *movie theater*
la farmacia *pharmacy*
la iglesia *church*
la librería *bookstore*
el mercado *market*
la mezquita *mosque*
el parque *park*
la piscina *swimming pool*
la sinagoga *synagogue*
la tienda *store*

Verbos
almorzar *to eat lunch*
devolver *to return*
  (something)
dormir *to sleep*
jugar *to play*
poder *to be able to*
volver *to return*

Las habitaciones
el baño *bathroom*
la cochera *garage*
la cocina *kitchen*
el comedor *dining room*
el dormitorio *bedroom*
el jardín *garden*
el patio *patio*
la sala *living room*

Muebles y electrodomésticos
el armario *closet*
la bañera *bathtub*
la cama *bed*
la estufa *stove*
el fregadero *kitchen sink*
el horno *stove*
el (horno de)microondas *microwave*
el inodoro *toilet*
la lámpara *lamp*
el lavabo *bathroom sink*
el refrigerador *refrigerator*
el sillón *arm chair*
el sofá *couch*

Verbos
competir *to compete*
empezar *to begin*
entender *to understand*
pensar *to think*

preferir *to prefer*
querer *to want*

Repaso 5

Los estados de ánimo
aburrido(a) *bored*
alegre(a) *happy*
asustado(a) *scared*
avergonzado(a) *ashamed*
cansado(a) *tired*
confundido(a) *confused*
emocionado(a) *excited*
enamorado(a) (de) *in love (with)*
enfermo(a) *sick*
enojado(a) *angry*
equivocado(a) *mistaken*
feliz(a) *happy*
frustrado(a) *frustrated*
interesado(a) *interested*
nervioso(a) *nervous*
ocupado(a) *busy*
preocupado(a) *worried*
sano(a) *healthy*
sorprendido(a) *surprised*
triste(a) *sad*

Las profesiones/ocupaciones
el (la) abogado(a) *lawyer*
el actor/la actriz *actor/actress*
el (la) arquitecto(a) *architect*
el(la) asistente de vuelo *flight attendant*
el (la) bailarín(a) *dancer*
el(la) cantante *singer*
el (la) científico(a) *scientist*
el (la) cocinero(a) *cook*
el (la) deportista *athlete*
el (la) enfermero(a) *nurse*
el (la) escritor(a) *writer*
el (la) fotógrafo(a) *photographer*
el (la) ingeniero(a) *engineer*
el (la) médico(a) *doctor*
el (la) mesero(a) *waiter*
el (la) periodista *journalist*
el (la) piloto *pilot*
el (la) policía *police officer*
el (la) político(a) *politician*
el (la) psicólogo(a) *psychologist*
el (la) veterinario(a) *veterinarian*

Repaso 6

Partes del cuerpo
la boca *mouth*
el brazo *arm*
la cabeza *head*

la cara *face*
el cuello *neck*
el dedo *finger; toe*
los dientes *teeth*
la espalda *back*
el estómago *stomach*
la mano *hand*
la naríz *nose*
el ojo *eye*
el pelo *hair*
el pie *foot*
la pierna *leg*
el tobillo *ankle*

Verbos
acostarse *to go to bed*
bañarse *to take a bath*
cepillarse *to brush*
despertarse *to wake up*
ducharse *to shower*
levantarse *to get up*
maquillarse *to put make up on*
secarse *to dry*
vestirse *to get dressed*

Deportes
el alpinismo *mountian climbing*
el atletismo *track and field*
el básquetbol *basketball*
el béisbol *baseball*
el fútbol *soccer*
el fútbol americano *football*
el tenis *tennis*
el voleibol *volleyball*

El equipo
el patín *skate*
la pelota *ball*
la raqueta *racket*
la red *net*
el saco de dormir *sleeping bag*
la tienda de campaña *tent*

Verbos
acampar *to camp*
andar en bicicleta *to ride a bike*
esquiar en tabla *to snowboard*
ir de excursión *to hike*
ir de pesca *to go fishing*
montar a caballo *to ride a horse*
patinar *to skate*

Palabras adicionales
la cancha *court*
el equipo *team*
el partido *game*

Learning Strategy

Try a variety of memorization techniques

Use a variety of techniques to memorize vocabulary
and verbs until you find the ones that work best for
you. Some students learn better when they write the
words, others learn better if they listen to recordings
of the words while looking over the list, and still
others prefer to rely on flashcards.

**In this chapter you will learn
how to:**

- Talk about food
- Order meals at a restaurant
- Use numbers above 100

¿Qué te gusta comer?

Restaurante en Colonia del Sacramento, Uruguay

Explorando con... **Alexandra Cousteau**

El agua es vital para la economía de todos los países. Por ejemplo, los ríos de Uruguay alimentan *(feed)* los campos ganaderos *(cow pastures)* y los cultivos *(crops)*, y le dan energía eléctrica a la nación. Sin embargo, hay industrias que dañan *(harm)* este recurso natural. Alexandra Cousteau trabaja en muchas iniciativas diferentes para proteger el agua del planeta.

Vocabulario útil

involucrar(se)   *to engage; to involve (become involved)*
el mar   *sea*
el recurso   *resource*
el reto   *challenge*
el río   *river*
la sequía   *drought*

El agua es un recurso vital y no es difícil imaginar que en un futuro haya conflictos para obtener acceso a ella *(to it)*. La contaminación de ríos y lagos y las sequías son temas problemáticos en todo el mundo.

Alexandra Cousteau piensa que no es posible proteger el agua sin *(without)* la cooperación de millones y millones de personas. Estar consciente del problema no es suficiente. Se necesitan acciones concretas para involucrar a la gente a través de *(through)* la cultura popular, los videojuegos, las redes sociales *(social networks)* y la tecnología. Cousteau piensa que contar *(telling)* historias personales y relevantes es una manera muy efectiva de hacer que la gente tome acción.

La última iniciativa de Cousteau se llama Blue Legacy, un proyecto que cuenta la historia del agua en nuestro planeta. Su objetivo es inspirar a la gente a proteger el agua y estar consciente del impacto que el agua tiene en nuestras vidas.

Alexandra, quien habla francés, inglés y español, ha hablado frente a grandes audiencias en las Naciones Unidas y en eventos internacionales. También ha publicado artículos en muchas revistas *(magazines)* y periódicos.

Alexandra Cousteau viene de una familia de científicos y oceanógrafos. Su abuelo y su padre exploraron los mares del planeta. Cuando era (was) niña, Alexandra tuvo (had) la oportunidad de viajar por el mundo y ahora quiere asegurarse (make sure) de que los ríos, mares y lagos del planeta sobrevivan (survive).

EN SUS PALABRAS

"Una sociedad sustentable *(sustainable)* ocurrirá solamente con la acción acumulada de miles de millones de individuos, y ese es un gran reto."

1.1 **Comprensión** Escoge la palabra o la frase más lógica para completar las oraciones, según la información.

1. El objetivo principal de Alexandra es _____.
  a. explorar los océanos   **b.** proteger el agua del planeta   **c.** reducir los conflictos sobre el agua

2. _____ inspiraron a Alexandra.
  a. Su abuelo y su padre   **b.** Los científicos   **c.** Las historias personales

3. Según Alexandra es importante _____ para solucionar el problema.
  a. publicar artículos   **b.** jugar videojuegos   **c.** involucrar a la gente

4. Alexandra piensa que _____ son una buena manera de educar a las personas.
  a. las redes sociales   **b.** las escuelas   **c.** las revistas

5. Contar historias ayuda a ___ para su causa.
  a. vender muchos libros   **b.** conseguir dinero   **c.** involucrar a la gente

1.2 **A profundizar** Imagina que tienes la oportunidad de hacer una campaña para Blue Legacy con un video para las redes sociales. ¿Qué enseñarías *(would you teach)* en tu video?

1.3 **¡A explorar más!** Uno de los proyectos de Alexandra se llama EarthEcho Internacional. Alexandra y su hermana la fundaron en el año 2000. Investiga cuáles son los objetivos de esta organización.

Camila escoge frutas y verduras frescas en el mercado.

el brócoli · los pepinos · las piñas · los plátanos · el cereal · la mermelada · la mayonesa · la catsup · la mostaza · las zanahorias · la sandía · la leche · los huevos · el melón · las naranjas · los champiñones · las papas · el queso · el pan · la lechuga · las cebollas · los duraznos · el jamón · las manzanas · la mantequilla · la crema · las uvas · las fresas · los pepinillos

En la cocina

el aceite	oil
la fruta	fruit
el maíz	corn
el tomate	tomato
la verdura	vegetable
el yogur	yogurt

Verbos

hornear	to bake

Los números mayores de cien

cien	100	ochocientos	800
ciento uno	101	novecientos	900
doscientos	200	mil	1000
trescientos	300	dos mil	2000
cuatrocientos	400	un millón	1 000 000
quinientos	500		
seiscientos	600	**Palabras adicionales**	
setecientos	700	la rebanada	slice

INVESTIGUEMOS EL VOCABULARIO

The names of foods often vary throughout the Spanish-speaking world. Here are some of the variations:

el maíz (Spain; general term) = **el elote** (Mexico), **el choclo** (Argentina, Chile, Paraguay, Peru, and most South American countries)

la fresa (Spain, Mexico) = **la frutilla** (Argentina, Bolivia, Chile, Paraguay, Uruguay)

el plátano (Spain, Mexico) = **la banana** (el Caribe); **el banano** (Central America, Colombia)

la piña (Spain, Mexico) = **el ananá(s)** (Argentina, Paraguay, Uruguay)

la papa (Latin America) = **la patata** (Spain)

el durazno (Latin America) = **el melocotón** (Spain)

la mantequilla (most Spanish-speaking countries) = **la manteca** (Argentina, Paraguay, Uruguay)

A practicar

1.4 🔊 **Escucha y responde** Vas a escuchar algunas afirmaciones sobre el vocabulario. Indica con el pulgar hacia arriba si la afirmación es cierta, y con el pulgar hacia abajo si es falsa.

1. … 2. … 3. … 4. … 5. … 6. … 7. …

1.5 **Relaciona las columnas** ¿Qué fruta o verdura corresponde a cada descripción?

1. ____ Es una fruta roja, verde o amarilla.
Es un regalo típico para los profesores.

2. ____ Es verde y la comemos en ensaladas.

3. ____ Es anaranjada y larga. Tiene vitamina A.

4. ____ Es una fruta tropical que se produce mucho en Hawaii.

5. ____ Es una fruta amarilla que crece en un árbol.

6. ____ Es una fruta grande que comemos en el verano.

7. ____ Es un condimento que ponemos en los sándwiches.

8. ____ Es una fruta pequeña y roja.

a. la zanahoria

b. el plátano

c. la fresa

d. la sandía

e. la mostaza

f. la lechuga

g. la manzana

h. la piña

1.6 **Los ingredientes** En parejas túrnense para explicar qué ingredientes se necesitan para preparar estas comidas.

Modelo un sándwich
Para preparar un sándwich necesitamos pan, mayonesa, mostaza, queso y jamón.

1. una ensalada verde

2. una sopa de verduras

3. una quesadilla

4. un omelet

5. unos nachos

6. una ensalada de frutas

1.7 **Descripciones** En parejas túrnense para describir una fruta, una verdura o un ingrediente de la página 6 sin decir cuál es. Tu compañero va a adivinar *(guess)* qué comida es.

Modelo Estudiante 1: *No es una fruta. Es para hacer sándwiches.*
Estudiante 2: *El pan.*

1.8 **¿Con qué frecuencia?** Trabajen en un grupo de 3 o 4 compañeros y pregúntense con qué frecuencia hacen las actividades. Después deben reportar a la clase.

1. comer huevos

2. almorzar en la cafetería de la escuela

3. poner catsup en su comida

4. comer cereal

5. pedir papas fritas en un restaurante

6. comer un sándwich con queso

7. beber leche

8. comer verduras

1.9 **¿Cuánto cuesta?** Trabajen en parejas. Uno de ustedes va a usar la información en esta página, y el otro debe usar el **Apéndice B**. Imagínense que están en dos supermercados diferentes en Chile y se llaman por teléfono. Tu compañero va a preguntarte cuánto cuestan los productos de su ilustración y debes preguntarle cuánto cuestan los productos de tu ilustración. Contesta usando los precios en la lista abajo. Tomen notas y sumen *(add)* los precios. ¿Quién va a pagar más?

Tu compañero quiere comprar...

un melón, un kilo $620   jamón, 250 gramos $1,743

una lechuga $155   pepinos, 500 gramos $476

huevos, una docena $899   naranjas, 3 kilos $1,634

queso, 500 gramos $867   zanahorias, un kilo $469

Tú quieres comprar...

un kilo

un kilo

un kilo

un litro

Cultura

La comida es una parte importante de todas las culturas. Hoy en día podemos comer productos que vienen de todas partes del mundo gracias a los eficientes medios de transporte y a las tecnologías para preservar los alimentos. A pesar de *(despite)* esta globalización de la comida, todavía *(still)* existen hábitos muy diferentes en las diversas regiones. Hay diferencias en cómo se prepara la comida, en los productos que se usan, dónde se compran, dónde se come y a qué hora. Adivina *(Guess)* qué país se asocia con cada costumbre *(custom)* de la lista. Puedes repetir respuestas.

El ceviche es popular en muchos países. Esta foto muestra un plato de ceviche como se prepara en Perú.

Argentina	Chile	Perú
Bolivia	España	Uruguay
Centroamérica	México	toda Latinoamérica

1. Se come más carne *(meat)* que en cualquier otro país.
2. Consumen muchos más refrescos *(sodas)* que leche.
3. Son famosos por sus jamones.
4. La comida más importante es por la tarde, entre la 1:00 y las 3:00 P.M.
5. Su comida está muy influenciada por la comida italiana.
6. Tienen una gran variedad de papas y son muy importantes en su dieta.
7. Prefieren comer con la familia y generalmente encuentran tiempo para hacerlo.
8. Producen y comen una gran variedad de frutas tropicales. El maíz es también importante en su dieta.

¿Cuántas variedades de papa hay en Perú? Busca la respuesta y aprende más sobre Perú en **Exploraciones del mundo hispano** en el **Apéndice A**.

Observa la lista nuevamente. ¿Son algunas de estas afirmaciones verdaderas para los Estados Unidos? ¿Cuáles?

Comparaciones

En la mayoría de los países donde se habla español la dieta varía por región. Por ejemplo:

- En Sudamérica no se comen chile ni *(nor)* tortillas.
- Los frijoles *(beans)* negros son un alimento *(food)* básico en Cuba, la República Dominicana, partes de México y Centroamérica.
- En Bolivia se come un cereal muy nutritivo que se llama quinoa.
- En España cada persona come aproximadamente 7 kilos de queso al año. En Argentina cada persona consume unos 12 kilos, y en México 3 kilos.

[Source: CDIC cheese consumption data, 2013]

¿Cómo se comparan tus hábitos alimenticios *(dietary habits)* con los hábitos de las personas de los países mencionados arriba?

La carne es muy popular en países como Argentina, Paraguay y Uruguay.

Conexiones... a la gastronomía

La comida es una parte muy importante de las tradiciones y cultura de cada país. Los siguientes son algunos ejemplos.

En Argentina, Paraguay y Uruguay se bebe un té que se hace con una yerba *(herb)* llamada mate. Hay varias formas de preparar y beber el mate, pero en la más tradicional se hace con hojas *(leaves)* secas de mate y agua caliente. Se prepara y se bebe en un recipiente *(container)* hecho con el fruto de la calabaza *(gourd)*, y se bebe con una bombilla *(metal straw)*. Beber mate es una actividad social.

La paella

Gallo Pinto

El arroz *(rice)* y los frijoles *(beans)* son la base para platillos importantes de varios países, como el platillo Moros y Cristianos, típico de Cuba, o Gallo pinto, de Costa Rica y Nicaragua.

Abajo hay una lista de otros platillos. Escoge cuatro de ellos e investiga qué son y qué ingredientes se necesitan para prepararlos.

Bolivia: llauchas
Chile: empanadas
Colombia: buñuelos
Ecuador: ceviche
España: paella

Honduras: baleada
Panamá: chocao panameño
Paraguay: sopa paraguaya
República Dominicana: tostones
Venezuela: hallacas

En **Exploraciones del mundo hispano** del **Apéndice A** puedes encontrar más platillos tradicionales de algunos países donde se habla español.

Comunidad

Escribe un breve resumen sobre tu plato favorito. Explica por qué es tu plato favorito, cuándo lo comes y con quién. Incluye también una descripción del plato con todos los ingredientes que se necesitan para prepararlo. Después compártela con la clase.

Un plato típico del Perú es el lomo saltado.

A analizar ▶

Camila y Vanesa van a un café para hablar. Mira el video.
Después lee parte de su conversación y observa las formas
de los verbos en negrita.

Camila:	(Yo) **Fui** al supermercado para comprar la comida para la fiesta de mi hija. Por ser sábado, había mucha gente y **fue** imposible entrar y salir muy rápido. Y los precios... ¡Un kilo de jamón por veinte dólares...!
Vanesa:	¡Guau! ¡Qué caro!... mi día **fue** tranquilo. Por la mañana **fui** de compras y por la tarde un amigo y yo **fuimos** al nuevo restaurante para comer. La comida **fue** excelente y los precios **fueron** muy razonables.

1. The verbs **ser** and **ir** are irregular in the preterite, and they have the same conjugated forms.
   Look at the paragraph above and decide which of the verbs is a form of **ser** and which is a form of **ir.**

2. Using the forms in the paragraph above and what you learned about the preterite in **Nivel 1,**
   complete the chart below with the appropriate forms of **ser/ir** in the preterite.

yo _____   nosotros _____

tú _____   vosotros _____

él, ella, usted _____   ellos, ellas, ustedes _____

A comprobar

Irregular verbs in the preterite

1. There are a number of verbs that are irregular in the preterite. The verbs **ser** and **ir** are identical in this tense.

ir *(to go)* / **ser** *(to be)*			
yo	**fui**	nosotros(as)	**fuimos**
tú	**fuiste**	vosotros(as)	**fuisteis**
él, ella, usted	**fue**	ellos, ellas, ustedes	**fueron**

   ### Estrategia

   Try different memorization techniques

   Try some of these techniques to help memorize
   the verbs and see what works best for you:
   write out the conjugations, say the conjugations
   out loud while looking over the list, or make
   flashcards.

2. The verbs **dar** and **ver** are also irregular in the preterite and are conjugated similarly.

dar *(to give)*			
yo	**di**	nosotros(as)	**dimos**
tú	**diste**	vosotros(as)	**disteis**
él, ella, usted	**dio**	ellos, ellas, ustedes	**dieron**

ver *(to see)*			
yo	**vi**	nosotros(as)	**vimos**
tú	**viste**	vosotros(as)	**visteis**
él, ella, usted	**vio**	ellos, ellas, ustedes	**vieron**

3. Other irregular verbs can be divided into three groups. Notice that there are no accents on these verbs and that they all take the same endings (with the exception of the 3rd person plural of the verbs with **j** in the stem).

Verbs with *u* in the stem: andar *(to walk)*			
yo	anduve	nosotros(as)	anduv**imos**
tú	anduv**iste**	vosotros(as)	anduv**isteis**
él, ella, usted	anduv**o**	ellos, ellas, ustedes	anduv**ieron**

Other verbs with the same pattern			
andar	**anduv-**	poner	**pus-**
estar	**estuv-**	saber	**sup-**
poder	**pud-**	tener	**tuv-**

Verbs with *i* in the stem: hacer			
yo	hice	nosotros(as)	hic**imos**
tú	hic**iste**	vosotros(as)	hic**isteis**
él, ella, usted	hiz**o**	ellos, ellas, ustedes	hic**ieron**

Other verbs with the same pattern	
querer	**quis-**
venir	**vin-**

Verbs with *j* in the stem: decir			
yo	dij**e**	nosotros(as)	dij**imos**
tú	dij**iste**	vosotros(as)	dij**isteis**
él, ella, usted	dij**o**	ellos, ellas, ustedes	dij**eron**

Other verbs with the same pattern			
conducir	**conduj-**	traducir	**traduj-**
producir	**produj-**	traer	**traj-**

4. The preterite of **hay** is **hubo** *(there was, there were)*.

Hubo un accidente en la cocina.   ***There was** an accident in the kitchen.*

Hubo problemas en el restaurante.   ***There were** problems in the restaurant.*

> **INVESTIGUEMOS LA GRAMÁTICA**
>
> As with the present tense of **haber (hay)**, there is only one form in the preterite **(hubo)** regardless of whether it is used with a plural or singular noun.

A practicar

1.10 **En el restaurante** Los verbos subrayados *(underlined)* están en el pretérito. Indica cuál es el infinitivo del verbo.

1. Mi familia y yo <u>fuimos</u> al restaurante El Buen Gusto para comer.

2. El mesero <u>vino</u> a la mesa para darnos los menús.

3. El mesero <u>puso</u> el pan en la mesa.

4. Poco después el mesero <u>trajo</u> la comida.

5. El mesero le <u>dio</u> la cuenta *(bill)* a mi padre.

1.11 **Fechas importantes** Completa las siguientes oraciones con la forma necesaria del pretérito de los verbos entre paréntesis.

Modelo   El conquistador Francisco Pizarro *(venir)* a Perú en 1524.
         El conquistado Francisco Pizarro vino a Perú en 1524.

1. Hernán Cortés (estar) en México en 1559.

2. (Haber) una revolución en Cuba en 1959.

3. Napoleón (querer) conquistar España en 1808.

4. Cristóbal Colón (hacer) su primer viaje a las Américas en 1492.

5. Miguel Hidalgo (dar) el grito *(shout)* de independencia en México en 1810.

1.12 **La semana pasada** Piensa en la semana pasada y completa las oraciones con el verbo en pretérito. Después compara tu semana con la de un compañero de clase.

Modelo yo (hacer)...

Estudiante 1: *La semana pasada hice una fiesta. ¿Qué hiciste tú?*

Estudiante 2: *La semana pasada yo hice la cena para mi familia.*

La semana pasada...

1. mi mamá / papá (conducir)...
2. mi amigo (estar)...
3. mis amigos y yo (ir)...
4. yo (tener) que...
5. uno de mis maestros (decir) que *(that)*...
6. mis compañeros y yo (poder)...
7. yo (ver)...
8. mis compañeros de clase (traer)...

1.13 **¿Qué pasó?** En parejas túrnense para describir lo que pasó en las escenas. Deben usar los siguientes verbos en el pretérito.

conducir   **decir**   **hacer**   **ir**   **poner**   **querer**   **traer**

1.

2.

3.

4.

1.14 **En busca de...** Pregúntales a ocho compañeros diferentes si hicieron una de las actividades de la lista. Si responden afirmativamente debes pedir más información.

1. andar a la escuela hoy (¿A qué hora?)
2. estar en una fiesta recientemente (¿Dónde?)
3. ir de compras *(go shopping)* recientemente (¿Qué compró?)
4. traer su almuerzo *(lunch)* de la casa hoy (¿Qué comida preparó?)
5. tener un examen la semana pasada (¿En qué clase?)
6. poder hacer la tarea anoche (¿Para qué clase?)
7. ver una buena película recientemente (¿Cuál?)
8. hacer un viaje el año pasado (¿Adónde?)

> **INVESTIGUEMOS LA MÚSICA**
>
> Look online for the song "La fuerza del destino" by the Spanish pop group Mecano and listen to it. What preterite verbs do you recognize?

A analizar ▶

Camila y Vanesa van a un café para hablar. Mira el video otra vez. Después lee parte de su conversación y observa los usos de **por** y **para.**

Camila: Fui al supermercado **para** comprar la comida **para** la fiesta de mi hija. **Por** ser sábado, había mucha gente y fue imposible entrar y salir muy rápido. Y los precios... ¡Un kilo de jamón **por** veinte dólares!

Vanesa: ¡Guau! ¡Qué caro!... mi día fue tranquilo. **Por** la mañana fui de compras y **por** la tarde un amigo y yo fuimos al nuevo restaurante **para** comer. La comida fue excelente y los precios fueron muy razonables.

Camila: ¡Qué bueno! A ver si Rodrigo y yo vamos a ese restaurante **para** celebrar su cumpleaños.

Mesera: Aquí tengo sus cafés. ¿**Para** quién es el capuchino?

Camila: Es **para** mí. Gracias.

Mesera: Y el moca **para** usted.

1. Find all of the uses of **por** above and write the words that follow them. What different meanings does **por** express?

2. Now find all of the uses of **para** and write the words that follow them. What different meanings does **para** express?

A comprobar

Por and para and prepositional pronouns

1. Por is used to indicate:

a. cause, reason, or motive *(because of, on behalf of)*

No vamos a la piscina hoy **por** la lluvia.
*We are not going to the pool today **because** of the rain.*

Hicieron sacrificios **por** sus hijos.
*They made sacrifices **on behalf of** their children.*

b. duration, period of time *(during, for)*

Van a estar en el restaurante **por** dos horas.
*They will be in the restaurant **for** two hours.*

c. exchange *(for)*

Él compró las piñas **por** 15 pesos.
*He bought the pineapples **for** 15 pesos.*

Gracias **por** el regalo de cumpleaños.
*Thank you **for** the birthday gift.*

d. general movement through space *(through, around, along, by)*

Pedro caminó **por** el mercado.
*Pedro walked **through** (by) the market.*

Para llegar a la piscina, tienes que pasar **por** el gimnasio.
*To get to the pool, you have to pass **by** the gym.*

2. Para is used to indicate:

a. goal, purpose *(in order to, used for)*

Vamos al mercado **para** comprar fruta.
*We are going to the market (**in order**) **to** buy fruit.*

El pan es **para** hacer sándwiches.
*The bread is **for** making sandwiches.*

b. recipient *(for)*

Ella compró un regalo **para** su amiga.
*She bought a gift **for** her friend.*

c. destination *(to)*

Salen **para** las montañas el sábado.
*They are going **to** the mountains Saturday.*

d. deadline *(for, due)*

La tarea es **para** mañana.
*The homework is **for (due)** tomorrow.*

e. contrast to what is expected *(for)*

Para estar a dieta, él come mucho.
***For** being on a diet, he eats a lot.*

3. The following are expressions that require either **por** or **para**:

por ejemplo	*for example*	**por** fin	*finally*
por eso	*that's why*	**por** supuesto	*of course*
por favor	*please*		

para colmo	*to top it all off*	**para** siempre	*forever*
para nada	*not at all*	**para** variar	*for a change*

4. You already know how to use subject pronouns (**yo, tú, él,** etc.). Except for **yo** and **tú**, these same pronouns are used after prepositions, such as **por** and **para**.

mí	nosotros(as)
ti	vosotros(as)
él	ellos
ella	ellas
usted	ustedes

El regalo es para **ti**.
A **mí** me gustan las fresas. (emphasis)

5. Instead of using **mí** and **ti** with **con, conmigo** and **contigo** are used.

Vamos a comer **contigo**.
*We'll go to eat **with you**.*

> **INVESTIGUEMOS LA GRAMÁTICA**
>
> The negative of **con** is **sin** *(without)*, and it takes the same personal pronouns as the other prepositions.
>
> No quiero comer sin **ti**.

A practicar

1.15 Una fiesta de cumpleaños La señora Gómez organiza una fiesta de cumpleaños para su hijo. Escoge la respuesta que corresponde a cada pregunta.

1. ¿Por qué organiza la fiesta?
2. ¿Para cuándo necesita la comida?
3. ¿Para cuántas personas necesita comida?
4. ¿Cuándo van a llegar los invitados *(guests)*?
5. ¿Cuánto tiempo va a durar *(to last)* la fiesta?
6. ¿Cómo prefiere pagar *(pay)* por la comida?

a. El 15 de abril.
b. Con cheque.
c. Por la tarde.
d. Veinticinco.
e. Es el cumpleaños de mi hijo.
f. Por cuatro horas.

¿Para cuándo necesita la comida?

1.16 En el supermercado La señora Carmona fue al supermercado para comprar comida para la familia. Completa el párrafo con **por** y **para**.

Ayer fui al supermercado **(1)** _____ comprar la comida de la semana.

Siempre me gusta ir **(2)** _____ la mañana porque hay menos personas, pero

ayer hubo mucha gente en el supermercado **(3)** _____ un evento especial

(4) _____ celebrar los 20 años del negocio. Tenían grandes especiales,

(5) _____ ejemplo, queso manchego a 100 pesos **(6)** _____ kilo.

Decidí comprar 2 kilos **(7)** _____ hacer sándwiches durante la semana. A mi

hijo no le gusta el queso, **(8)** _____ eso compré jamón **(9)** _____ él.

Al final compré toda la comida **(10)** _____ la semana y ahorré *(saved)* mucho

dinero.

1.17 Planes para el día Fernando llama a su amiga Verónica. Completa la conversación con **por** o **para** o el pronombre preposicional apropiado. **¡OJO!** También es posible usar **conmigo** o **contigo.**

Fernando: Hola, Verónica. Voy a ir a la playa mañana. ¿Quieres ir **(1)** _____?

Vamos a tener un picnic.

Verónica: ¡A **(2)** _____ me gusta mucho la playa! ¡**(3)** _____ (Por/Para) supuesto que voy **(4)** _____!

Fernando: Vamos a salir temprano **(5)** _____ (por/para) la mañana **(6)** _____ (por/para) pasar *(to spend)* todo el día en la playa. También van a ir José, Pablo y Catarina con **(7)** _____.

Verónica: ¡Qué bueno! ¿Qué debo llevar?

Fernando: Vamos a tener un picnic, entonces puedes llevar algo **(8)** _____ (por/para) comer.

Verónica: ¿A **(9)** _____ te gusta el jamón?

Fernando: Sí, me gusta mucho, pero Catarina es vegetariana.

Verónica: Bueno, voy a llevar jamón y también puedo llevar queso **(10)** _____ (por/para) **(11)** _____.

Fernando: Mi madre va a llevarnos *(take us)*. Pasamos **(12)** _____ (por/para) **(13)** _____ a las ocho.

Verónica: Bueno, voy a estar lista *(ready)*. ¡Hasta entonces!

1.18 En la caja Imagínense que están en la caja *(cash register)* para pagar sus compras en el supermercado. Uno de ustedes es el cliente y el otro es un dependiente que quiere vender una tarjeta con minutos para el celular. Respóndanse las preguntas que aparecen a continuación.

Estudiante 1 (el cliente):

  1. ¿Puedo conseguir un descuento por ser estudiante?
  2. ¿Por cuánto tiempo es la oferta del queso
  3. ¿Puedo usar una tarjeta de crédito para pagar?

Estudiante 2 (el dependiente):

  4. ¿Necesita comprar minutos para su teléfono?
  5. ¿Para qué compañía telefónica quiere la tarjeta?
  6. ¿Por cuántos minutos quiere la tarjeta?

¿Necesita comprar minutos para su teléfono?

1.19 **Oraciones incompletas** En parejas completen las oraciones. Deben pensar en los usos diferentes de **por** y **para.**

1. **a.** Voy al supermercado por…

   b. Voy al supermercado para…

2. **a.** El chef prepara la comida por…

   b. El chef prepara la comida para…

3. **a.** Por ser un buen chef,…

   b. Para ser un buen chef,…

4. **a.** Quiero los huevos por…

   b. Quiero los huevos para…

5. **a.** El mesero fue a la cocina por…

   b. El mesero fue a la cocina para…

6. **a.** Tenemos una reservación por…

   b. Tenemos una reservación para…

1.20 **En la recepción** En parejas túrnense para explicar lo que hicieron Manuel y las otras personas según *(according to)* los dibujos. **¡OJO!** Deben usar el pretérito y **por** o **para.**

1.21 **Una foto** En parejas escojan una de las fotos y escriban una historia basada en la foto. Deben incluir varios usos de **por** y **para** en su historia.

Monkey Business Images/Shutterstock.com

Lewis Tse Pui Lung/Shutterstock.com

Entrando en materia

¿Qué comidas compra tu familia con frecuencia en el supermercado? ¿Qué hace tu familia para ahorrar dinero en el supermercado?

◀)) Las compras en el supermercado

Vas a escuchar un programa de radio con recomendaciones para hacer compras en el supermercado. Debes repasar las palabras en **Vocabulario útil** antes de escuchar para ayudar con la comprensión.

Vocabulario útil

ahorrar	*to save*	**hacerse miembro**	*to become a member*
cultivarse	*to grow*	**la receta**	*recipe*
los cupones	*coupons*	**la temporada**	*season*
la envoltura	*wrappers, packaging*		

Es importante comprar frutas y verduras de la temporada.

Matthew Dixon/Shutterstock.com

Comprensión

1. Escucha el audio y decide si las oraciones son ciertas o falsas.
   a. Es mejor comprar frutas de temporada.
   b. Es buena idea hacer un menú para la semana.
   c. Es recomendable ir al supermercado cuando tienes hambre.
2. En general, ¿de qué hablan en el programa de radio?

Más allá

Escribe una estrategia que tu familia usa para ahorrar en el supermercado. Comparte tu estrategia con la clase.

Lectura

Antes de leer

1. Escribe una lista de comidas que las familias comen durante el Día de Acción de Gracias *(Thanksgiving)*. ¿Qué ingredientes se necesitan para prepararlas?

2. ¿Conoces una comida típica de algún país latinoamericano? ¿Qué comida? ¿Qué ingredientes se necesitan para prepararla?

A leer

Los alimentos del Nuevo Mundo

people / foods / available
where they used to live

En el pasado **la gente** comía los **alimentos** que estaban **disponibles** en la zona **donde habitaban.** Por las diferencias climáticas y geográficas, los animales y plantas del Nuevo Mundo (el continente americano) eran muy diferentes a los que existían en Europa.

> [¿Puedes imaginar el resto del mundo sin chocolate...?]

without
beef

Hoy en día es posible comer productos de todas partes del mundo. ¿Puedes imaginar tu dieta **sin** leche, sin queso, sin **carne de res** o sin naranjas ni plátanos? Estos son algunos de los productos que **no había** en el Nuevo Mundo. Por otra parte, ¿puedes imaginar el resto del mundo sin chocolate, vainilla, tomates, maíz, papas, chiles o **pavos**? La lista de productos americanos es larga y ha tenido *(has had)* un gran impacto en la comida del resto del mundo. Un ejemplo es la papa. Millones de europeos **sobrevivieron** comiendo papas durante el período de **escasez** después de la **Segunda Guerra Mundial** en Europa.

were not available

turkeys

survived

shortage / WWII

Las papas son originarias de Sudamérica.

iStockphoto.com/Jmbatt

Algunas de las comidas más típicas de un país usan ingredientes de otros continentes. ¿Puedes imaginar Suiza o Bélgica sin chocolates?

Nattika/Shutterstock.com

El cacao y la vainilla son originarios de Mesoamérica.

¿Puedes imaginar las pizzas italianas sin tomate? ¿O la **picante** comida de la India sin chile?

spicy

El tomate, el maíz, la vainilla y el cacao se originaron en Mesoamérica, el territorio que hoy es parte de México y de Centroamérica. De hecho, las palabras *tomate* y *chocolate* vienen de las palabras del náhuatl *tomatl* y *xocolatl*. *Ahuacatl* es la palabra náhuatl para **aguacate**, otra fruta nativa de las Américas.

avocado

Dos ingredientes centrales en muchos países en Asia son los chiles y los **cacahuates**, también originarios de las Américas. Los helados europeos son populares gracias al chocolate y la vainilla, y las papas fritas no pueden existir sin papas. Como puedes ver, el Nuevo Mundo hizo muchas contribuciones a la dieta del resto del planeta.

peanuts

Comprensión

1. ¿Cuáles son cuatro productos originarios de las Américas?
2. ¿Qué comidas tomaron su nombre de la lengua náhuatl?
3. ¿Cuáles son tres países europeos mencionados que usan ingredientes americanos en la cocina?
4. ¿Cuáles son tres comidas que no existían en América antes de la llegada *(arrival)* de los europeos?

Después de leer

Cada región o país tiene su comida típica. Con un compañero, escoge una comida típica de tu estado o región. ¿Cuáles son los ingredientes y cómo se prepara? Compartan su selección con la clase.

Rosa y Santiago salen a comer en un restaurante.

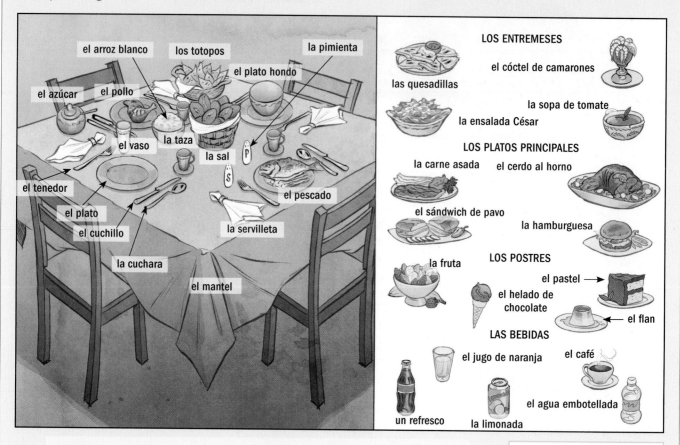

el almuerzo	*lunch*	
la cena	*dinner*	
la cuenta	*bill*	
el desayuno	*breakfast*	
la orden	*order*	
el tazón	*serving bowl*	

Verbos

almorzar	*to eat lunch*
cenar	*to eat dinner*
dejar (una propina)	*to leave (a tip)*
desayunar	*to eat breakfast*

INVESTIGUEMOS LA GRAMÁTICA

The word **agua** is feminine, and therefore any adjectives need to be in the feminine form; however, it takes the masculine article for pronunciation purposes.

A practicar

1.22 🔊 **Escucha y responde** Vas a escuchar los nombres de varias comidas y bebidas. En un papel dibuja un vaso y en otro un tenedor. Si escuchas una bebida, levanta el vaso y si escuchas una comida levanta el tenedor.

1.23 **¿Cuál es?** Contesta con la opción más lógica.

1. ¡Tengo mucha sed! Quiero _____.
   a. arroz   **b.** un pastel   **c.** un refresco   **d.** un pollo
2. Mi entremés favorito es _____.
   a. fruta   **b.** pimienta   **c.** un café   **d.** una quesadilla
3. Mi café necesita más _____.
   a. taza   **b.** azúcar   **c.** cucharita   **d.** sal
4. Mi postre favorito es _____.
   a. la limonada   **b.** la leche con chocolate   **c.** el helado   **d.** el azúcar
5. Para cortar la carne necesito _____.
   a. un cuchillo   **b.** una cuchara   **c.** una servilleta   **d.** la sal

INVESTIGUEMOS EL VOCABULARIO

Here are some terms for ethnic foods commonly served in restaurants:

comida china   *Chinese food*
comida griega   *Greek food*
comida italiana   *Italian food*
comida japonesa   *Japanese food*
comida mexicana   *Mexican food*

1.24 **Relaciones** Relaciona las palabras en negrita con una palabra de la lista. Después trabaja con un compañero para decir qué relación hay entre las palabras.

la carne **la cuenta** **la cuchara** **el plato principal** **el postre** **la sal** **la taza** **el vaso**

Modelo el café... la bebida → *El café es una bebida.*

1. el cerdo
2. el pastel
3. la propina
4. la sopa
5. el jugo
6. la pimienta
7. la hamburguesa
8. el té

1.25 **Encuesta** Busca a estudiantes de la clase que hacen las siguientes actividades. Contesta con oraciones completas y después reporta a la clase.

Modelo desayunar cereal todos los días
Estudiante 1: *¿Desayunas cereal todos los días?*
Estudiante 2: *Sí, desayuno cereal todos los días.*

1. pedir postre siempre cuando come en un restaurante
2. almorzar en la escuela todos los días
3. saber hacer flan
4. comer carne más de tres veces a la semana
5. no tomar refrescos nunca
6. cenar frente al televisor

> **INVESTIGUEMOS EL VOCABULARIO**
> In some countries, **la comida** is used to refer to the noon meal, which is the main meal of the day.

1.26 **En un restaurante** En parejas túrnense para hacer el papel *(play the role)* de mesero y de cliente. **¡OJO!** Deben usar **usted**, no **tú**.

Mesero: Buenas tardes, (señor/señorita/señora). ¿Prefiere una mesa cerca de la ventana?

Cliente: _____

Mesero: ¿Desea una bebida?

Cliente: _____

Mesero: ¿Qué prefiere como plato principal?

Cliente: _____

Mesero: ¿Le gustaría *(Would you like)* un postre?

Cliente: _____

Mesero: ¿Necesita algo más *(something else)*?

Cliente: _____

Mesero: ¡Buen provecho! *(Enjoy!)*

1.27 **Comparemos** Trabajen en parejas. Uno de ustedes va a mirar el dibujo en esta página y el otro va a mirar el dibujo en el **Apéndice B.** Túrnense para describir los dibujos y encontrar cinco diferencias.

Cultura

A veces un restaurante es un símbolo de una ciudad o una cultura. Por ejemplo, 4Gats en Barcelona fue un lugar de reunión para muchos artistas famosos, como Pablo Picasso.

Otro ejemplo famoso es La Cabaña, en Buenos Aires. La Cabaña es la churrasquería *(steak house)* más antigua de la capital argentina. Su libro de visitas tiene la firma *(signature)* de visitantes muy famosos, como Richard Nixon, el Rey *(King)* Juan Carlos y Walt Disney, para mencionar solo a algunos.

En La Habana, Cuba, se distingue *(stands out)* un restaurante llamado La Bodeguita del Medio. En parte es famosa por las personas importantes que la visitaron, como Pablo Neruda, Salvador Allende, Marlene Dietrich y Ernest Hemingway. En La Bodeguita hay fotos y artefactos que cuentan *(tell)* la historia de Cuba. El menú de La Bodeguita del Medio también tiene algunas de las mejores especialidades criollas cubanas, como frijoles negros, pierna de puerco asada, yuca con mojo y plátanos *(plantains)* fritos.

Busca en Internet otros restaurantes importantes en el mundo hispanohablante. Para buscar usa palabras como **restaurante, café, pub, taberna, famoso, histórico** y el nombre de un país o una ciudad hispanohablante. Escoge uno y comparte la información o el menú con la clase. Explica por qué te gustaría comer en ese restaurante.

La Bodeguita del Medio es uno de los restaurantes más conocidos de La Habana.

Comunidad

Visita un supermercado de tu comunidad y busca la sección de comida de otras partes del mundo. Luego prepara un reporte. Usa las siguientes preguntas para guiarte.

- ¿Hay comida latinoamericana o española?
- ¿Qué productos encuentras?
- Mira las etiquetas *(labels)*. ¿Dónde están hechos *(made)*?
- ¿Hay muchos productos de otros países? ¿Por qué?

¿Hay comida latinoamericana o española en tu supermercado?

Conexiones... a la salud

En estos tiempos modernos mucha gente no tiene tiempo para preparar comida y esto puede afectar negativamente la salud *(health)*. Además, muchas personas compran comidas procesadas y baratas *(cheap)* con un alto contenido de calorías, azúcares y sal. Una consecuencia es la obesidad en muchos países, especialmente en los Estados Unidos, México, Chile y Australia. En México el dramático consumo de refrescos es, en parte, responsable. Los mexicanos consumen en promedio *(on average)* 149 litros de refrescos por año.

Escribe una lista de productos que piensas que tienen un impacto negativo en la salud de las personas. Después entrevista a tres compañeros de la clase para saber si también piensan que estos productos son malos para la salud. Reporta la información a la clase.

La comida rápida no siempre es saludable.

Comparaciones

¿Dónde compra tu familia la comida? ¿Van a tiendas especializadas? En España y Latinoamérica siempre ha sido *(it has been)* muy común comprar la comida en diferentes tiendas pequeñas y no en el supermercado. La siguiente es una lista de diferentes tipos de tiendas. ¿Qué productos piensas que venden en los siguientes lugares?

1. una tortillería
2. una heladería
3. una panadería
4. una frutería
5. una lechería
6. una carnicería
7. una chocolatería

En una alfajorería se venden alfajores, un postre típico de Argentina.

¿Cuáles son las ventajas *(advantages)* de ir a las tiendas especializadas? ¿y las desventajas? ¿Dónde compra tu familia esos *(those)* productos? ¿Hay estas tiendas especializadas donde vives?

3

Exploraciones **gramaticales**

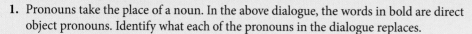

A analizar ▶

Rosa y Santiago salen a comer en un restaurante. Después de ver el video, lee parte de su conversación y observa los pronombres de objeto directo en negrita. Luego contesta las preguntas que siguen.

Mesero:	Buenas tardes. ¿Están listos?
Rosa:	Sí. Me gustarían los tacos de pescado, por favor.
Mesero:	Lo siento, no **los** tenemos ahora. Ya no hay más pescado.
Rosa:	¡Ay, qué lástima! Bueno, en ese caso quiero las enchiladas suizas. ¿Vienen con salsa verde o salsa roja?
Mesero:	Con salsa verde.
Rosa:	Perfecto, **las** voy a pedir.
Mesero:	¿Y para usted, caballero?
Santiago:	Tengo una pregunta, ¿**la** sopa de pollo tiene chile?
Mesero:	No, no **lo** tiene.
Santiago:	Bien, **la** voy a pedir entonces.

1. Pronouns take the place of a noun. In the above dialogue, the words in bold are direct object pronouns. Identify what each of the pronouns in the dialogue replaces.

2. What do **lo** and **la** mean in the dialogue above? And **los** and **las**?

3. Where are the pronouns in bold placed?

4. What pronoun would you use to replace **el arroz**? And **las tortillas**?

A comprobar

Direct object pronouns 1

1. A direct object is a person or a thing that receives the action of the verb. It tells to whom or to what something is being done.

   > Juan pide **pollo.**
   > *Juan is ordering chicken. (The chicken is what is being ordered.)*

   > Elena invita a **Natalia** a comer.
   > *Elena is inviting Natalia to eat. (Natalia is who is being invited.)*

2. In order to avoid repetition, the direct object can be replaced with a pronoun. In Spanish, the pronoun must agree in gender and number with the direct object it replaces.

   > ¿Tienes **las tazas?** *Do you have **the cups?***
   > Sí, **las** tengo. *Yes, I have **them.***

   In answering the question, it is not necessary to repeat the direct object, **las tazas;** instead it is replaced with the pronoun **las.**

3. The following are the third person direct object pronouns:

	singular		plural	
masculino	**lo**	*it, him, you (formal)*	**los**	*them, you*
femenino	**la**	*it, her, you (formal)*	**las**	*them, you*

4. The direct object pronoun is placed in front of the conjugated verb.

   ¿Comes carne?
   Do you eat meat?

   No, no **la** como.
   No, I don't eat it.

5. When using a verb phrase that has an infinitive or a present participle (**-ando, -iendo**), the pronoun can be placed in front of the conjugated verb, or it can be attached to the infinitive or the present participle.

La voy a invitar. / Voy a invitar**la**.
*I am going to invite **her**.*

¿**Lo** quieres comer? / ¿Quieres comer**lo**?
*Do you want to eat **it**?*

Él **lo** está sirviendo. / Él está sirviéndo**lo**.
*He is serving **it**.*

Notice that an accent is necessary when adding a pronoun to the end of the present participle. The accent will always fall on the **a** for **-ando** forms, and on the **e** for **-iendo** forms.

A practicar

1.28 En el restaurante Lee la siguiente conversación e identifica el objeto o la persona que el pronombre reemplaza *(replaces)*.

Mario: ¿Quieres el menú?

Lucía: No, no <u>lo</u> (**1**) necesito. Ya sé qué quiero.

Mario: ¿Sí? ¿Vas a pedir el pollo como siempre?

Lucía: No, no <u>lo</u> (**2**) quiero comer hoy. Voy a pedir la carne asada.

Mario: Yo voy a pedir<u>la</u> (**3**) también. ¿Pedimos una botella de agua?

Lucía: Sí, <u>la</u> (**4**) podemos pedir.

Mario: Bueno, estamos listos *(ready)*. ¿Dónde está el mesero? No <u>lo</u> (**5**) veo.

Lucía: Allí está. ¿Por qué no <u>lo</u> (**6**) llamas?

Mario: ¡Señor!

1.29 La semana pasada En parejas pregúntense quién hizo las siguientes actividades en su casa la semana pasada. Usen los pronombres de objeto directo y el pretérito en sus respuestas. Es posible responder con **nadie** *(no one)*.

Modelo ¿Quién tomó leche?
   Estudiante 1: *¿Quién tomó leche?*
   Estudiante 2: *Yo la tomé. ¿Y en tu casa?*
   Estudiante 1: *Nadie la tomó.*

1. ¿Quién compró la comida?
2. ¿Quién preparó el desayuno?
3. ¿Quién puso *(set)* la mesa?
4. ¿Quién cocinó la cena?

5. ¿Quién sirvió la comida?
6. ¿Quién comió postre?
7. ¿Quién lavó los platos?
8. ¿Quién limpió la cocina?

¿Quién comió postre?

1.30 ¿Quién lo hace? Trabaja con un compañero. Miren los dibujos y túrnense para hacer y responder preguntas con las palabras y la forma del presente del verbo. Usen pronombres de objeto directo para responder.

> **Modelo** *(Dibujo 1)* comer / ensalada
> Estudiante 1: *¿Quién come la ensalada?*
> Estudiante 2: *Eva **la** come.*

1.

a. tomar / sopa   **b.** comer / pan

2.

a. servir / tacos   **b.** servir / hamburguesas

3.

a. necesitar / tenedor   **b.** necesitar / cuchara

4.

a. tomar / jugo de naranja   **b.** tomar / refresco

1.31 Entrevista Túrnense para hacer y contestar las siguientes preguntas. **¡OJO!** Deben usar pronombres de objeto directo para reemplazar *(replace)* las palabras subrayadas *(underlined)*.

1. ¿Desayunaste esta mañana? ¿Tomaste <u>jugo</u>?

2. ¿Trajiste <u>el almuerzo</u> a la escuela? ¿Qué trajiste?

3. ¿A qué hora cenaste anoche? ¿Quién preparó <u>la cena</u>?

4. ¿Adónde saliste a comer recientemente? ¿Quién pagó <u>la cuenta</u>?

5. ¿Comiste <u>postre</u> después de la cena anoche? ¿Qué comiste?

6. ¿Tomaste <u>refrescos</u> durante el fin de semana? ¿Qué tomaste?

7. ¿Quién limpió <u>la cocina</u> en tu casa después de la cena anoche? ¿Lavó <u>los platos</u> a mano?

8. ¿Tomaste <u>sopa</u> esta semana? ¿Qué tipo de sopa tomaste?

1.32 ¿Para qué es? En parejas túrnense para explicar qué hacemos con las siguientes cosas. Deben usar los pronombres de objeto directo y verbos diferentes en las respuestas para dar explicaciones completas.

> **Modelo** el arroz
> Estudiante 1: *¿Qué hacemos con el arroz?*
> Estudiante 2: *Lo servimos con frijoles. / Lo ponemos en la paella. / Lo cocinamos en agua.*

1. el refresco   **3.** la ensalada   **5.** el cuchillo   **7.** la sopa

2. el helado   **4.** las quesadillas   **6.** los totopos   **8.** los tomates

A analizar

Rosa y Santiago salen a comer en un restaurante. Después de ver el video otra vez, lee la primera parte de su conversación y observa los pronombres de objeto directo en negrita.

> Rosa: Gracias por invitar**me** a cenar aquí. **Me** conoces y sabes que este es mi restaurante favorito.
>
> Santiago: Sí, **te** conozco muy bien, Rosa.

1. To whom do the pronouns **me** and **te** refer?
2. How would you translate the sentences above?

A comprobar

Direct object pronouns 2

In the last **Exploraciones gramaticales** section, you learned how to use direct object pronouns when referring to *it, him, he, them or you (formal)*. The following are all of the direct object pronouns.

	singular		plural	
first person	**me**	*me*	**nos**	*us*
second person	**te**	*you (informal)*	**os**	*you (informal)*
third person	**lo, la**	*it, him, her, you (formal)*	**los, las**	*them, you (formal)*

1. Remember that direct object pronouns are placed in front of the conjugated verb. They can also be attached to an infinitive or a present participle. Don't forget that an accent is necessary when adding the pronoun to the present participle.

El mesero **nos** ve.
*The waiter sees **us**.*

Te quiero invitar a cenar. / Quiero invitar**te** a cenar.
*I want to invite **you** to dinner.*

Ana **me** está llamando. / Ana está llamándo**me**.
*Ana is calling **me**.*

2. The following are some of the verbs that are frequently used with these direct object pronouns:

ayudar	esperar *(to wait for)*	querer *(to love)*
buscar	felicitar *(to congratulate)*	saludar *(to greet)*
conocer		ver
creer	invitar	visitar
encontrar	llamar	
escuchar	llevar *(to take along)*	

A practicar

1.33 **¿Qué significa?** Decide cuál es la traducción correcta.

1. No te entiendo.
   a. I don't understand you.
   b. You don't understand me.

2. Mi abuela me llama todos los días.
   a. My grandmother calls me every day.
   b. I call my grandmother every day.

3. ¿Te esperan tus amigos?
   a. Are you waiting for your friends?
   b. Are your friends waiting for you?

4. No nos ven.
   a. They don't see us.
   b. We don't see them.

1.34 **Algunas preguntas** Decide cuál es la respuesta correcta.

1. ¿Quién me llama?
   a. Héctor te llama.   **b.** Héctor me llama.
2. ¿Te comprenden tus padres?
   a. Sí, te comprenden.   **b.** Sí, me comprenden.
3. ¿Me ayudas con la tarea?
   a. Sí, te ayudo.   **b.** Sí, me ayudas.
4. ¿Cuándo te invitan a comer?
   a. Te invitan a comer hoy.   **b.** Me invitan a comer hoy.
5. ¿Vas a visitarnos mañana?
   a. Sí, voy a visitarnos.   **b.** Sí, voy a visitarlos.
6. ¿El maestro los vio a ustedes?
   a. Sí, nos vio.   **b.** Sí, los vio.

1.35 **En clase** Contesta las preguntas sobre los hábitos del maestro de español. Debes usar el pronombre **nos** en las respuestas.

Modelo ¿El maestro de español los invita a ustedes a fiestas?
   Sí, nos invita a fiestas. / No, no nos invita a fiestas.

¿El maestro de español…

1. los comprende a ustedes?
2. los conoce bien?
3. los ayuda a ustedes con la tarea?
4. los escucha cuando ustedes tienen problemas?
5. los llama a casa?
6. los lleva a comer en un restaurante?
7. los saluda en los pasillos *(hallways)*?
8. los ve fuera de la clase?
9. los felicita cuando hacen un buen trabajo?

El maestro siempre nos ayuda.

1.36 **¡Ayuda!** Completa la siguiente conversación con el pronombre **me, te** o **nos**.

Susana: Simón, ¡yo **(1)** _____ necesito! ¡No entiendo francés!

Simón: ¿El maestro siempre habla con ustedes en francés?

Susana: Sí, solo nos habla en francés, pero no lo comprendemos a él, y él no **(2)** _____ comprende a nosotros. ¿**(3)** _____ ayudas con mi tarea?

Simón: Por supuesto. Yo **(4)** _____ puedo ayudar esta tarde si quieres.

Susana: ¡Sí! Entonces ¿**(5)** _____ vas a llamar luego?

Simón: Sí, yo **(6)** _____ llamo después de llegar a casa.

Susana: ¡Qué bueno!

¿Necesitas ayuda con la tarea?

1.37 **Una noche en el restaurante** En parejas túrnense para describir lo que pasó anoche en el restaurante. Deben completar lo que dijeron las diferentes personas en cada escena, usando los pronombres de objeto directo **me, te** y **nos**.

1.38 **Cuentos** Las siguientes son preguntas o exclamaciones de algunos cuentos *(stories)* para niños. Con un compañero túrnense para leerlas y para responder de una manera dramática. Usen pronombres de objeto directo en las respuestas. ¡Sean creativos!

Modelo Pedro: ¿No me creen? ¡Hay un lobo *(wolf)*!
Estudiante 1: *¿No me creen? ¡Hay un lobo!*
Estudiante 2: *¡No, no te creemos! Estás mintiendo otra vez.*

1. Caperucita Roja *(Little Red Riding Hood)*: ¿Me quieres comer, abuelita?

2. el lobo: ¿Me dejas entrar, cerdito *(little pig)*?

3. los siete enanitos *(dwarfs)*: ¿Nos vas a cuidar *(to take care of)*, Blanca Nieves?

4. Maléfica *(Maleficent)*: ¿Por qué no me invitaron a la fiesta?

5. la rana *(frog)*: Princesa ¿me vas a besar?

6. Cenicienta *(Cinderella)*: ¡¿No me van a llevar al baile con ustedes?!

7. Hansel y Gretel: Madrastra ¿nos vas a abandonar?

8. Bestia *(Beast)*: ¿No me quieres, Bella?

¿Me vas a besar?

1.39 **Preguntas personáles** Entrevista a un compañero de clase con las siguientes preguntas.

Modelo Estudiante 1: *¿Quién te cree siempre?*
Estudiante 2: *Mi madre (mi abuelo, mi mejor amigo, etc.) me cree siempre.*

1. ¿Quién te comprende?

2. ¿Quién te quiere mucho?

3. ¿Quién te invita a comer con frecuencia?

4. ¿Quién te llama por teléfono y habla y habla y habla… ?

5. ¿Quién te ayuda con la tarea de español?

6. ¿Quién te visita con frecuencia?

7. ¿Quién los visita a ti y a tu familia con frecuencia?

8. ¿Quién los saluda a ti y a tus compañeros de clase todos los días?

Lectura

Antes de leer

1. ¿Qué comidas se consideran "comida rápida" en los Estados Unidos?
2. ¿Existe una diferencia entre comida rápida y comida chatarra *(junk food)*? ¿Cuál?

A leer

La comida rápida en Latinoamérica

has changed / century

lack of time

La vida **ha cambiado** mucho en el último **siglo**, especialmente en las grandes ciudades, donde hay poco tiempo para hacer todo. ¿Cómo afecta esta **falta de tiempo** nuestros hábitos

eating

alimenticios?

save

Preparar comida toma mucho tiempo. Para **ahorrar** ese tiempo hay diferentes soluciones,

> Preparar comida toma mucho tiempo.

dependiendo del país. Por ejemplo, en los Estados Unidos la gente come mientras maneja, pero en muchos países hispanos es muy importante comer con la familia. Cuando no hay tiempo para cocinar es posible ir a locales de comida rápida (o "comida corrida"). Estos locales no son como las grandes compañías de comida rápida en Estados Unidos. Son locales pequeños donde las personas compran comida casera (similar a la comida preparada en casa) y a un precio razonable. La

advantage

comida que se compra en estos locales tiene **la ventaja** de ser variada y de cambiar todos los días. ¿Qué venden? ¡De todo! Diferentes variedades de sopa, carnes

stewed

guisadas, verduras y también postres.

However

Sin embargo, existe otro tipo de comida rápida latinoamericana similar a

what

la que hay en los Estados Unidos. En cualquier pueblo o ciudad de Latinoamérica

stands

se encuentran **puestos** en la calle o pequeños locales donde se venden comidas locales populares por poco dinero. Por ejemplo, en los países andinos (Perú, Ecuador y Bolivia especialmente) se venden papas preparadas de mil maneras diferentes. En El Salvador se venden pupusas, en Puerto Rico

Las pupusas son un ejemplo de comida típica salvadoreña.

los **pinchos** y en el Paraguay el chipá. Aunque los ingredientes de la comida rápida son diferentes a la comida en los Estados Unidos, los resultados son **igual de apetecibles.**

kebabs

equally appetizing

El chipá paraguayo

Margie Politzer/Lonely Planet Images/Getty Images

Comprensión

Decide si las siguientes afirmaciones son ciertas o falsas, según la lectura. Corrige las oraciones falsas.

1. Comprar comida corrida es una manera de ahorrar tiempo.
2. Los locales de comida rápida en Latinoamérica venden comida como hamburguesas, pizza y pollo frito *(fried)*.
3. Las papas pueden ser un tipo de comida rápida en algunos países como Perú y Bolivia.
4. Es posible comprar pupusas en puestos en la calle en El Salvador.

Después de leer

En parejas túrnense para hacer y contestar las preguntas.

1. ¿Comes comida rápida o comida chatarra con frecuencia? ¿Por qué?
2. ¿Qué comidas rápidas prefieres?
3. ¿Qué haces cuando tienes hambre y no tienes mucho tiempo?

▶ Video-viaje a...
Uruguay

Antes de ver

Uruguay es un país que ofrece una excelente calidad de vida *(quality of life)*. En Montevideo, la capital, puedes ver por qué los uruguayos viven una vida tan agradable *(pleasant)*. Si quieres ver edificios históricos, puedes caminar por la Ciudad Vieja. Para probar comida tradicional uruguaya puedes ir al Mercado del Puerto, un viejo mercado donde ahora hay muchos restaurantes.

1.40 ¿Ya sabes?

1. Uruguay está en ____.

   ☐ Europa   ☐ Centroamérica

   ☐ El Caribe   ☐ Sudamérica

2. ¿Cierto o falso?

   a. La mayoría de los uruguayos son una mezcla *(mix)* de ascendecia indígena y europea.

   b. En Uruguay se produce y se come una gran cantidad de carne.

3. ¿Qué tradición, imagen o persona asocias con Uruguay?

1.41 Estrategia

You can learn a lot from just looking at the visuals when you watch video. The scenes and images you see help you understand the language that you hear. Be sure to pay attention to the visuals as well as to the narration. What visuals do you think will accompany the following words?

1. avenida

2. plaza

3. estadio

4. monumento

Al ver

1.42 **Escoge** Mira el video y escoge la respuesta correcta.

1. Hay mucha influencia _____ en la arquitectura de Montevideo.

   a. europea   **b.** urbana   **c.** indígena

2. 18 de Julio es el nombre de _____.

   a. un barrio   **b.** una avenida   **c.** un parque

3. El Estadio Centenario fue construído en el año _____ para la Copa Mundial (*World Cup*).

   a. 2013   **b.** 1913   **c.** 1830

4. En la Plaza Independencia hay _____ al General José Artigas.

   a. un barrio   **b.** un estadio   **c.** un monumento

5. La comida tradicional de Uruguay es _____.

   a. quesadillas   **b.** mariscos   **c.** carne a la parrilla

1.43 **Escribe** Completa las oraciones con la palabra correcta.

1. En la _____ es posible ver edificios antiguos y modernos.

2. En el Barrio Tres Cruces está el Obelisco a los Constituyentes de _____.

3. La gente _____ a la orilla del Río de la Plata.

4. El General José Artigas fue una figura importante en la _____ de Uruguay.

Después de ver

1.44 **Expansión**

Paso 1 Mira la sección sobre Uruguay en **Exploraciones del mundo hispano** y lee **Investiga en Internet**. Escoge uno de los temas que te interese.

Paso 2 Busca información en Internet. Debes encontrar una fuente (*source*) relevante.

Paso 3 Usando la información que encontraste en Internet, escribe un resumen de 3–5 oraciones en español. Comparte la información con tus compañeros.

Vocabulario útil

la mezcla *mixture*
nocturno(a) *nocturnal*
el obelisco *obelisk (stone pillar)*
la orilla *shore*
la parrilla *grill*
la peatonal *pedestrian walkway*
probar *to try*
el puesto *vendor stand or stall*
la sede *seat (of government), venue*

1.45 **Mi cumpleaños** Completa las siguientes oraciones con el pretérito del verbo entre paréntesis. **¡OJO!** No todos los verbos son irregulares.

Ayer **(1)** _____ (ser) mi cumpleaños. Para celebrar mis padres **(2)** _____

(hacer) una reservación en un restaurante elegante en el centro de la ciudad.

Nosotros **(3)** _____ (tener) que conducir media hora, pero valió la pena

(it was worth it). Cuando llegamos, **(4)** _____ (ir) directamente a la mesa.

Nosotros **(5)** _____ (leer) el menú y luego **(6)** _____ (pedir) nuestra

comida. Cuando el mesero **(7)** _____ (traer) la comida, yo **(8)** _____

(estar) muy satisfecho con mi selección. Al terminar de comer, yo **(9)** _____

(querer) un postre y decidimos pedir un pastel. ¡El pastel **(10)** _____ (estar)

delicioso! Después de comer mis padres **(11)** _____ (pagar) la cuenta,

(12) _____ (dejar) una buena propina y mis padres y yo **(13)** _____

(volver) a casa.

1.46 **Una cena en restaurante** Tomás y Jimena cenaron anoche en un restaurante. Escribe de nuevo *(again)* las oraciones usando pronombres de objeto directo para evitar *(to avoid)* las repeticiones.

Modelo Ayer fue el cumpleaños de Jimena y Tomás decidió invitar a Jimena a cenar en un restaurante.
Ayer fue el cumpleaños de Jimena y Tomás decidió invitarla a cenar en un restaurante.

(1) El mesero llegó con los menús y Tomás y Jimena miraron los menús. **(2)** A Jimena le gusta el pollo asado y decidió pedir pollo asado. **(3)** Tomás prefirió el pescado y pidió pescado. **(4)** Las ensaladas parecían *(seemed)* deliciosas y los dos quisieron ensaladas. **(5)** Tomás vio al mesero y llamó al mesero. **(6)** En poco tiempo la comida llegó y ellos disfrutaron *(enjoyed)* la comida. **(7)** Al final el mesero trajo la cuenta y Tomás pagó la cuenta.

1.47 **¿Por o para?** Lee las siguientes oraciones y substituye las palabras en cursiva con **por** o **para**.

1. Ayer Renato decidió ir a un restaurante *a* cenar.
2. A las ocho salió de su casa *al* restaurante.
3. *A causa de* no tener una reservación, no pudo sentarse inmediatamente.
4. Esperó *durante* media hora.
5. *Al* fin, un señor lo llevó a una mesa.
6. Tenían *(They had)* un especial: una pizza de queso *a* 50 pesos y decidió pedirla.
7. Luego pidió un helado *de* postre.

1.48 **Sondeo** En grupos de tres o cuatro contesten las siguientes preguntas. Luego compartan las respuestas con la clase.

1. ¿Prefieres comer en un restaurante o en casa? ¿Por qué?
2. ¿Cuántas veces a la semana almuerzas en un restaurante?
3. ¿Cuántas veces al mes cenas en un restaurante?
4. ¿Cuál es tu restaurante favorito? ¿Qué pides allí?
5. ¿Cuándo fue la última vez *(last time)* que fuiste a un restaurante? ¿Cuál fue?

1.49 **La fiesta** En parejas, imaginen que están planeando una cena para unos amigos, pero algunos tienen restricciones en su dieta. Uno de ustedes mira la información en esta página y el otro mira la información en el **Apéndice B.** Compartan la información sobre las restricciones en las dietas y luego decidan qué van a servir del menú abajo.

aperitivo: queso, totopos con salsa

primer plato: ensalada con vinagreta, sopa de fideos *(noodles)*

segundo plato: carne asada con papas fritas, fajitas con tortillas de maíz y verduras asadas

postre: ensalada de frutas, pastel de chocolate

bebida: té helado, limonada

Invitado	Restricción
Angélica	
Lucas	Es alérgico al chocolate.
Mateo	
Regina	Está a dieta.
Javier	
Gisa	No puede consumir gluten.

1.50 **La lista del supermercado** Con un compañero van a crear una lista de supermercado. Tienen un presupuesto *(budget)* limitado y solo pueden comprar diez productos.

Paso 1 Escribe una lista de diez productos que quieres comprar. Debes incluir tres verduras, tres frutas y otros cuatro productos.

Paso 2 Compara tu lista con la de tu compañero y explica por qué quieres comprar ciertos productos. Luego pónganse de acuerdo *(agree)* en los diez productos que van a comprar.

Paso 3 Compartan *(Share)* la lista con la clase y expliquen algunas de sus decisiones.

CAPÍTULO 1

🔊 Vocabulario 1

Frutas

el durazno	*peach*		la piña	*pineapple*
la fresa	*strawberry*		el plátano	*banana*
la manzana	*apple*		la sandía	*watermelon*
el melón	*melon*		las uvas	*grapes*
la naranja	*orange*			

Verduras

el brócoli	*broccoli*		la papa	*potato*
la cebolla	*onion*		el pepino	*cucumber*
la lechuga	*lettuce*		el tomate	*tomato*
el maíz	*corn*		la zanahoria	*carrot*

Lácteos y otros alimentos

la catsup	*ketchup*		la mayonesa	*mayonnaise*
el cereal	*cereal*		la mermelada	*jam*
la crema	*cream*		la mostaza	*mustard*
el huevo	*egg*		el pan	*bread*
el jamón	*ham*		el pepinillo	*pickle*
la leche	*milk*		el queso	*cheese*
la mantequilla	*butter*		el yogur	*yogurt*

Verbos

andar	*to walk*
hornear	*to bake*

Palabras adicionales

la rebanada	*slice*

Los números

cien	*100*		setecientos	*700*
ciento uno	*101*		ochocientos	*800*
doscientos	*200*		novecientos	*900*
trescientos	*300*		mil	*1000*
cuatrocientos	*400*		dos mil	*2000*
quinientos	*500*		un millón	*1 000 000*
seiscientos	*600*			

🔊 Vocabulario 2

Los utensilios

la cuchara	*spoon*		la servilleta	*napkin*
el cuchillo	*knife*		la taza	*cup*
el mantel	*tablecloth*		el tazón	*serving bowl*
el plato	*plate*		el tenedor	*fork*
el plato hondo	*bowl*		el vaso	*glass*

La comida

el arroz	*rice*		el jugo	*juice*
el azúcar	*sugar*		la limonada	*lemonade*
la bebida	*drink*		la naranja	*orange*
el café	*coffee*		el pastel	*cake*
el camarón	*shrimp*		el pavo	*turkey*
la carne	*meat*		el pescado	*fish*
el cerdo	*pork*		la pimienta	*pepper*
el cóctel	*cocktail*		el pollo	*chicken*
la ensalada	*salad*		el postre	*dessert*
el entremés	*appetizer*		la quesadilla	*quesadilla*
el flan	*flan*		el refresco	*soda*
la fruta	*fruit*		la sal	*salt*
la hamburguesa	*hamburger*		el sándwich	*sandwich*
el helado	*ice cream*		la sopa	*soup*
			los totopos	*tortilla chips*

Verbos

almorzar	*to eat lunch*		felicitar	*to congratulate*
cenar	*to eat dinner*		querer	*to love*
dejar (una propina)	*to leave (a tip)*		llevar	*to take along*
desayunar	*to eat breakfast*		saludar	*to greet*

Palabras adicionales

al horno	*baked*		la cuenta	*bill*
el almuerzo	*lunch*		el desayuno	*breakfast*
asado(a)	*grilled*		frito(a)	*fried*
la cena	*dinner*		la orden	*order*
la comida	*food, lunch*		el plato principal	*main dish*

Literatura

Felipe Rodríguez/AGE Fotostock

Gustavo Adolfo Bécquer

Biografía
Gustavo Adolfo Bécquer (1836–1870) fue un escritor español asociado con el movimiento del postromanticismo *(post-Romanticism)*. Algunos de sus temas *(themes)* frecuentes son la noche, el amor *(love)*, la fragilidad del humano y la muerte *(death)*. Su obra más famosa, *Rimas y leyendas*, es una colección de poemas y cuentos *(short stories)* esencial a la historia de la literatura española.

Investiguemos la literatura: La voz poética

The poetic voice is the person that speaks in the poem. It would be incorrect to say that the poet is actually speaking. He or she usually takes on the persona of someone in a particular situation. As you read through a poem, it is important to ask yourself who is speaking.

Antes de leer

1. Piensa en los poemas que has leído *(you have read)*. ¿Qué tienen en común?
2. En tu opinión, ¿qué es la poesía?
3. Usa el título *(title)* para predecir *(predict)* el tema del poema.

¿Qué es poesía?

you say while you pierce

pupil

¿Qué es poesía?, **dices mientras clavas**
En mi **pupila** tu pupila azul.
¡Qué es poesía! ¿Y tú me lo preguntas?
Poesía eres tú.

Source: Gustavo Adolfo Bécquer, "Rima XXI," *Rimas.*

OlgaLis/Shutterstock.com

Después de leer

A. Comprensión

1. ¿A quién le habla la voz poética *(poetic voice)*?
2. En tu opinión, ¿qué significa *(means)* "Poesía eres tú"?

B. Conversemos

¿Por qué escriben poesía las personas?

Antes de leer

1. Cuando un amor termina *(ends)*, ¿qué emociones pueden tener las personas?

Rima xxxviii

sighs   Los **suspiros** son aire y van al aire.

tears / sea   Las **lágrimas** son agua y van al **mar**.

tell me / is forgotten   **Dime**, mujer, cuando el amor **se olvida**,

                  ¿sabes tú adónde va?

Después de leer

A. Comprensión

1. ¿A quién le habla la voz poética?

2. ¿Cómo se siente *(feels)* la voz poética? Identifica dos palabras que lo demuestran *(show it)*.

B. Conversemos

1. ¿Qué pueden hacer las personas para olvidar un amor?

Galyna Andrushko/Shutterstock.com

Learning Strategy

Review previously learned material

It is important that you review the vocabulary and grammar from previous chapters because you will continue to use what you learned in the past. Make flashcards for each chapter and review them often, go back to the **Exploraciones de repaso** section in earlier chapters to be sure you can still do the activities, and complete the **Hora de reciclar** activities.

In this chapter you will learn how to:

- Talk about household chores
- Talk about your hobbies and pastimes
- Describe what you used to do in the past

¿Qué haces dentro y fuera de casa?

Paseando por el lago de Yojoa, en Honduras.

Explorando con... **Gabby Salazar**

¿Puedes imaginarte viajando por el mundo y tomando fotos de la naturaleza para educar a la gente? Ese es el trabajo de Gabby Salazar. Cuando asistía a la universidad hizo un viaje a la selva tropical de Belice y Honduras para estudiar la ecología tropical. Gracias a esa experiencia Gabby se dio cuenta *(realized)* de que quería usar la fotografía para ayudar a la gente a entender las ciencias y a involucrarse en la protección de las selvas.

Vocabulario útil

el cambio climático   *climate change*
diseñar   *to design*
involucrarse   *to get involved*
la selva   *tropical forest, jungle*

Cuando Gabby tenía once años su padre le regaló (*gave her*) una cámara. Desde entonces (*Since then*) la fotografía ha sido (*has been*) la pasión que la ha llevado (*has led her*) a viajar y a fotografiar la naturaleza en más de quince países.

A Gabby le encanta usar la fotografía para enseñarle al público acerca de (*about*) la naturaleza y de las ciencias. Ella tiene buenos recuerdos (*memories*) de su primer viaje a Perú, cuando las personas locales vieron sus fotos de la región. Las fotografías eran de animales y plantas de una reserva muy cercana, pero las personas de la comunidad nunca los habían visto (*had never seen them*). Gracias a las fotos de Gabby pudieron ver la belleza (*beauty*) de su propia (*own*) región.

Gabby piensa que contar historias con imágenes hace que la gente se involucre en la conservación. Ella también intenta (*tries to*) involucrar a los habitantes de las zonas que visita. Cuando regresa a los Estados Unidos, pasa los días diseñando programas de multimedia acerca de la ciencia del cambio climático. En su tiempo libre a Gabby le gusta mucho fotografiar aves (*birds*), cocinar y enseñarles sobre la fotografía a los niños.

Gabby Salazar es de Carolina del Norte y tiene una licenciatura (bachelor's degree) en Ciencia y Sociedad. En el 2002 ganó el Premio de Fotografía de la Naturaleza de la BBC, una de muchas otras distinciones.

EN SUS PALABRAS

"Me encanta trabajar en los trópicos porque cada día encuentro nuevas y espectaculares plantas y animales para fotografiar. Hasta las cucarachas (*cockroaches*) pueden ser bonitas."

2.1 **Comprensión** Lee las siguientes oraciones y decide si son ciertas o falsas.

1. Gabby Salazar vivió en Belice y Honduras cuando era niña.
2. A Gabby le gusta tomar fotos de las ciudades.
3. Gabby hizo un viaje a Perú.
4. Gabby usa la fotografía para educar a las personas acerca de la conservación.
5. Diseña programas de multimedia en Belice y Honduras.

2.2 **A profundizar** Busca la página web de Gabby Salazar. Algunas de las fotos son abstractas y representan (*show*) la naturaleza desde una perspectiva muy cercana (*close-up*). Escoge una de estas fotos y escribe por qué te parece bonita. Adivina (*Guess*) qué planta o animal está en la foto.

2.3 **¡A explorar más!** ¿Tienes una cámara? Piensa en un proyecto que puedes hacer para que la gente tome conciencia (*become aware*) de un problema en tu comunidad.

La fotografía puede motivar a la gente a resolver problemas ambientales.

Es sábado y la familia Carrillo está limpiando la casa. ¿Qué están haciendo?

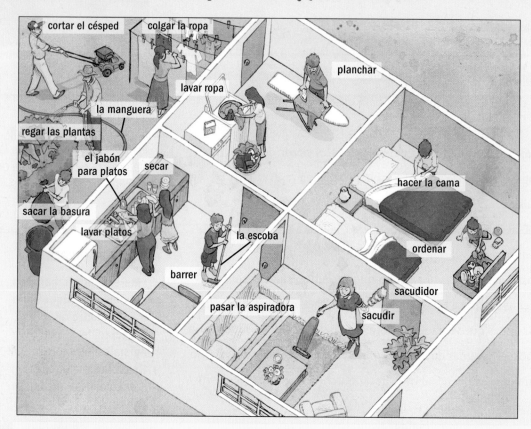

cortar el césped · colgar la ropa · planchar · la manguera · lavar ropa · regar las plantas · el jabón para platos · secar · hacer la cama · sacar la basura · lavar platos · la escoba · ordenar · barrer · pasar la aspiradora · sacudidor · sacudir

La limpieza

el bote de basura	trash can
el cortacésped	lawnmower
la plancha	iron
los quehaceres	chores
la tabla de planchar	ironing board

el trapeador	mop
el trapo	cleaning cloth, rag

Adjetivos

limpio(a)	clean
sucio(a)	dirty

Verbos

guardar	to put away
poner la mesa	to set the table
recoger	to pick up
recoger la mesa	to clear the table
trapear	to mop

A practicar

2.4 🔊 **Escucha y responde** Vas a escuchar una lista de quehaceres y de artículos de limpieza. Levanta la mano derecha si la palabra se relaciona con la cocina, y levanta la mano izquierda si se relaciona con el jardín.

2.5 **¿Con qué frecuencia?** En parejas túrnense para preguntar quién hace estos quehaceres en sus casas.

Modelo sacudir

> Estudiante 1: *¿Quién sacude en tu casa?*
> Estudiante 2: *Mi hermano sacude en mi casa.*

1. lavar la ropa
2. planchar
3. barrer el piso de la cocina
4. pasar la aspiradora

5. cortar el césped
6. hacer las camas
7. limpiar los baños
8. sacar la basura

2.6 **Una fiesta** Imagina que vives en la casa de los siguientes dibujos y que vas a dar una gran fiesta para toda la clase. Con un compañero hablen de lo que deben hacer antes de la fiesta y lo que van a tener que hacer después de la fiesta. Sean creativos.

  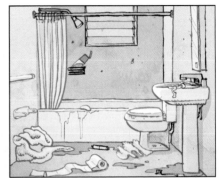

2.7 **Busca a alguien** Busca a compañeros que hacen/hicieron las siguientes actividades. Después repórtale la información a la clase.

1. Puso la mesa ayer.
2. Nunca riega las plantas.
3. Hizo su cama esta mañana.
4. Detesta lavar los platos.
5. Cuelga la ropa para secarla.
6. Nunca corta el césped.
7. Saca la basura.
8. Planchó algo la semana pasada.

2.8 **Una entrevista** Trabajen en parejas para contestar las preguntas y luego repórtenle la información a la clase.

1. ¿Qué quehacer te gusta menos? ¿Cuál te gusta más?
2. En tu opinión, ¿qué quehacer es el más importante? ¿Cuál es el menos importante?
3. ¿Tienes quehaceres en el jardín? ¿Cuáles?
4. ¿Crees que los niños deben ayudar en casa? ¿Qué quehaceres deben hacer?
5. ¿Usa tu familia productos de limpieza que son buenos para el medio ambiente *(environment)*? ¿Por qué?

2.9 **Compañeros de casa** Javier, Marcos y Emanuel son hermanos y quieren organizarse para hacer los quehaceres que les gustan. Trabaja con un compañero para completar la tabla. Uno de ustedes va a ver la información en esta página, y el otro debe ver la información en el **Apéndice B**. Primero completen la tabla y después decidan quién va a hacer cada quehacer. Cada persona debe tener dos obligaciones.

Quehacer	Javier	Marcos	Emanuel	¿Quién va a hacerlo?
lavar los platos		No le gusta.		
limpiar los baños	No le gusta.		No le gusta.	
trapear la cocina	No le gusta.	Le gusta.		
pasar la aspiradora				
cortar el césped		No le gusta.	No le gusta.	
regar las plantas	No le gusta.		No le gusta.	

Conexiones culturales
Los deberes de la casa

Cultura

A pocas personas les gusta hacer todos los quehaceres de la casa, pero es algo que casi todos tenemos que hacer. Los deberes de la casa son una experiencia que comparten muchas culturas diferentes, por eso son también un tema típico en algunas tiras cómicas. Aquí puedes ver una tira cómica de Gaturro, uno de los cómics argentinos más conocidos. ¿Le molestan a Gaturro los quehaceres de la casa? ¿Por qué?

Comparaciones

¿Cuánto tiempo pasas haciendo quehaceres? ¿Crees que las mujeres pasan más tiempo limpiando que los hombres? Un estudio de una universidad inglesa indicó que las mujeres van a tener que esperar hasta el año 2050 para que los hombres pasen el mismo *(same)* número de horas haciendo labores de la casa.

El siguiente es un resumen de las horas que los argentinos, los españoles, los mexicanos y los estadounidenses dedican al trabajo doméstico cada semana. Observa la información.

Horas totales de trabajo doméstico semanal para familias con hijos

mujeres argentinas	37,8 horas
hombres argentinos	15,4 horas
mujeres españolas	29,7 horas
hombres españoles	15,9 horas
mujeres mexicanas	32,2 horas
hombres mexicanos	15,3 horas
mujeres estadounidenses	32 horas
hombres estadounidenses	17 horas

Sources: Pew Research Center; Instituto Nacional de Estadística; Instituto Nacional de Estadística y Geografía; ElObservatodo.cl

¿Te sorprende la información? ¿Por qué? ¿Cómo se pueden explicar las diferencias entre los hombres y las mujeres de todos estos países?

Comunidad

Vas a crear un anuncio *(ad)* en español para un nuevo producto de limpieza. Decide si tu anuncio es para la televisión, la radio o un espectacular *(billboard)*. Usa las siguientes preguntas para guiar tus ideas.

- ¿Cómo se llama el producto?
- ¿Para qué es?
- ¿Por qué es diferente de otros productos?

MJTH/Shutterstock.com

Conexiones... a los negocios

123object/Shutterstock.com

¡Hay una aplicación *(app)* para todo, incluyendo la limpieza de la casa! Muchas personas trabajan todo el día y no tienen energía para limpiar su casa. Sin embargo, no contratan *(hire)* a una persona para limpiar porque les preocupa tener un desconocido *(stranger)* en casa.

El mexicano Rodolfo Corcuera encontró esta dificultad cuando llegó a vivir a una nueva ciudad. Por eso creó "Aliada MX", una aplicación para encontrar a alguien para limpiar la casa. Después de ingresar *(entering)* información sobre el tamaño *(size)* de la casa y la localización, la aplicación puede calcular el costo del servicio.

Por supuesto, Aliada MX tiene la responsabilidad de asegurarse de *(ensure)* que la persona sea de confianza *(is trustworthy)*. Para trabajar en la compañía es necesario tener una cuenta *(account)* en el banco y un teléfono celular. El creador de la aplicación dice que esto no es un problema porque el 70% de las personas que quieren trabajar ya *(already)* tiene un teléfono celular. Uno de los objetivos más importantes de Corcuera es aumentar los sueldos *(increase the earnings)* de las personas que limpian.

¿Piensas que esta aplicación puede tener éxito? ¿Por qué?

A analizar ▶

Camila habla con Vanesa sobre los quehaceres. Después de ver el video, lee parte de lo que dice Camila y presta atención a los verbos en negrita.

> Ahora que Rodrigo tiene un nuevo puesto (*position*) y yo también trabajo, estamos muy ocupados. Antes los dos **limpiábamos** la casa juntos los domingos. Él **barría** la cocina y **sacaba** la basura mientras yo **pasaba** la aspiradora y **sacudía**. Luego en la tarde yo **lavaba** y **secaba** la ropa, y él **limpiaba** el baño.

Using the examples above and your knowledge of verb conjugations, answer the questions.

1. What are the endings of the **-ar** verbs in bold? And the **-er/-ir** verbs?

2. The verbs in bold are in the imperfect tense. Does the imperfect describe actions in the past, present, or future?

A comprobar

The imperfect

1. The imperfect is another past tense in Spanish, used for different purposes than the preterite. To form the imperfect of regular verbs, add the following endings to the stem:

-ar verbs	lavar (to wash)
lav**aba**	lav**ábamos**
lav**abas**	lav**abais**
lav**aba**	lav**aban**

-er/-ir verbs	barrer (to sweep)
barr**ía**	barr**íamos**
barr**ías**	barr**íais**
barr**ía**	barr**ían**

2. The verbs **ser, ir,** and **ver** are the only irregular verbs in the imperfect.

ser (to be)			
yo	**era**	nosotros(as)	**éramos**
tú	**eras**	vosotros(as)	**erais**
él, ella, usted	**era**	ellos, ellas, ustedes	**eran**

ir (to go)			
yo	**iba**	nosotros(as)	**íbamos**
tú	**ibas**	vosotros(as)	**ibais**
él, ella, usted	**iba**	ellos, ellas, ustedes	**iban**

ver (to see)			
yo	**veía**	nosotros(as)	**veíamos**
tú	**veías**	vosotros(as)	**veíais**
él, ella, usted	**veía**	ellos, ellas, ustedes	**veían**

3. There are no stem-changing verbs in the imperfect. All verbs that have changes in the stem in the present or the preterite are regular.

> Mi madre **cuelga** la ropa afuera.
> Mi abuela también **colgaba** la ropa afuera.

> Mi padre **prefirió** lavar los platos a mano ayer.
> Mi abuela siempre **prefería** lavar los platos a mano.

4. The imperfect of the verb **haber (hay)** is **había.**

> Siempre **había** platos en el fregadero.
> *There were* always plates in the sink.

5. The imperfect is used to describe past habits, routines, or characteristics. In English, we frequently use the expression *used to*. The imperfect is often used with expressions that indicate repetition, such as **siempre, todos los días, todos los años, con frecuencia, a menudo, normalmente, generalmente, a veces**, etc.

> De niño, **era** mi responsabilidad sacar la basura.
> *As a child, it **used to be** my responsibility to take out the trash.*

> Todos los sábados **limpiábamos** la casa.
> *Every Saturday we **used to clean** the house.*

> **Tenía** que hacer la cama todos los días.
> *I **used to** make his bed every day.*

6. Another use of the imperfect is to describe an action in progress at a particular moment in the past where there is no emphasis on when the action began or ended.

> ¿Qué **hacías** a las tres?
> *What **were you doing** at three o'clock?*

> Yo **cortaba** el césped.
> *I **was cutting** the grass.*

RECORDEMOS

You will recall that the present progressive describes actions in progress in the present. It is also possible to use the imperfect of **estar** with the present participle. However, Spanish speakers usually use the simple imperfect to express the concept *was ___ing*, not the past progressive.

¿Qué **estabas haciendo** a las tres.
(Yo) **Estaba cortando** *el césped.*

A practicar

2.10 **En tu niñez** *(childhood)* Lee las siguientes oraciones e indica si son ciertas o falsas según tu experiencia cuando tenías diez años.

1. No tenía que hacer quehaceres.

2. Sacaba la basura.

3. No me gustaba ordenar mi habitación.

4. Cortaba el césped.

5. Hacía la cama todos los días.

6. Ponía la mesa antes de comer.

7. Lavaba la ropa.

8. No colgaba mi ropa.

Cuando era niña ayudaba a mis padres con los quehaceres.

2.11 **Cuando era niño** Cambia el verbo a la forma necesaria del imperfecto y completa las siguientes ideas sobre tu niñez.

Modelo mi padre me (contar)…
> *Cuando era niña, mi padre me contaba cuentos.*

Cuando era niño(a),…

1. yo (vivir)…

2. mis amigos y yo (comer) mucho…

3. mi familia (ir) con frecuencia a…

4. mis amigos (jugar)…

5. no me (gustar)…

6. mi mejor amigo(a) (ser)…

7. yo (tener) que…

8. mi mejor amigo y yo (¿?)…

2.12 **¿Qué hacían?** Con un compañero túrnense para identificar las actividades que hacían todos mientras Belén hablaba por teléfono.

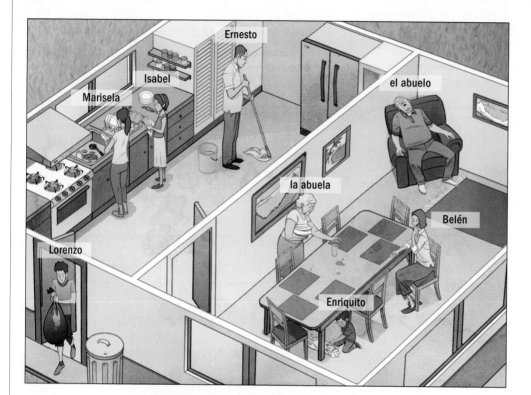

2.13 **Entrevista** Con un compañero túrnense para entrevistarse sobre sus actividades mientras estaban en la escuela primaria *(elementary)*. Den mucha información al contestar las preguntas.

1. ¿Qué te gustaba hacer en las vacaciones?
2. ¿Practicabas algún deporte? ¿Cuál?
3. ¿Quién cocinaba? ¿Qué comida preferías?
4. ¿Trabajaban tus padres? ¿Dónde?
5. ¿Con qué frecuencia veías a tus abuelos?
6. ¿Cómo se llamaba tu mejor amigo(a)? ¿Qué hacías con él/ella?
7. ¿Qué quehaceres tenías que hacer?
8. ¿Qué hacías después de regresar de la escuela?

2.14 **Una encuesta** En grupos de tres o cuatro van a descubrir quién tenía que trabajar más en su casa cuando era niño.

Paso 1 Con los compañeros del grupo decidan tres quehaceres más para añadir *(to add)* a la lista. Luego usen el imperfecto para preguntar quién hacía las actividades en la lista cuando era niño.

cortar el césped	sacar la basura
limpiar el baño	_____
lavar los platos	_____
poner la mesa	_____

Paso 2 ¿Quién tenía más quehaceres cuando era niño? Repórtenle la información a la clase.

A analizar

Camila habla con Vanesa sobre los quehaceres. Mira el video otra vez. Después lee parte de su conversación y observa las expresiones negativas en negrita.

¡Ay, Vanesa! Parece que **nunca** tengo el tiempo que necesito para limpiar la casa. Mis padres van a llegar el sábado para visitarnos ¡y la casa es un desastre! Sé que **no** voy a tener tiempo para limpiar **ni** mañana **ni** el viernes porque tengo mucho trabajo para la escuela. ¿Conoces a alguien que me pueda ayudar a limpiar?

Vanesa: **No** conozco a **nadie,** pero puedo preguntarle a mi hermana.

Camila: Sí, por favor. ¡Ya **no** tengo tiempo de hacer **nada**!

1. How many negative words are there in each sentence?

2. Where is the word **no** placed in relation to the verb it refers to in the sentences?

A comprobar

Indefinite and negative words

1. The following are the most commonly used negative and indefinite words.

Palabras negativas	
nadie	*no one, nobody*
nada	*nothing*
nunca	*never*
jamás	*never*
tampoco	*neither, either*
ningún (ninguno), ninguna	*none, any*
ni... ni	*neither . . . nor*

Palabras indefinidas	
alguien	*someone, somebody*
algo	*something*
siempre	*always*
también	*also*
algún (alguno), alguna	*some*
o... o	*either . . . or*

2. In Spanish, it is possible to use multiple negative words in one sentence. When a negative word follows the verb, it is necessary to place **no** or another negative word in front of the verb, making it a double negative.

> **No** plancho **nunca.**
> I *never* iron.

> **No** hay **ni** escoba **ni** aspiradora aquí.
> There is *neither* a broom *nor* a vacuum here.

> **Nunca** le das **nada** a **nadie.**
> You *never* give *anything* to *anyone.*

3. The negative nouns **nadie** and **nada** can be placed before the verb if they are the subject. The negative adverbs **tampoco, nunca,** and **jamás** can also be placed before the verb.

> **Nadie** está lavando ropa ahora.
> *No one* is washing clothes now.

> **Nada** es imposible.
> *Nothing* is impossible.

> **Tampoco** hago la cama.
> I don't make my bed *either.*

4. The indefinite words **algún, alguno(s), alguna(s),** and the negative words **ningún, ninguno(s), ninguna(s)** are often used to add emphasis but are not essential. Notice that they must agree in number and gender with the noun they are describing. When using the negative, the singular form is generally used.

> ¿Tienes **algunas** camisas para planchar?
> No, no tengo **ninguna** camisa. (No, no tengo **ninguna**.)

> ¿Tienes trapos?
> No, no tengo **ningún** trapo.
> (No, no tengo **ninguno**.)

*While it is correct to use **algunos(as)** in front of a noun, it is much more common to use **unos(as)** or to omit the article. **Algunos(as)** tends to be used more frequently as a pronoun: **Necesito (unas) plantas para el jardín. ¿Tiene algunas?**

A practicar

2.15 **¿Cierto o falso?** Mira el dibujo y decide si estas oraciones son ciertas o falsas.

1. No hay nadie en el comedor.
2. No hay ni platos ni vasos en la mesa.
3. Tampoco hay flores en la mesa.
4. Ninguna mascota está en el comedor.
5. No hay nada debajo de la mesa.
6. Nadie limpia el comedor.
7. El perro no come nada.
8. Hay algo al lado de la mesa.

2.16 **A contratar ayuda** Imagina que trabajas en una oficina. Vas a entrevistar a una persona para limpiar pero no es una buena candidata. Para saber qué respuestas dio durante la entrevista, contesta las siguientes preguntas de forma negativa.

1. ¿Siempre llega usted a tiempo *(on time)*?
2. ¿Alguien va a ayudarla a limpiar la oficina?
3. ¿Limpia ventanas y espejos?
4. No tenemos aspiradora. ¿Tiene usted una aspiradora?
5. ¿Tiene algunas cartas de recomendación?
6. ¿Necesita saber algo más sobre nuestra oficina?

No me gusta limpiar ni cocinas ni baños.

2.17 **Ayuda por favor** El padre de Jorge está limpiando la casa y necesita ayuda, pero Jorge es muy perezoso. Completa la conversación con palabras negativas e indefinidas. **¡OJO! Alguno** y **ninguno** tienen varias formas.

algo	alguien	algún	siempre	o
nada	nadie	ningún	nunca	ni

Padre: Jorge, ¿puedes guardar **(1)** _____ de estos libros?

Jorge: No, no quiero guardar **(2)** _____ libro. Los voy a leer más tarde.

Padre: ¿Puedes ir a la cocina y traerme **(3)** _____ para limpiar las ventanas?

Jorge: No, no puedo traerte **(4)** _____ porque estoy ocupado.

Padre: ¿Puedes ayudarme a lavar los platos **(5)** _____ a secarlos después?

Jorge: No quiero lavar los platos **(6)** _____ secarlos, tengo que hacer la tarea.

Padre: ¿Vas a hacer la tarea con **(7)** _____ de tu clase?

Jorge: No, no la voy a hacer con **(8)** _____ . Voy a hacerla solo.

Padre: Entonces sí puedes hacer **(9)** _____ quehaceres antes de hacerla.

Jorge: No puedo hacer **(10)** _____ porque necesito tomar una siesta primero.

Padre: ¡Jorge! ¡**(11)** _____ tienes una excusa y **(12)** _____ ayudas en la casa!

2.18 **Un sondeo** En grupos de cuatro o cinco túrnense para preguntar y averiguar *(find out)* quién hace las siguientes actividades. Luego repórtenle a la clase.

Modelo no tiene ninguna clase de matemáticas

Estudiante 1: *¿Quién no tiene ninguna clase de matemáticas?*

Estudiante 2: *Yo no tengo ninguna clase de matemáticas.*

1. no tiene ninguna otra clase de lengua

2. no estudia con nadie

3. nunca olvida *(forgets)* su tarea

4. siempre hace la tarea para la clase de español

5. no entiende nada en alguna clase

6. jamás se sienta al frente de la clase

2.19 **Preguntas personales** Entrevista a un compañero con las siguientes preguntas. Si es posible, continúa la conversación con la pregunta entre paréntesis.

1. ¿Alguien duerme en la misma habitación que tú? (¿Quién?)

2. ¿Tienes un perro o un gato? (¿Cómo se llama?)

3. ¿Con qué frecuencia limpias la casa? (¿Alguien te ayuda?)

4. ¿Hay algún quehacer que no te gusta para nada? (¿Cuál?)

5. ¿Tienes que hacer algo que no quieres hacer? (¿Qué es?)

6. ¿Siempre haces tu cama? (¿Por qué?)

¿Siempre haces tu cama?

2.20 🔊 **En casa** Mira los dibujos. Después escucha las oraciones y decide si son ciertas o falsas.

1. …   2. …   3. …   4. …   5. …

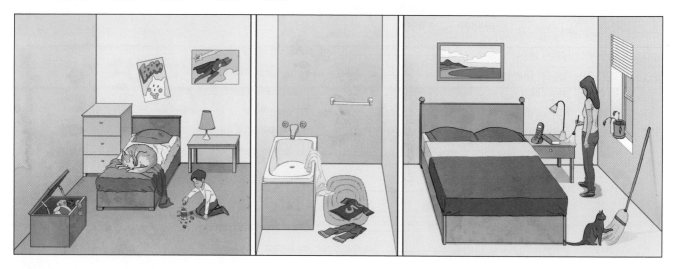

2.21 **¿Qué debo hacer?** En parejas túrnense para pedir consejos para conseguir los objetivos de la lista. Menciona lo que debe o no debe hacer tu compañero usando una palabra afirmativa o negativa.

> **Modelo** ayudar a otros
>
> Estudiante 1: *¿Qué debo hacer para ayudar a otros?*
> Estudiante 2: *Debes buscar algunas oportunidades para trabajar como voluntario.*

1. ahorrar *(save)* dinero
2. conocer a más personas
3. tener buenas notas
4. conseguir un buen trabajo de verano
5. estar más sano
6. divertirme más

2.22 **De mal humor** Trabaja con un compañero y túrnense para sugerir ideas. Cuando el primer estudiante proponga *(proposes)* algo, el segundo estudiante debe responder con expresiones negativas porque está de mal humor *(in a bad mood)*.

> **Modelo** Estudiante 1: *Siempre estudio en la biblioteca. ¿Quieres ir conmigo?*
> Estudiante 2: *No, no quiero ir contigo. Nunca estudio en la biblioteca.*
> Estudiante 2: *Leo algunos libros antes de dormirme. ¿Quieres un libro?*
> Estudiante 1: *No, no quiero ningún libro. Nunca leo antes de dormirme.*

Siempre leo algún libro antes de acostarme.

Entrando en tema

En tu opinión, ¿cuáles son las labores domésticas más fastidiosas *(annoying)*?

◀)) Un programa de televisión sobre la limpieza

Vas a escuchar un segmento de un programa de televisión donde se dan recomendaciones para ayudar con la limpieza de la casa. Escucha con atención y después responde las preguntas. Debes repasar las palabras en **Vocabulario útil** antes de escuchar para ayudar con la comprensión.

Vocabulario útil

disgustar	*to dislike*	**quemado(a)**	*burnt*
el hogar	*home*	**los restos**	*scraps*
la limpieza	*cleaning*	**la tostadora**	*toaster*
profundo(a)	*deep*		

Comprensión

Decide si las oraciones son ciertas o falsas según lo que escuchaste.

1. El programa explica cómo limpiar toda la casa en una hora.
2. Al hombre le gustaba hacer los quehaceres cuando era niño.
3. La hermana del hombre recibía dinero por hacer todos los quehaceres.
4. La señora tiene recomendaciones para limpiar el horno y la tostadora.
5. El hombre tiene una recomendación para cortar el césped.

Detesto planchar.

SpeedKingz/Shutterstock.com

Más allá

Escribe tu propia lista de cinco consejos para hacer más fáciles algunas labores de la casa y compártela con la clase. ¿Encontraste información útil en las listas de tus compañeros?

Lectura

Reading Strategy: Recognizing root words

You probably already have practice using logic to guess the meanings of verbs, even when you don't recognize the tense. You can use a similar strategy to deal with other words by recognizing the root of the word. For example, you know the word **sucio.** Can you tell what the verb **ensuciar** means in the following sentence? **Si lo ensucias, debes limpiarlo.**

Antes de leer

¿Cómo se promueve *(promote)* la limpieza en tu ciudad? ¿y en tu escuela?

A leer

La ciudad es nuestra casa

"Jugá limpio"
"Te quiero limpia"
"Ensuciar cuesta dinero"

Todos estos son eslogans usados en diferentes países hispanos en sus **campañas** *(campaigns)* para mantener limpias las calles de sus ciudades. Muchas de estas campañas van **más allá** *(beyond)* de limpiar. También tienen el objetivo de educar a las comunidades para mantener su ciudad limpia y **acogedora** *(welcoming)*. Es importante no **tirar** *(throw)* basura a la calle, pero eso no es suficiente. Las campañas tienen varios objetivos, como pintar **muros** *(walls)* en barrios que lo necesitan, poner contenedores para reciclar y educar a las personas sobre cómo reciclar correctamente.

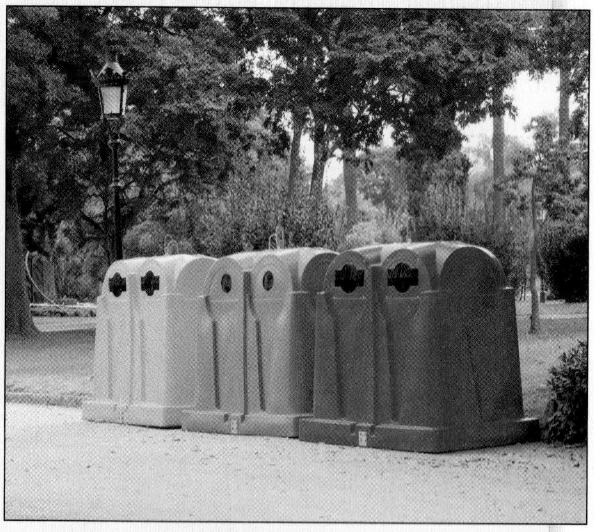

Mikhail Zahranichny/Shutterstock.com

Contenedores para reciclar

[Es importante no tirar basura a la calle, pero no es suficiente.]

En Chaco, una ciudad de Argentina, los habitantes crearon la Fundación Ciudad Limpia, e hicieron más que limpiar la ciudad: donaron miles de libros a bibliotecas, hicieron una campaña para **evitar** *(to avoid)* la contaminación, dieron **charlas** *(talks)* en sus escuelas, participaron en el cuidado de parques y plazas, y limpiaron grafiti. **Hasta** *(They even)* ayudaron a un grupo de niños de las calles

a encontrar oportunidades de educación para aprender un **oficio** y les _trade_
dieron oportunidades de practicar deportes. Para los habitantes de esta
ciudad, mantener limpia su ciudad significa mantener una comunidad con
oportunidades para todos.

Comprensión

Decide si las afirmaciones son ciertas o falsas.

1. El objetivo principal de las campañas de limpieza es recoger la basura.
2. Algunas campañas enseñan a las personas a reciclar.
3. En Chaco, Argentina, los voluntarios ayudaron a limpiar el grafiti.
4. La Fundación Ciudad Limpia ayudó a niños de la calle.

Después de leer

1. ¿Hay campañas de limpieza en tu comunidad? ¿Qué actividades proponen estas
   campañas? ¿Cómo se comparan con las campañas mencionadas en la lectura?
   ¿Participaste alguna vez?

2. Busca un video en español sobre una campaña de reciclaje en Internet. Puedes usar la
   frase "campaña de reciclaje" o "reciclaje para niños" para empezar tu búsqueda. ¿De
   qué país es? ¿Qué aconsejan reciclar y cómo? ¿Hay diferencias con las campañas de los
   Estados Unidos?

michaeljung/Shutterstock.com

¿Participaste alguna vez en una campaña de limpieza?

Los tiempos cambian, y con ellos también cambian los pasatiempos.

Juegos y juguetes

el ajedrez	chess
el carrito	toy car
las cartas	cards
las damas	checkers
el dominó	dominos
el rompecabezas	puzzle

Verbos

andar en patineta/ motocicleta	to ride a skateboard/ motorcycle
chatear	to chat / message online
contar (ue) (cuentos, historias, chistes)	to tell (short stories, stories, jokes)
cuidar a (niños)	to care for (children)
dar la vuelta	to take a walk or a ride

dibujar	to draw
hacer jardinería	to garden
ir de paseo	to go for a walk / ride
navegar en Internet	to surf the Internet
pasar tiempo	to spend time
pelear	to fight, to argue
portarse (bien / mal)	to behave (well / badly)
salir (a + *infinitive*)	to go out (to do something)
volar una cometa	to fly a kite

Palabras adicionales

el niñero / la niñera	babysitter
el permiso	permission
el piano	piano
el (teléfono) celular	cell phone

INVESTIGUEMOS EL VOCABULARIO:

Spanish terms for illustrated stories vary depending on how or where they are published and who their audience is. For example, the Sunday comics are known as **tiras cómicas**. Weekly or monthly publications purchased independently are known as **historietas** or **tebeos** (Spain). In some places they are just called **cómics**. For adult readers, the term **novela gráfica** is used. If the cartoons are animated for television they are called **dibujos animados** or **caricaturas**. A movie for children is **película de animación,** but if the intended audience is older it might be **animé.**

A practicar

2.23 🔊 **Escucha y responde** Vas a escuchar una serie de actividades. Si es una actividad que hacemos generalmente dentro de una casa o edificio, indica con el pulgar hacia arriba. Si es una actividad al aire libre *(outdoors)*, indica con el pulgar hacia abajo.

1. …   2. …   3. …   4. …   5. …   6. …   7. …   8. …

2.24 **¿Cierto o falso?** Mira el dibujo de **Exploraciones léxicas** y decide si las siguientes oraciones son ciertas o falsas. Corrige las oraciones falsas.

1. La abuela está jugando a los bolos.
2. Tres niños tocan la guitarra.
3. Una niña salta la cuerda en el jardín.
4. El padre juega videojuegos.
5. Un niño trepa un árbol.
6. Los gatos tejen.

2.25 **¿Qué dicen estos niños del tercer año?** Completa lo que dicen los niños con palabras de la lista (no las necesitas todas). Si es un verbo, debes conjugarlo.

andar	cometa	contar	cuento	dominó
juguete	pelear	permiso	saltar	videojuegos

Juanito: Mi mamá dice que soy malo cuando _____ con mis hermanas.

Anita: Los fines de semana mi hermanita y sus amigas _____ la cuerda con mis amigas.

Luisito: Mis hermanos y yo _____ chistes.

Mónica: Yo _____ en patineta en el parque cerca de mi casa.

Roberto: Cuando hace viento, me gusta ir al parque y volar una _____.

Sarita: Si quiero salir con mis amigas, tengo que pedirle _____ a mi mamá o a mi papá.

Emilia: Yo prefiero jugar _____ con mis amigos en la computadora.

2.26 **Asociaciones** Con un compañero decidan qué palabra no pertenece al grupo y expliquen por qué.

1. el dominó   el ajedrez   el permiso   las damas
2. jugar   dibujar   las damas   volar
3. el rompecabezas el carrito   el cuento   la muñeca
4. la niñera   las cartas   los bolos   las escondidas
5. andar en patineta tocar el piano volar una cometa trepar árboles

2.27 **Explicaciones** En parejas túrnense para elegir una palabra del vocabulario en la página anterior. Deben explicar la palabra sin decir cuál es y adivinar qué palabra es.

2.28 **Las actividades favoritas** Irma y Mario van a cuidar a varios niños el sábado. Irma quiere salir con la mitad (half) de los niños, pero Mario quiere quedarse (stay) en casa. Pregúntense para saber qué actividades les gustan a los niños. Después decidan quiénes son los niños que van a ir con Irma y quiénes se van a quedar con Mario. Uno de ustedes debe mirar la tabla en el **Apéndice B**.

Modelo *¿Cuál es la actividad favorita de Manuela? ¿A quién le gusta volar cometas?*

Niño	Actividad favorita	¿Con quién debe pasar el sábado?
Manuela	volar cometas	
Jimena	ir de paseo	
	nadar	
Alejandro		
Juan Carlos	dibujar	
Edmundo	trepar árboles	
	jugar juegos de mesa	

Cultura

¿Te gusta la música? La música es un elemento cultural de todas las sociedades. Algunos géneros *(genres)* musicales se originaron en otros lugares del mundo, y luego se popularizaron por todo el planeta. La música latina es una mezcla de varios géneros. Por ejemplo, el danzón es un género de música bailable que se originó en Cuba a finales del siglo XIX. Otro ejemplo es el tango, que se originó en Argentina y Uruguay. Uno de los más importantes artistas del tango, Enrique Santos Discépolo, lo definió como "un pensamiento *(thought)* triste que se baila".

Yuri Arcurs/Shutterstock.com

A continuación hay una lista de otros géneros musicales que se escuchan en España y Latinoamérica. ¿Cuáles conoces? ¿Conoces grupos o cantantes de los Estados Unidos que incorporen estos ritmos en su música?

- la salsa (popular en los países del Caribe, especialmente Cuba)
- el bolero (especialmente popular en España y México)
- el vallenato (originario de Colombia)
- los corridos (originarios de México)
- el reggaetón (originario de Puerto Rico)
- los sones (hay tipos diferentes de sones, en particular los cubanos y los mexicanos)
- el mambo (baile cubano)
- el merengue (originario de la República Dominicana, popular en el Caribe y Centroamérica)
- la cumbia (muy popular en Panamá, Venezuela, Perú y sobre todo en Colombia)
- la bachata (originario de la República Dominicana)

Mira la sección **Exploraciones del mundo hispano** en el **Apéndice A** y busca un cantante o un músico de un país hispanohablante. Investiga en Internet qué tipo de música toca o canta.

> Sube un video del artista de **Exploraciones del mundo hispano** que investigaste y comparte la información del artista. Luego escucha la música de las selecciones de tus compañeros. ¿Cuál te gusta más?

Comunidad

Busca en Internet información sobre un baile popular de un país hispano. Después comparte *(share)* la información con la clase y enséñales a tus compañeros uno o dos pasos *(steps)* del baile.

Kike Calvo/Corbis

Una academia de salsa en Cali, Colombia

Comparaciones

Las historietas son populares en muchos países. Condorito está entre las historietas clásicas que todavía *(still)* se pueden comprar en muchos países latinoamericanos. Condorito es una creación del artista chileno René Ríos Boettiger, conocido como Pepo. Esta historieta fue publicada por primera vez en 1949.

Otra historieta popular es Mafalda, creada por el caricaturista argentino Joaquín Salvador Lavado, conocido como Quino. Mafalda es una tira sobre una niña y su grupo de amigos. También refleja los temas políticos y sociales de los años setenta.

En la actualidad existe una gran variedad de historietas modernas. La mayoría de ellas se pueden conseguir en tiendas especializadas.

Mafalda, de Quino

Argentina: Boogie el aceitoso; Gaturro; Catalina
Bolivia: Cascabel; El duende y su camarilla
Chile: Barrabases
Colombia: Copetín; Dina Salomón; Pionero
Cuba: El curioso cubano; Supertiñosa
España: Florita; Mortadelo y Filemón; El Coyote
México: Memín Pinguín; La Familia Burrón; Rolando el rabioso
Perú: Supercholo, El Cuy
Uruguay: Pelopincho y Cachirula; El viejo

Investiga en Internet de qué trata y de qué época es una de las historietas de la lista, o investiga otras historietas o novelas gráficas (¡hay cientos!). Después comparte la información con la clase.

Busca un ejemplo de Condorito o Mafalda en Internet. ¿Es similar a alguna historieta en inglés? ¿Cuál?

Conexiones... a la comunicación

Las telenovelas latinoamericanas se caracterizan por ser adictivas y muchas de ellas han tenido un gran éxito en todo el mundo. Estas telenovelas no son siempre programas cursis *(corny)* para amas de casa. De hecho *(In fact)*, muchas telenovelas se presentan en los mejores horarios de televisión, y algunas incluso promueven cambios sociales y ayudan a educar a la gente sobre temas de interés social como la salud, la educación y la ecología.

Las telenovelas tampoco son solo para adultos. También hay telenovelas que se producen para adolescentes. Con frecuencia los protagonistas tienen que enfrentar *(face)* las dificultades de la adolescencia como el deseo de ser popular. A veces estas telenovelas se convierten en fenómenos sociales, como fue el caso del grupo musical RBD, creado en la telenovela *Rebelde*. El grupo hizo giras *(toured)* por todo el mundo, dando conciertos para multitudes.

Algunos actores de la telenovela "Rebelde"

Sources: BBC Mundo; Univisión

Investiga en Internet la sinopsis de algunas de las telenovelas que se transmiten en la actualidad por los canales de televisión en español. ¿Hay algunas telenovelas para niños o adolescentes? ¿Cómo sabes?

A analizar

Santiago habla con Rosa sobre lo que debe comprar para su sobrina. Después de ver el video, lee parte de su conversación y presta atención al objeto indirecto en negrita.

Rosa:	¿**Le** gustan los juegos de mesa?
Santiago:	Yo creo que sí, y sé que a sus padres **les** gusta jugarlos con ella.
Rosa:	Entonces **le** puedes comprar un juego de mesa a tu sobrina.
Santiago:	Sí, se lo voy a comprar. Gracias por tu ayuda.
Rosa:	¿**Te** molesta si voy a la tienda contigo?
Santiago:	¡Para nada! ¡Vamos!

1. You've learned that a direct object is a thing or person acted upon directly, for example, **Compré <u>una cometa</u>** or **Busco <u>una niñera</u>.** What do you think an indirect object is?

2. Why is the verb **gustar** conjugated in the third person plural form in the first sentence? Why is it singular in the second sentence?

A comprobar

Indirect object pronouns

1. An indirect object is usually a person and tells **to whom** or **for whom** something is done.

   > Él siempre le dice la verdad **a su novia.**
   > *He always tells the truth **to his girlfriend.***
   > (**to whom** the truth is told)

   > **Le** compro un regalo **a mi amigo.**
   > *I am buying a gift **for my friend.***
   > (**for whom** the gift is bought)

2. When using the indirect object pronoun, it is possible to add **a** + *prepositional pronoun* or **a** + *noun* to either clarify or emphasize. Although it may seem repetitive, it is necessary to include the indirect object pronoun, even if the indirect object is clearly identified.

   > Alberto **le** dio una cometa **a su primo.**
   > *Alberto gave a kite **to his cousin.***

   > Jorge **me** escribió **a mí.**
   > *Jorge wrote **to me.** (not to someone else)*

3. Indirect object pronouns

yo	**me**	nosotros(as)	**nos**
tú	**te**	vosotros(as)	**os**
él, ella, usted	**le**	ellos, ellas, ustedes	**les**

4. As with direct object pronouns, indirect object pronouns are placed in front of a conjugated verb or can be attached to an infinitive or a present participle.

   > **Le** pregunté cuánto cuesta.
   > *I asked **him/her** how much it costs.*

   > Voy a contar**te** un chiste.
   > *I'm going to tell **you** a joke.*

   > Mi hermano está mostrándo**le** su nueva patineta a su amigo.
   > *My brother is showing his new skateboard to his friend.*

5. The following are some of the verbs that are frequently used with indirect object pronouns:

contar (ue)	pedir
dar	preguntar
decir	prestar *to lend*
devolver (ue)	regalar
mostrar (ue) *to show*	servir

6. You have already learned about the verb **gustar.** **Gustar** always takes the indirect object pronoun and is conjugated according to the subject that follows it.

A él **le gustan** los carritos.
He **likes** the cars. (The cars are **pleasing to him.**)

A los niños no **les gusta** esta historia.
The children don't like this story.

The following are verbs similar to **gustar.** They also take an indirect object pronoun and are conjugated according to the subject.

aburrir	*to bore*
caer bien / caer mal	*to like / dislike (a person)*
encantar	*to really like; to enjoy immensely*
fascinar	*to fascinate*
importar	*to be important*
interesar	*to interest*
molestar	*to bother*

Me encanta su nueva muñeca.
I **love** her new doll. (Her new doll **delights me.**)

¿**Te interesa** aprender a tejer?
Does it **interest you** to learn to knit?

A practicar

2.29 **¿Es lógico?** Lee las oraciones y decide si son lógicas o no.

1. A la niñera le caen bien los niños simpáticos.

2. A los abuelos les gusta comprar juguetes ruidosos (*noisy*) para sus nietos.

3. A los padres les importa contratar a una niñera irresponsable.

4. A la maestra le caen mal los niños perezosos.

5. Al pediatra le importa la salud (*health*) de los adultos.

2.30 **Sondeo** En grupos pequeños hablen sobre sus pasatiempos usando los verbos y las expresiones indicados. Apunten (*Note*) el número de estudiantes que contestan **sí** y el número que contestan **no.** Repórtenle la información a la clase.

Modelo gustarle los juegos de mesa
Estudiante 1: *¿A quién le gustan los juegos de mesa?*
Estudiante 2: *Me gustan mucho.*
Estudiante 3: *No me gustan (para nada).*

	sí	no
molestarle los chistes malos	_____	_____
fascinarle leer las historietas	_____	_____
encantarle los rompecabezas	_____	_____
interesarle aprender tocar un instrumento	_____	_____
importarle ser activo	_____	_____
aburrirle los videojuegos	_____	_____
gustarle el ajedrez	_____	_____

2.31 Oraciones incompletas Selecciona la conclusión más lógica para las siguientes oraciones. Luego explica a quién se refiere el pronombre indicado.

1. A Rosa le gusta jugar a la mamá por eso…
2. Jorge fue a la tienda con su abuela y…
3. A Tomás le gusta jugar en el jardín por eso…
4. Como llueve los niños no pueden jugar afuera, por eso…
5. Cecilia y Eva van a acostarse y…
6. A Rebeca le encanta la música por eso…

a. ella **le** compró un carrito.
b. su tía **le** enseña a tocar el piano.
c. su papá **les** va a leer un cuento.
d. sus abuelos **le** van a regalar una muñeca.
e. su papá **le** dio una cometa.
f. su madre **les** trae unos juegos de mesa.

2.32 Tu mejor amigo Entrevista a un compañero sobre su mejor amigo.

Modelo ¿Le sirves una bebida a tu mejor amigo cuando te visita? *Sí, le sirvo una bebida.*

1. ¿Le cuentas tus secretos a tu mejor amigo?
2. ¿Le prestas dinero a tu mejor amigo?
3. ¿Siempre le dices la verdad a tu mejor amigo?
4. ¿Le das regalos a tu mejor amigo?
5. ¿Le pides consejos *(advice)* a tu mejor amigo?
6. ¿Le escribes mensajes de texto a tu mejor amigo?

2.33 La cena Completa las conversaciones con los pronombres de objeto indirecto. Luego explica qué pasó usando el pretérito de los verbos debajo de cada dibujo.

1.

¡__ deseo un muy feliz cumpleaños!

¿__ trajiste un regalo, abuelita?

desear, pedir

2.

¿__ gusta tu regalo?

¡__ encanta, abuelita! ¡Gracias!

dar, gustar, decir

3.

Mira el osito que __ dio abuelita.

¿__ diste las gracias, hijo?

Sí, mamá.

mostrar

2.34 Entrevista Entrevista a un compañero con las siguientes preguntas.

1. ¿Quién te importa mucho? ¿A quién le importas mucho?
2. ¿A quién siempre le dices la verdad? ¿Quién siempre te dice la verdad a ti?
3. ¿A quién le pides ayuda con la tarea de español? ¿Quién te pide ayuda a ti?
4. ¿A quién le escribes cartas o mensajes electrónicos? ¿Quién te escribe a ti?
5. ¿A quién le pides consejos *(advice)*? Normalmente, ¿te dan buenos consejos? ¿Alguien te pide consejos a ti?
6. ¿Quién te da regalos para tu cumpleaños? ¿A quién le das regalos de cumpleaños?
7. ¿Qué les prestas a tus amigos? ¿Siempre te devuelven tus cosas? ¿Qué te prestan tus amigos a ti?
8. ¿Quién te cae bien a ti? ¿A quién le caes muy bien?

A analizar ▶

Santiago habla con Rosa sobre lo que debe comprar para su sobrina. Mira el video otra vez. Después lee las siguientes oraciones de su conversación y presta atención a los pronombres en negrita.

Rosa:	Entonces le puedes comprar un juego de mesa a tu sobrina.
Santiago:	Sí, **se lo** voy a comprar. Gracias por tu ayuda.

1. What do each of the pronouns in bold refer to?

2. Which pronoun is the direct object in the second sentence? Which one is the indirect object?

A comprobar

Double object pronouns

Remember the direct and indirect object pronouns.

Direct object pronouns	
me	nos
te	os
lo, la	los, las

Indirect object pronouns	
me	nos
te	os
le	les

1. When using both object pronouns with the same verb, the indirect object comes before the direct object.

¿Quién **te lo** dio?   *Who gave **it to you**?*

Paulina **me lo** dio.   *Paulina gave **it to me**.*

2. When using both the direct and the indirect object pronouns, the same rules for placement of single object pronouns apply. They are both placed before a conjugated verb or can be attached to the end of an infinitive or a present participle. The two pronouns <u>cannot</u> be separated. You will notice that an accent is added when two pronouns are attached to an infinitive or a present participle.

La maestra **nos lo** va a explicar.
La maestra va a explicár**noslo.**
*The teacher is going to explain **it to us**.*

Gerardo **me las** está mostrando.
Gerardo está mostrándo**melas.**
*Gerardo is showing **them to me**.*

3. When using the third person indirect object pronoun together with the direct object pronoun, change the pronoun from **le** or **les** to **se**.

l̶e̶ se		lo
	+	la
l̶e̶s̶ se		los

—¿**Le** prestas tu ropa a tu amiga?
—*Do you lend your clothing to your friend?*

—Sí, **se la** presto.
—*Yes, I lend **it to her**.*

—¿Su niñera **les** dio un videojuego?
—*Their babysitter gave them a video game?*

—Sí, **se lo** dio para la Navidad.
—*Yes, she gave **it to them** for Christmas.*

Estrategia

Review previously learned material

You will be combining indirect and direct object pronouns in this section. It will be helpful to review direct object pronouns from **Capítulo 1.**

A practicar

2.35 **Identificaciones** Lee las conversaciones e indica a qué o a quién se refieren los pronombres subrayados (underlined).

> **Modelo** Arsenio: ¿Me muestras tu historieta?
> Emilio: Sí, <u>te la</u> muestro.
> **te** es **tú** (Arsenio); **la** es la **historieta**

1. Isaura: ¿Me prestas tus muñecas?
   Aimée: Sí, <u>te las</u> presto.
2. Eduardo: ¿Les pediste permiso a tus padres?
   Enrique: No, no <u>se lo</u> pedí.
3. Gonzalo: ¿Tus padres te dieron los videojuegos?
   Javier: Sí, <u>me los</u> dieron.
4. Luz: Maestra, ¿nos vas a contar la historia de Pinocho?
   Maestra: Sí, <u>se la</u> voy a contar.

2.36 **Respuestas lógicas** Decide qué respuesta corresponde a la pregunta.

1. ¿Les prestas tu teléfono celular a tus amigos?   **a.** Sí, me los dan.
2. ¿Tus padres te dan regalos para tu cumpleaños?   **b.** No, no te la presto.
3. ¿Me muestras tu colección de muñecas?   **c.** Sí, me la da.
4. ¿Tu maestro te da ayuda?   **d.** Sí, se la muestro.
5. ¿Me prestas tu patineta?   **e.** No, no se lo presto.
6. ¿Le muestras la tarea a la maestra?   **f.** Sí, te la muestro.

2.37 **Buenos amigos** En parejas túrnense para hacer y responder preguntas usando las frases. **¡OJO!** Deben usar pronombres de objeto directo e indirecto al responder.

> **Modelo** prestarme tu lápiz
> Estudiante 1: ¿Me prestas tu lápiz?
> Estudiante 2: Sí, te lo presto. / No, no te lo presto.

1. prestarme tu coche
2. darme cinco dólares
3. explicarme la gramática
4. prestarme tu bolígrafo

5. decirme la verdad
6. mostrarme tu tarea
7. darme tu libro de español
8. prestarme tu celular

¿Le cuentas secretos a tu mejor amiga?

wavebreakmedia/Shutterstock.com

2.38 **Prestado** Cuando era niño Elián siempre les prestaba sus cosas *(things)* a todos. En parejas, túrnense para preguntarse a quiénes se las prestaba. Respondan las preguntas usando pronombres de objeto directo e indirecto.

> **Modelo** ¿A quién le prestaba la pelota?
> Estudiante 1: *¿A quién le prestaba la pelota?*
> Estudiante 2: *Se la prestaba a Ariel.*

1. ¿A quién le prestaba la patineta?
2. ¿A quién le prestaba los videojuegos?
3. ¿A quién le prestaba el teléfono celular?
4. ¿A quién le prestaba las cartas?
5. ¿A quién le prestaba los libros?
6. ¿A quién le prestaba la cometa?
7. ¿A quién le prestaba la guitarra?
8. ¿A quién le prestaba el carrito?

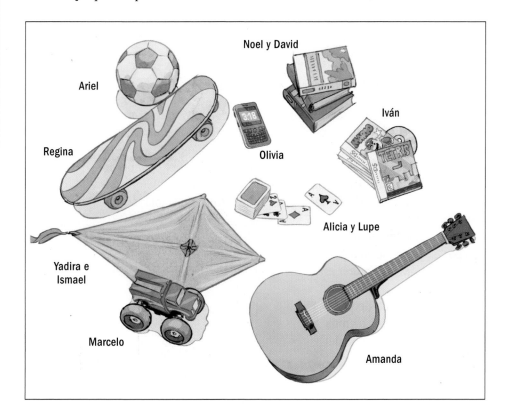

2.39 **En la escuela primaria** Entrevista a un compañero sobre su experiencia en la escuela primaria con las siguientes preguntas. Tu compañero debe contestar usando los pronombres de objeto directo e indirecto.

1. ¿Quién te compraba la ropa?
2. ¿A quién le mostrabas tus dibujos?
3. ¿Quién te prestaba dinero?
4. ¿A quién le pedías consejos *(advice)*?
5. ¿Quién te leía cuentos?
6. ¿Quién te daba regalos para tu cumpleaños?
7. ¿A quién le pedías ayuda con la tarea?
8. ¿A quién le decías mentiras?

Lectura

Antes de leer

1. ¿Cuáles son tus pasatiempos favoritos?
2. ¿Cuáles eran tus pasatiempos favoritos cuando eras niño?

A leer

Todos necesitamos un pasatiempo

distracts

Hay muchas razones para tener un pasatiempo: para empezar, es divertido tenerlo. Además, un pasatiempo ayuda a reducir el estrés y nos **distrae** de los problemas de la vida diaria. Un pasatiempo también puede ayudar a reducir síntomas de depresión y eliminar energía negativa. Si el pasatiempo

health

es una actividad física también puede mejorar **la salud.** Un pasatiempo puede enseñarles a los niños lecciones importantes: tener disciplina y

improve their ability

mejorar sus habilidades para resolver problemas. Con algunos pasatiempos

friendships

también es posible hacer nuevas **amistades.**

unite

Otros pasatiempos ayudan a **unir** más a la familia.

> [Un pasatiempo ayuda a reducir el estrés.]

Todos tienen un pasatiempo, pero ¿qué pasatiempos son los más populares? Esto depende mucho del país. Aquí se presentan algunos de los favoritos:

El dominó

Este juego es popular en muchas partes del mundo, especialmente en la República Dominicana, Venezuela y Cuba. En la República Dominicana es un juego nacional. El dominó es más

among

popular **entre** hombres que entre

attracts

mujeres, pero **atrae** a personas de todos los sectores de la sociedad.

Un grupo de amigos cubanos se divierte jugando dominó.

Juegos de mesa

Se juegan en España y por toda Latinoamérica. Son una forma divertida de pasar el tiempo en familia y con amigos. Algunos requieren **destrezas,** otros

skills

Other than

son simplemente divertidos. ¿Los más populares? **Además del** ajedrez y el dominó, figuran las cartas, el juego de la oca y las damas. A muchos adultos les encantan los **rompecabezas.** *puzzles*

Coleccionistas

Antes mucha gente colecionaba **sellos** postales, pero **hoy en día** los jóvenes coleccionan otros objetos. Hay tarjetas de jugadores de deportes, **fósforos, corcholatas, conchas,** monedas… ¡las posibilidades son infinitas! *stamps / nowadays* *matches* *bottle caps / shells*

El fútbol

Una sola **estadística** sobre el fútbol puede mostrar su popularidad: 2 billones 400 mil millones (2.000.400.000) de personas vieron la Copa del Mundo en 2014. Según la FIFA, 270 millones de personas en el mundo juegan al fútbol de forma regulada. Hay muchas personas que lo practican, y **aun** más que lo miran en la tele o asisten a partidos. *statistic* *even*

El ajedrez

Comprensión

Decide si las oraciones son ciertas o falsas.

1. Los pasatiempos son buenos para la salud.
2. Los pasatiempos son iguales en todos los países.
3. El dominó es un pasatiempo popular en Cuba.
4. La oca es un deporte popular en Latinoamérica.
5. Muchos niños coleccionan tarjetas de deportistas.
6. Más de 2 billones 400 mil millones de personas juegan al fútbol.

Después de leer

1. ¿Practicas alguno de los pasatiempos mencionados en el artículo? ¿Cuál?
2. ¿Hay algún pasatiempo mencionado que te interese aprender? ¿Cuál?
3. El dominó es el deporte nacional de la República Dominicana. En tu opinión, ¿cuál es el deporte nacional de los Estados Unidos y por qué?

▶ Video-viaje a...
Honduras

Antes de ver

Tegucigalpa está situada en un valle *(valley)*, rodeada de colinas *(hills)*. La ciudad ofrece actividades para todos. El centro histórico tiene ejemplos impresionantes de arquitectura colonial. Para la persona a quien le gusta ir de compras, hay mercados de artesanías *(handicrafts)* que reflejan la cultura indígena.

2.40 ¿Ya sabes?

1. Honduras está en _____.
   - ☐ El Caribe
   - ☐ Sudamérica
   - ☐ Centroamérica
   - ☐ Norteamérica

2. ¿Cierto o falso?
   a. La economía de Honduras se basa en la agricultura, en particular en las plantaciones de banana.
   b. Tegucigalpa es la capital y la ciudad más grande de Honduras.

3. ¿Qué tradición, imagen o persona asocias con Honduras?

2.41 Estrategia

A way to prepare yourself to watch a video segment is to familiarize yourself with the questions you will answer after viewing the segment. Before you watch the video, use the questions in 2.42 to come up with a short list of information you will want to listen for as you watch the video.

Al ver

2.42 **Escoge** Mira el video y escoge la respuesta correcta.

1. El Picacho es la colina más _____ de Tegucigalpa.
   a. alta   **b.** vieja   **c.** grande

2. Desde el mirador del Parque Nacional El Picacho puedes ver
   _____.
   a. la Catedral de San Miguel
   b. el estadio de fútbol
   c. el Teatro Nacional Manuel Bonilla

3. _____ es un bello ejemplo de arquitectura colonial.
   a. La Catedral de San Miguel
   b. La Plaza Central
   c. El Cristo de Picachos

4. En el Mercado La Isla puedes comprar _____.
   a. frutas y verduras   **b.** mascotas   **c.** objetos de arte

2.43 **Escribe** Completa las oraciones con la palabra correcta.

1. Tegucigalpa es la ciudad más _____ de Honduras.
2. Hay un _____ en el Parque Nacional El Picacho.
3. En el Parque La Leona puedes relajarte o _____ por los jardines.
4. La ciudad tiene un teatro muy prestigioso y _____ importantes.

Vocabulario útil

agradable *pleasant*
la colina *hill*
la estatua *statue*
el junco *reed*
el mirador *scenic overlook*
nacido(a) *born*
pintoresco(a) *picturesque*
relajarse *to relax*
rodeado(a) *surrounded by*

Después de ver

2.44 **Expansión**

Paso 1 Mira la sección sobre Honduras en **Exploraciones del mundo hispano** y lee **Investiga en Internet**. Escoge uno de los temas que te interese.

Paso 2 Busca en Internet. Debes encontrar una fuente *(source)* relevante.

Paso 3 Usando la información que encontraste en Internet, escribe un resumen de 3–5 oraciones en español. Comparte la información con tus compañeros.

Exploraciones de repaso: estructuras

2.45 **Repetitivo** Primero indica si las palabras subrayadas son objetos directos o indirectos. Luego reemplaza los objetos directos con pronombres para evitar la repetición, haciendo los cambios necesarios a los objetos indirectos.

Modelo El 2 de mayo es el cumpleaños de Pablito y va a celebrar <u>su cumpleaños</u> en casa.
el cumpleaños *es objeto directo* → *El 2 de mayo es el cumpleaños de Pablito*
y lo va a celebrar en casa.

1. Tiene muchos amigos y quiere invitar a <u>sus amigos</u> a su fiesta.

2. Su mamá escribe las invitaciones para sus amigos y <u>les</u> manda <u>las invitaciones</u> a <u>sus amigos.</u>

3. Los amigos de Pablito quieren comprar regalos y llevar<u>le</u> <u>los regalos</u> a <u>Pablito</u> el día de la fiesta.

4. Los padres de Pablito compraron una patineta y <u>le</u> van a dar <u>la patineta</u> la mañana de su cumpleaños.

5. El día de la fiesta los amigos de Pablito llegan con regalos y <u>le</u> dan <u>los regalos</u> a <u>él</u>.

6. Pablito recibe muchos juguetes de sus amigos y <u>les</u> muestra <u>los juguetes</u> a <u>sus padres.</u>

2.46 **¿A quién...?** Combina los elementos para hacer oraciones completas indicando a quién le gustan (molestan / interesan / etc.) los siguientes temas o personas.

Modelo gustar / las películas de terror
A Stephen King le gustan las películas de terror.

1. interesar / la política
2. encantar / el invierno
3. molestar / los quehaceres
4. fascinar / las ciencias
5. importar / mucho el dinero
6. aburrir / las personas que hablan mucho
7. caer bien / los niños
8. importar / tener buenas notas

2.47 **La juventud de los famosos** Decide cuáles eran las actividades de estas personas famosas cuando eran más jóvenes. Si no las reconoces a todas, usa la lógica para adivinar *(guess)*. Luego forma oraciones completas usando el imperfecto de los verbos.

1. Jorge Luis Borges
2. Selena
3. Rafael Nadal
4. Pablo Picasso
5. Ellen Ochoa
6. Miguel Cabrera
7. Sofía Vergara
8. Carolina Herrera

a. encantarle jugar al béisbol con su padre y su tío
b. gustarle dibujar y pintar
c. vivir en Baranquilla, Colombia
d. jugar al tenis y al fútbol
e. ir a muchas fiestas elegantes
f. cantar en un grupo con sus hermanos
g. leer mucho
h. ser excelente en la clase de matemáticas

2.48 **Hace 50 años** Mucho ha cambiado *(has changed)* en los últimos 50 años. Con un compañero, expliquen las diferencias entre hoy y el pasado. Deben usar el presente y el imperfecto.

Modelo el transporte
Estudiante 1: *Hoy muchas familias tienen dos o más coches, pero en el pasado muchas familias solo tenían un coche.*
Estudiante 2: *Es cierto, y hoy la gasolina cuesta mucho, pero en el pasado no costaba mucho.*

1. la familia   3. la comunicación   5. los pasatiempos
2. el trabajo   4. la comida   6. los restaurantes

2.49 **Regalos** Necesitas comprar regalos para el cumpleaños de tus primos gemelos *(twins)* (un niño y una niña). Encontraste buenos regalos en un sitio web, pero no dan los precios. Llamas y preguntas cuánto cuestan los juguetes para decidir qué les vas a comprar. Tu compañero debe mirar el **Apéndice B** para dar los precios. No puedes gastar más de $50.

Modelo *¿Cúanto cuesta el muñeco azul?*
Cuesta $32.

2.50 **¿Cómo eran?** Habla con un compañero sobre las actividades de su niñez.

Paso 1 Decidan si las siguientes actividades son activas o sedentarias. Luego añadan *(add)* 4 actividades más que hacen los niños y también clasifíquenlas.

andar en patineta   leer historietas   trepar árboles
dibujar   saltar la cuerda   volar cometas
jugar videojuegos   tocar el piano

Paso 2 Con tu compañero, pregúntense si hacían las actividades en su lista para determinar si eran niños activos o tranquilos.

Paso 3 Repórtenle sus resultados a la clase.

CAPÍTULO 2

🔊 Vocabulario 1

La limpieza

la basura	*trash, garbage, litter*
el bote de basura	*trash can*
el cortacésped	*lawnmower*
la escoba	*broom*
el jabón para platos	*dish soap*
la manguera	*hose*

la plancha	*iron*
el quehacer	*chore*
el sacudidor	*duster*
la tabla de planchar	*ironing board*
el trapeador	*mop*
el trapo	*cloth, rag*

Verbos

barrer	*to sweep*
colgar (ue)	*to hang*
cortar (el césped)	*to cut; to mow (the lawn)*
guardar	*to put away*
hacer la cama	*to make the bed*
lavar platos	*to wash the dishes*
lavar ropa	*to do laundry*
ordenar	*to tidy up, to straighten up*

pasar la aspiradora	*to vacuum*
planchar	*to iron*
poner la mesa	*to set the table*
recoger (la mesa)	*to pick up (to clear the table)*
regar (ie)	*to water*
sacar la basura	*to take the trash out*
sacudir	*to dust*
secar	*to dry*
trapear	*to mop*

Adjetivos

limpio(a)	*clean*
sucio(a)	*dirty*

◀ Vocabulario 2

Juegos y juguetes

el ajedrez	*chess*		las escondidas	*hide and seek*
el carrito	*toy car*		la historieta	*comic book*
las cartas	*playing cards*		el juego de mesa	*board game*
el chiste	*joke*		la motocicleta	*motorcycle*
la cometa	*kite*		la muñeca	*doll*
el cuento	*story*		el osito	*teddy bear*
la cuerda	*(jumping) rope*		la patineta	*skateboard*
las damas	*checkers*		el videojuego	*video game*
el dominó	*dominos*			

Verbos

aburrir	*to bore*		navegar el Internet	*to surf the web*
andar en	*to ride*		pasar tiempo	*to spend time*
caer (bien / mal)	*to like / dislike a person*		pelear	*to fight; to argue*
chatear	*to chat (online)*		portarse (bien / mal)	*to behave (well / badly)*
contar (ue)	*to tell (a story); to count*		prestar	*to lend*
dar la vuelta	*to take a walk or a ride*		salir (a + infinitive)	*to go out (to do something)*
dibujar	*to draw*		saltar	*to jump*
encantar	*to really like; to enjoy immensely*		tejer	*to knit*
fascinar	*to fascinate*		tocar (el piano / la guitarra)	*to play (the piano / the guitar)*
hacer jardinería	*to garden*		trepar (un árbol)	*to climb (a tree)*
importar	*to be important*		volar	*to fly*
interesar	*to interest*			
ir de paseo	*to go for a walk*			
jugar a los bolos	*to go bowling*			
molestar	*to bother*			
mostrar (ue)	*to show*			

Palabras adicionales

el juguete	*toy*		el permiso	*permission*
la niñera	*babysitter*		el teléfono celular	*cell phone*

Literatura

Three Lions/HultonArchive/Getty Images

Juan Ramón Jiménez:

Biografía

Juan Ramón Jiménez (1881–1958) nació *(was born)* en Moguer, España. Estudió derecho *(law)* en la Universidad de Sevilla, pero decidió no ejercerlo *(practice it)*. Con la ayuda del poeta Rubén Darío, Jiménez publicó su primer libro en 1900, a los 10 años. Más tarde trabajó como crítico literario y editor de varias revistas *(magazines)* literarias y pasó tiempo en diferentes países como Francia, Portugal y Estados Unidos. Cuando empezó la Guerra Civil Española *(Spanish Civil War)*, viajó a las Américas. Vivió en Cuba, los Estados Unidos y más tarde en Puerto Rico, donde murió *(died)* en 1958. Su poesía es muy visual y el verde y el amarillo son los colores dominantes.

Investiguemos la literatura: El tono

The tone of a work refers to the attitude that a writer communicates toward a particular subject through the work. It can be playful, formal, angry, loving, etc. You can often identify the tone of a work by paying attention to the author's word choice. Does the author use words or expressions that are positive, negative, or neutral?

Antes de leer

1. ¿Qué colores asocias con el otoño?
2. Examina el poema. ¿Qué palabras se refieren a elementos de la naturaleza?

distracts

Ida* de otoño

path / gold / blackbirds
Por un **camino** de **oro** van los **mirlos**... ¿Adónde?

Por un camino de oro van las rosas... ¿Adónde?

Por un camino de oro voy...

birds / flowers
¿Adónde, otoño? ¿Adónde, **pájaros** y **flores**?

Olga Miltsova/Shutterstock.com

Después de leer

A. Comprensión

1. ¿Qué color es dominante en el poema?
2. ¿Qué acción hay en el poema?
3. ¿Qué quiere saber *(to know)* la voz poética?

B. Conversemos

1. ¿Qué colores asocian con el verano? ¿y con la primavera y el invierno?
2. ¿Cuál es su estación favorita? ¿Por qué?

Antes de leer

1. ¿Con qué estación se asocian las canciones *(songs)* de los pájaros?
2. ¿Adónde van los pájaros en el invierno?

Canción de invierno

Cantan. Cantan.
¿Dónde cantan los pájaros que cantan?

It has rained / branches **Ha llovido**. Aún las **ramas**
without leaves están **sin hojas** nuevas. Cantan. Cantan
los pájaros. ¿En dónde cantan
los pájaros que cantan?

cages No tengo pájaros en **jaulas**.
No hay niños que los vendan. Cantan.
valley El **valle** está muy lejos. Nada

Yo no sé dónde cantan
los pájaros-cantan, cantan-
los pájaros que cantan.

Juan Ramón Jiménez, "Canción de Invierno," *Juan Ramón Jiménez para niños y niñas—y otros seres curiosos.* Ediciones de la Torre, 2010. By permission of the Herederos de Juan Ramón Jiménez.

Después de leer

A. Comprensión

1. ¿Qué quiere saber la voz poética?
2. ¿Qué piensas que representan los pájaros?
3. Según el título del poema, es invierno. ¿Dónde crees que están los pájaros?
4. El poema es repetitivo. ¿Qué efecto crees que el autor quiere transmitir con la repetición?
5. ¿Cuál es el tono del poema?

B. Conversemos

1. ¿Te gusta el poema? ¿Por qué?
2. ¿Qué estación crees que inspira más a los poetas? ¿Por qué?
3. ¿Conoces un poema en inglés o en español sobre una estación? ¿Cuál?

Learning Strategy

Remember that Spanish and English have different structures

While it is helpful to understand and compare basic concepts of the English language, such as pronouns and direct objects, it is important to learn the new structures and avoid translating directly from English to Spanish.

In this chapter you will learn how to:

- Describe past events in detail
- Talk about holidays and celebrations
- Discuss driving and traffic incidents

¿Qué pasó?

JOE KLAMAR/Getty Images

Bailarinas en un festival paraguayo

El Chaco es una gran zona que Paraguay comparte *(shares)* con Argentina y Bolivia. Es también el hogar de *(home to)* los monos Mirikiná, una especie que investiga el Doctor Eduardo Fernández-Duque.

Vocabulario útil

el búho　*owl*

el comportamiento　*behavior*

la cría　*offspring*

el mono　*monkey*

Inspirado por los animales salvajes (wild) que veía en la televisión de pequeño, Eduardo decidió estudiar el comportamiento animal en la universidad. Después de terminar sus estudios, Eduardo regresó a Argentina para estudiar una de las cuatro especies de monos del país. Los monos que él investiga son los monos búho, los únicos (only) monos monógamos de la región. El proyecto Mirikiná, otro nombre para estos monos, empezó en 1996. Sigue activo hoy día con la ayuda de muchos colaboradores, incluyendo estudiantes de Estados Unidos que quieren aprender español mientras trabajan en el proyecto.

Eduardo empezó este proyecto de investigación porque le interesaba mucho la evolución de las relaciones sociales y el papel (role) de los machos (males) en las especies monógamas, en particular en su rol de padres. Los monos búho viven en grupos sociales similares a una familia, con una pareja (couple) de adultos y entre una y cuatro crías. El estudio de estos primates no es fácil porque son los únicos monos activos principalmente durante la noche. Eduardo todavía recuerda la emoción de buscar a los monos y encontrar uno por primera vez, después de meses de trabajo.

Aunque (Although) es de Buenos Aires, una gran ciudad, de niño Eduardo tuvo la oportunidad de visitar con frecuencia la casa de su abuelo, quien vivía en el campo (countryside). Allí se hizo un explorador de la naturaleza. Años después estudió biología en la Universidad de Buenos Aires y completó un doctorado en comportamiento animal en la Universidad de Davis, en California.

EN SUS PALABRAS

"Me apasiona entender el mundo viviente y ayudar a jóvenes biólogos y primatólogos."

3.1 **Comprensión** Responde las preguntas.

1. ¿Cuándo empezó el interés del doctor Eduardo Fernández-Duque por los animales?
2. ¿Por qué decidió estudiar a los monos Mirikiná?
3. ¿Cómo son los grupos en los que viven los monos mirikiná?
4. ¿Qué hace más difícil el estudio de los monos mirikiná?

3.2 **A profundizar** Imagina que quieres participar en uno de los programas de extensión (*field courses*) del Proyecto Mirikiná. Visita la página del proyecto y elige una experiencia de campo. Explica tu selección.

3.3 **¡A explorar más!** Investiga cuáles son las otras especies de monos que viven en el Chaco. Elige una y comparte con la clase una foto de la especie y tres detalles interesantes sobre ellos.

Anton_Ivanov/Shutterstock.com

Durante todo el año hay celebraciones para divertirse y pasar tiempo con la familia y los amigos.

Celebraciones

el bautizo	*baptism*
la boda	*wedding*
el brindis	*toast*
los desfiles	*parades*
el festejo	*party, celebration*
los fuegos artificiales	*fireworks*
los novios	*bride and groom*
las posadas	*a nine-day celebration before Christmas*
los quince años	*a girl's fifteenth birthday celebration*
la quinceañera	*a girl celebrating her 15th birthday*

el (día del) santo	*saint's day (similar to a second birthday, based on the saint's name)*
la serenata	*serenade*

Verbos

besar	*to kiss*
brindar	*to toast*
casarse (con)	*to get married (to)*
celebrar	*to celebrate*
cumplir años	*to turn (x) years old*
decorar	*to decorate*
disfrutar	*to enjoy*
romper	*to break*
terminar	*to finish*

A practicar

3.4 🔊 **Escucha y responde** En un papel dibuja un pastel y en otro una bandera. Si escuchas una palabra relacionada con un cumpleaños, levanta el pastel. Si es una palabra relacionada con la celebración del Día de la Independencia, levanta la bandera. Levanta los dos si la palabra está relacionada con las dos celebraciones.

3.5 **¿Qué es?** Relaciona las palabras en la segunda columna con las oraciones en la primera columna.

1. _____ Los usamos para decorar.
2. _____ Lo comemos después de apagar las velas.
3. _____ La rompemos para obtener muchos dulces.
4. _____ Las mandamos a los amigos cuando vamos a dar una fiesta.
5. _____ Son las dos personas que se van a casar.
6. _____ Los comemos durante las fiestas y las celebraciones.
7. _____ Es música dedicada a una persona.
8. _____ Muchas personas caminan por la calle y hay música.

a. la piñata
b. la serenata
c. los globos
d. el pastel
e. el desfile
f. los bocadillos
g. las invitaciones
h. los novios

> **INVESTIGUEMOS EL VOCABULARIO**
> While in most of Latin America **bocadillos** means *appetizers*, in Spain a **bocadillo** is a sandwich on a baguette.

3.6 **¿Qué celebraron las siguientes personas?** Completa las oraciones con una palabra apropiada del vocabulario.

1. Mi hermana se casó con su novio y tuvieron _____ muy grande.

2. Mi mejor amiga cumple quince años hoy y va a tener una fiesta de _____.

3. En una ceremonia en la iglesia mis tíos le dieron un nombre a su hijo. Fue su _____.

4. En muchos países predominantemente católicos las nueve fiestas antes de la Navidad se llaman _____.

5. ¡Terminé mis estudios de bachillerato! Celebro mi _____ hoy.

6. Mis padres se casaron hace treinta años. Mañana es su _____.

7. Hoy es el cumpleaños de mi madre y quiero darle _____ con un grupo de mariachis.

8. Para celebrar el Año Nuevo y la Independencia, muchas veces hay _____ por la noche. ¡Son espectaculares!

INVESTIGUEMOS LA MÚSICA

Listen to the song "Abriendo Puertas" by Cuban singer Gloria Estefan. The song talks about the New Year. What is the tone of the song? What are some of the things the New Year will bring?

3.7 **En busca de...** Busca a ocho compañeros que hicieron las siguientes actividades. Pide información adicional para reportársela a la clase. Usa el pretérito.

Modelo   participar en una serenata alguna vez (¿cuándo?)
   Estudiante A: *¿Participaste en una serenata alguna vez?*
   Estudiante B: *Sí, participé una vez.*
   Estudiante A: *¿Cuándo?*
   Estudiante B: *El 15 de abril, porque fue el cumpleaños de mi novia.*

1. tener una fiesta en su último *(last)* cumpleaños (¿cuándo?)

2. darle un regalo a alguien recientemente (¿a quién?)

3. preparar una fiesta para niños recientemente (¿por qué?)

4. cenar en un restaurante para celebrar su cumpleaños (¿cuál?)

5. asistir a una boda recientemente (¿de quiénes?)

6. preparar un pastel de cumpleaños para un amigo (¿qué tipo?)

7. romper una piñata en una fiesta (¿qué fiesta?)

8. tener más de quince invitados en una celebración (¿qué celebración?)

3.8 **Las tradiciones** Hay muchas tradiciones interesantes para recibir el año nuevo. Trabaja con un compañero. Uno de ustedes va a ver la ilustración en esta página, y el otro va a describir la ilustración en el **Apéndice B.** Describan sus ilustraciones (sin ver la otra) para encontrar las seis diferencias.

Cultura

Las corridas de toros *(bullfights)* son una tradición antigua. En España, durante la Edad Media *(Middle Ages)*, la aristocracia se divertía toreando *(bullfighting)* a caballo. En el siglo XVIII se abandonó esta tradición y se empezó a torear a pie.

La corrida de toros todavía es parte de la cultura de España, México, Colombia, Ecuador y Perú, aunque se prohíbe en algunas regiones de estos países. Por ejemplo en Cataluña, España, no se permiten las corridas desde el año 2012. El toreo en su forma tradicional es controversial y es probable que en el futuro más países lo prohíban.

Hoy en día existen diversos eventos con toros como exhibiciones acrobáticas que no involucran *(involve)* hacerle daño *(harm)* al animal.

Para algunos, torear es un arte.

Adolfo Lujan/Corbis

Hay gente contra el toreo.

DSPA/Shutterstock.com

> La Fiesta de San Fermín se celebra en Pamplona, en España. Como parte del evento hay corridas de toros y también se corre con los toros. Investiga la celebración y escribe una descripción.

Conexiones... a la literatura

Octavio Paz (1914–1998) fue un notable poeta y escritor mexicano, ganador del Premio Nobel de Literatura (1990). Una de sus obras *(works)* más importantes es *El laberinto de la soledad*. El libro consiste en nueve ensayos *(essays)* y habla de la experiencia mexicana. Aunque *(Although)* lo escribió en 1950 y las condiciones en el país han cambiado *(have changed)*, esta obra continúa siendo lectura obligada para muchos porque analiza el efecto psicológico que tuvo la conquista *(Spanish conquest)* en el pueblo *(people)* mexicano. El siguiente es un extracto de ese libro:

> El solitario mexicano ama *(loves)* las fiestas y las reuniones públicas. Todo es ocasión para reunirse. Cualquier *(Any)* pretexto es bueno para interrumpir la marcha del tiempo y celebrar con festejos y ceremonias hombres y acontecimientos *(events)*... Los países ricos tienen pocas [fiestas populares]: no hay tiempo, ni humor.

Octavio Paz

Steve Northup/The LIFE Images Collection/Getty Images

Si cambias la palabra "mexicano" por "estadounidense" ¿es cierto también para esta *(this)* cultura? Explica.

Comunidad

Busca la siguiente información acerca de una celebración importante en una cultura hispana: ¿dónde y cuándo se celebra? ¿qué es tradicional hacer? ¿cuál es el origen de la tradición? ¿hay alguna comida especial para la ocasión? Comparte la información con la clase.

La celebración de San Bartolomeo, en Bolivia

Comparaciones

En Latinoamérica hay algunos carnavales que tienen fama internacional. Por ejemplo, el Carnaval de Panamá es un evento muy esperado *(anticipated)* en ese país. El carnaval dura cuatro días y cinco noches. En algunas ciudades de Panamá, como en Las Tablas, hay desfiles con carros alegóricos *(floats)*. Miles de personas también se reúnen al aire libre para celebrar los culecos, bailes populares en los que se arroja *(throw)* agua sobre los participantes. Otro ejemplo es el Carnaval de Montevideo en Uruguay. Es el carnaval más largo del mundo y tiene un sabor *(flavor)* original, gracias a la influencia africana.

Investiga un poco más sobre los carnavales en Latinoamérica y explora cómo se comparan con el Mardi Gras de Nueva Orleans. ¿En qué aspectos son similares? ¿Cómo son diferentes? ¿Cuándo se celebran y por cuánto tiempo?

Carnaval en Montevideo, Uruguay

Algunos disfraces del Carnaval de Penenomé en Panamá

Para saber más sobre otras celebraciones en España y Latinoamérica consulta la lista de fiestas en la sección **Exploraciones del mundo hispano** en el **Apéndice A**. Elige una y busca información adicional en Internet. Después escribe una descripción de la celebración y compártela con la clase. Lee las selecciones de tus compañeros. ¿A cuáles de estas celebraciones te gustaría asistir?

A analizar

Santiago habla de algunos recuerdos del Año Nuevo. Después de ver el video, lee los siguientes párrafos y observa los diferentes usos del pretérito y el imperfecto.

> Ella **se llamaba** Fátima y **era** muy guapa, con el pelo largo y negro. **Llevaba** un vestido rojo y **estaba** sentada en el sofá, hablando con una amiga.
>
> **Me acerqué** a ella. Le **pedí** bailar conmigo y aceptó. **Pasamos** el resto de la noche hablando. Al final de la noche, le **pedí** su número de teléfono y me lo **dio.**

1. Which of the paragraphs provides background information? Is the preterite or the imperfect tense used?

2. Which paragraph has actions that tell what happened? Is the preterite or the imperfect tense used?

A comprobar

A comparison of the preterite and imperfect

Imperfect

1. As you learned in **Capítulo 2** the imperfect is used to express past actions in progress or habitual actions in the past.

   > Todos **bailaban** en la fiesta.
   > *Everyone **was dancing** at the party.*
   >
   > Siempre **tenía** una piñata en mis fiestas.
   > *I always **used to have** a piñata at my parties.*

2. The imperfect is also used to describe conditions, people, and places in the past. When telling a story, it communicates background information or details. The order in which these sentences occur is often unimportant.

   > **Era** medianoche y **llovía.**
   > *It **was** midnight, and it **was raining**.*
   >
   > Ella **tenía** quince años y **era** alta.
   > *She **was** fifteen and **was** tall.*
   >
   > **Se llamaba** Lourdes.
   > *Her name **was** Lourdes.*
   >
   > La sala **estaba** decorada con globos.
   > *The living room **was** decorated with balloons.*

Preterite

The preterite is used to narrate the main events of a story that have already happened. In other words, they are the past actions that advance the story. Unlike the imperfect, the order of events is important.

> Él **entró** en el café, **pidió** un café con leche, lo **tomó** y le **pagó** al mesero.
> *He **entered** the café, **ordered** a coffee with milk, **drank** it, and **paid** the waiter.*
>
> Sandra **cortó** el pastel y se lo **sirvió** a los invitados.
> *Sandra **cut** the cake and **served** it to the guests.*

A practicar

3.9 **Los cumpleaños** Sandra celebra su cumpleaños todos los años, pero el año pasado fue una ocasión especial porque celebró sus quince años. Lee las oraciones y decide cuáles se refieren a las celebraciones cuando era niña y cuáles se refieren a su fiesta de quince años. **¡OJO!** Presta atención a los verbos.

1. Bailó el vals *(waltz)* con su novio.
2. Rompía una piñata.
3. Sus padres la despertaban con "Las mañanitas".
4. Su madre le compró un vestido elegante.
5. Había un payaso *(clown)* con globos.
6. Su padre hizo un brindis durante la fiesta.

3.10 **La fiesta sorpresa** Completa las siguientes oraciones con la forma necesaria del pretérito o imperfecto del verbo indicado, según el caso.

Descripciones:

1. _____ (ser) el ocho de agosto.
2. _____ (ser) mi cumpleaños.
3. Ya _____ (tener) treinta años.
4. _____ (ser) las siete de la tarde.

5. Yo _____ (llevar) mi uniforme.
6. Yo _____ (estar) un poco triste.
7. No _____ (haber) luces en la casa.

Acciones principales:

1. Yo _____ (abrir) la puerta.
2. Yo _____ (encender) la luz.
3. Mis amigos _____ (gritar): "¡Sorpresa!"

4. Mi novio me _____ (besar).
5. Nosotros _____ (comer) pastel.
6. Todos me _____ (dar) regalos.

3.11 **¡Qué sorpresa!** Claudia dio una fiesta en su casa mientras sus padres iban al cine. Trabaja con un compañero y túrnense para describir lo que pasaba cuando los padres de Claudia regresaron a su casa.

3.12 **¿Qué pasó?** El siguiente es el comienzo de una historia. Son las descripciones de la escena. En parejas, completen el párrafo con cuatro o cinco oraciones para contar lo que pasó. **¡OJO!** Deben usar el pretérito porque van a narrar las acciones de la historia.

> *Era el 10 de junio, el día de la boda de Alejandra y Rafael.*
> *Rafael llevaba un traje negro y estaba frente a la iglesia.*
> *Todos los invitados esperaban la llegada de la novia.*
> *A las 10:00...*

3.13 **Una entrevista** Piensa en la última fiesta en que estuviste. Luego hazle las siguientes preguntas a un compañero y contesta sus preguntas. Deben usar el pretérito y el imperfecto.

Descripciones:

   1. ¿Qué ropa (llevar) tú?

   2. ¿Cuántas personas (haber) en la fiesta?

   3. ¿Cómo (ser) el lugar de la fiesta?

   4. ¿Cómo (estar) tú ese día?

Acciones principales:

   1. ¿A qué hora (llegar) tú a la fiesta?

   2. ¿Qué (hacer) después de llegar?

   3. ¿(Pasar) algo interesante en la fiesta?

   4. ¿A qué hora (volver) a tu casa?

3.14 **La fiesta** Este grupo de jóvenes estaba en un baile cuando sacaron la foto que aparece abajo. En parejas inventen los detalles del baile. Primero describan el evento usando el imperfecto (¿Qué tiempo hacía? ¿Cuántas personas había? ¿Qué ropa llevaban?). Luego cuenten qué pasó en el baile usando el pretérito y las expresiones **primero, después, luego** y **entonces.**

© Photos To Go

A analizar

Santiago habla de algunos recuerdos del Año Nuevo. Mira el video otra vez. Después lee las oraciones de Santiago y observa los verbos.

Invitamos a muchos amigos, decoramos la sala con globos y preparamos unos bocadillos. Los primeros invitados llegaron mientras yo ponía la mesa... Unos (invitados) comían mientras otros hablaban.

1. Identify the verb tense in each of the sentences above.
2. Explain why that particular tense was used.

A comprobar

Uses of the preterite and the imperfect

When telling a story or relating a past event, the action usually can be expressed in one of three ways:

1. **Two simultaneous actions:**

    When there are two actions going on at the same time in the past, they are both in progress, and therefore both verbs will be conjugated in the imperfect. The conjunctions **mientras** and **y** are often used in these sentences. This can be visually represented in the following manner:

    Él **escuchaba** mientras ella **hablaba.**
    *He **listened** while she **spoke.***

    Todos **bailaban** y **cantaban.**
    *Everyone **was dancing** and **singing.***

2. **A series of completed actions:**

    When there is a series of separate and complete actions in the past, the verbs will all be conjugated in the preterite. This series of completed actions can be visually represented in the following manner with each arrow corresponding to a different verb (action):

    La señora Cisneros **llevó** el pastel a la mesa. Los niños **cantaron** "Las mañanitas" y después Rosita **apagó** las velas. La señora **cortó** el pastel y se lo **sirvió** a los niños.
    *Mrs. Cisneros **took** the cake to the table. The children **sang** "Las mañanitas," and then Rosita **blew out***

the candles. Mrs. Cisneros **cut** the cake and **served** the children.

3. **One action in progress when another begins:**

    In the past, when an action is in progress and a second action begins or is completed, both the preterite and the imperfect are used. The imperfect is used for the action in progress and the preterite is used for the new action that began or interrupted the first action. This can be visually represented in the following manner:

    Mientras **terminábamos** las preparaciones, los invitados **empezaron** a llegar.
    *While we **were finishing** the preparations, the guests **began** to arrive.*

    Todos **se divertían** al aire libre cuando **empezó** a llover.
    *Everyone **was having fun** outside when it **began** to rain.*

A practicar

3.15 **Fotos y descripciones** Empareja las oraciones con las fotos.

1. En 2010 tuve un hijo.
2. En 2010 tenía dos hijos.

a.  b.

3. Mientras Sara hablaba por teléfono tomaba café.
4. Mientras Susana hablaba por teléfono le sirvieron un café.

a.  b.

5. Gema leía cuando Rocío le hizo una pregunta.
6. Rosendo leía mientras Gilda hacía una llamada.

a.  b.

3.16 **La fiesta de cumpleaños** Felipe celebró su cumpleaños el sábado pasado. Completa las oraciones con la forma apropiada del verbo entre paréntesis. **¡OJO!** Presta atención al uso del pretérito y el imperfecto.

Dos acciones simultáneas

1. Alicia y Ernesto bailaban mientras el grupo musical (tocar) un vals *(waltz)*.
2. Mientras sus padres hablaban, Carlitos (dormir).

Dos acciones consecutivas

3. Jimena se rió cuando Rudy le (contar) un chiste.
4. Hugo se levantó e (hacer) un brindis por el cumpleaños de Felipe.

Una acción en progreso cuando comienza una nueva acción

5. El mesero le sirvió pastel a Jimena mientras ella (hablar) con Rudy.
6. Mientras los invitados disfrutaban de la fiesta, Delia le (dar) un regalo a Felipe.

3.17 ¡Acción! Túrnense para escoger y actuar una de las oraciones de cada par *(pair)* sin decirle a su compañero cuál se está actuando. El otro estudiante debe decidir cuál de las dos oraciones está presentando su compañero. Después decidan cómo actuar las otras oraciones.

1. **a.** Se estiró *(stretched)* y se levantó.

   b. Se estiraba *(stretched)* mientras se levantaba.

2. **a.** Escribía su tarea cuando sonó el teléfono y lo contestó.

   b. Escribía su tarea mientras hablaba por teléfono.

3. **a.** Se sentó y miró la tele.

   b. Estaba sentado y miraba la tele.

4. **a.** Mientras dibujaba una flor *(flower)* dijo: "Me gusta".

   b. Dibujó una flor y dijo: "Me gusta".

5. **a.** Leyó su libro y se durmió.

   b. Se dormía mientras leía su libro.

6. **a.** Bailaba mientras comía su pastel de cumpleaños.

   b. Comió su pastel de cumpleaños y bailó.

 3.18 Cuéntame En parejas túrnense para describir lo que pasó en las fotos usando los verbos indicados. **¡OJO!** Presten atención al uso del pretérito y el imperfecto.

1.

AVAVA/Shutterstock.com

   a. llevar el pastel, cantar
   b. apagar *(to blow out)* las velas, cortar

2.

Karin Hildebrand Lau/Shutterstock.com

   a. pegarle a *(to hit)*, mirar
   b. romper, correr

3.

Photodisc/Getty Images

   a. tocar un vals *(waltz)*, bailar
   b. terminar, aplaudir

4.

angelo gilardelli/Shutterstock.com

   a. casarse, salir
   b. salir, arrojar *(to throw)* arroz

3.19 **Los quince años** Mayra celebró sus quince años ayer. Completa las oraciones para explicar lo que pasó ese día. **¡OJO!** Presta atención al uso del pretérito y del imperfecto.

Modelo Por la mañana Mayra se cortó el pelo mientras su familia...
organizaba los últimos detalles de la fiesta.

1. Eran las tres de la tarde cuando Mayra...
2. Mientras ella se arreglaba, sus padres...
3. Cuando Mayra llegó a la iglesia, sus amigos...
4. Cuando la misa (*mass*) terminó, todos...
5. Los invitados empezaron a llegar a la fiesta mientras...
6. Mientras el grupo musical tocaba el vals, Mayra...
7. Después de que cortaron el pastel,...
8. Cuando la fiesta terminó...

3.20 **Unas fiestas** En parejas describan cada una de las secuencias y den detalles para relatar lo que pasó. Usen el pretérito y el imperfecto e inventen un final.

1.

2.

3.
  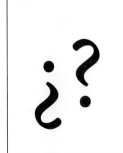

Entrando en materia

¿De qué hablan generalmente los programas sobre personalidades famosas?

◄)) La farándula *(Show business)*

Vas a escuchar un segmento de un programa sobre personalidades famosas. Los locutores *(announcers)* hablan sobre una boda. Escucha con atención y después completa las oraciones. Debes repasar las palabras en **Vocabulario útil** antes de escuchar para ayudar con la comprensión.

Vocabulario útil

los aretes	*earrings*	**las perlas**	*pearls*
el collar	*necklace*	**recién casados**	*just married*
lujoso(a)	*luxurious*	**la reseña**	*review*

Comprensión

Escoge la palabra apropiada para completar la frase.

1. La actriz Loreta Buenrostro se casó con (un deportista / un periodista / un taxista).
2. La recepción ocurrió en (un jardín / un restaurante / un hotel).
3. La novia llevaba (aretes de perlas / un traje blanco / un collar de rubíes).
4. (Muchos actores / Varios artistas / El presidente y su esposa) fueron a la celebración.

Más allá

Imagina que eres un reportero y tienes que escribir una reseña de la recepción de una boda de personas famosas. Después de escribirla compártela con la clase y lee las otras reseñas ¿Cuál te gusta más y por qué?

Fue una boda muy elegante.

infinity21/Shutterstock.com

Lectura

Antes de leer

¿Conoces alguna celebración de un país hispano? ¿Qué celebración? ¿Qué se hace?

A leer

El Día de los Muertos

mixture

known

arrival

life

buried / loved ones

offerings / jewelry

imposed

would begin

Latinoamérica tiene una gran reputación por sus numerosas y variadas celebraciones. Muchas son de origen religioso, y otras son el resultado de la historia y de la **mezcla** de tradiciones particulares de cada nación. Entre las celebraciones más **conocidas** está el Día de los Muertos, festividad que celebraban los mayas, los aztecas y otras culturas mesoamericanas antes de la **llegada** de los españoles al Nuevo Mundo. Estas culturas precolombinas creían que existía la **vida** después de la muerte y **enterraban** a sus **seres queridos** con **ofrendas** como cerámica y **joyas.** También pensaban que los muertos podían regresar a este mundo un día al año. La celebración ocurría en el verano. Cuando los europeos llegaron e **impusieron** su religión, cambiaron la fecha al Día de Todos los Santos, que se celebra en noviembre. Los españoles pensaban que eventualmente los indígenas **comenzarían** a observar esta celebración católica. Esto nunca ocurrió: las creencias europeas se mezclaron con las de los indígenas. Hoy en día el Día de los Muertos se celebra en todo México y los países de Centroamérica.

> [Creían que los muertos podían regresar un día al año.]

El Día de los Muertos se celebra en México y Centroamérica.

Courtesy of Mary Ann Blitt

Según la tradición, se piensa que el Día de los Muertos es cuando los muertos regresan a este mundo. Ellos son **bienvenidos** por todos. Sus familias limpian sus tumbas, llevan flores y preparan comidas especiales para este día.

La parte más típica de la celebración es la creación de **ofrendas** con cosas que a la persona le gustaba: música, comida, flores y otros elementos tradicionales, como velas y **cempasúchitl.** Un elemento que **no puede faltar** en ninguna celebración es el pan de muertos, un pan que se prepara solamente para esta ocasión y se come en todas partes. El Día de los Muertos no es un día triste, sino un día para celebrar a los seres queridos que han muerto.

welcomed

altars

marigolds / can't be missing

Comprensión

Decide si las afirmaciones son ciertas o falsas.

1. Todas las celebraciones de Latinoamérica se originan en la religión.
2. Los aztecas creían que después de esta vida no había nada.
3. El Día de los Muertos ocurre en el verano.
4. Muchas familias limpian las tumbas de sus familiares en este día.
5. El pan de muertos se come durante todo el año.

Después de leer

En México durante la celebración del Día de los Muertos se escriben **calaveras**, poemas cómicos que se burlan de *(make fun of)* figuras famosas. Lee la calavera dedicada a Salma Hayek. ¿Cómo se describe a Salma Hayek? Con un compañero escriban una calavera original.

SALMA HAYEK

This mexican señorita
que es tan *pretty* y tan bonita
a todo el *world* presumía
los *gifts* de la cirugía

When la Muerte *came* for ella
que se monta *on her* burro:
-*Don't* me lleves -dijo ella.
But la Muerte, en un susurro:
-*So you think you're great* estrella,
but you filmas puro churro...

En la ciudad hay que tener mucho cuidado y prestar atención al tráfico.

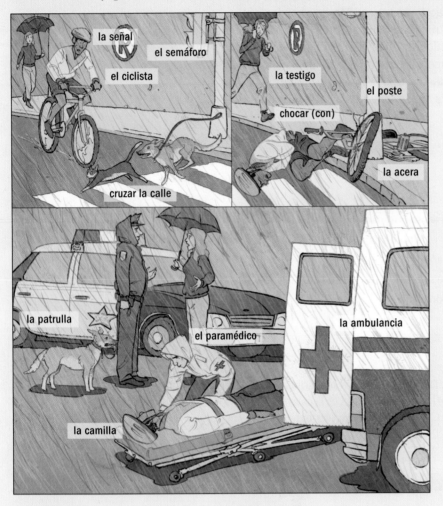

la señal
el semáforo
el ciclista
la testigo
el poste
chocar (con)
la acera
cruzar la calle
la patrulla
el paramédico
la ambulancia
la camilla

INVESTIGUEMOS EL VOCABULARIO

Some countries refer to parking meters as **estacionómetros**. Other common terms for *driver* are **el automovilista** and **el chofer**. Likewise, the verb **aparcar** is used in some countries rather than **estacionarse**.

la carretera	*highway*		
el (la) conductor(a)	*driver*		
el cruce	*crosswalk*		
la esquina	*corner*		
el límite de velocidad	*speed limit*		
la multa	*fine, ticket*		
el parquímetro	*parking meter*		
el peatón (la peatona)	*pedestrian*		
el puente	*bridge*		
el servicio de emergencia	*emergency service*		

Los verbos

atravesar (ie)	*to cross*
atropellar	*to run over*
bajar de	*to get out of (a vehicle)*
caer(se)	*to fall*
dañar	*to damage*
distraerse	*to get distracted*
esperar	*to wait*
estacionarse	*to park*
parar	*to stop*
pasarse un semáforo en rojo	*to run a red light*

pasarse una señal de PARE	*to run a stop sign*
subir a	*to get into (a vehicle)*
tropezar (ie)	*to trip*

Expresiones adicionales

de repente	*suddenly*
estar dañado(a)	*to be damaged*
estar herido(a)	*to be injured*

A practicar

3.21 🔊 **Escucha y responde** Vas a escuchar algunas oraciones sobre el tráfico en la ciudad y los accidentes. Si la oración es lógica, indícalo con el pulgar hacia arriba. Si la oración no es lógica, señala con el pulgar hacia abajo.

    1. ...   **2.** ...   **3.** ...   **4.** ...   **5.** ...   **6.** ...

3.22 ¿Qué palabra es más lógica? Escoge la palabra que completa la oración lógicamente.

1. El policía me dio una (patrulla / multa) por conducir a exceso de velocidad *(speed)*.
2. Cuando el semáforo está en rojo, es necesario (parar / pasarse).
3. El ciclista (atravesó / atropelló) la calle con cuidado.
4. Los peatones deben caminar por la (señal / acera).
5. El automovilista (se cayó / se distrajo) y no vio a los peatones en (el cruce / el semáforo).
6. Hay mucho tráfico en la (carretera / esquina) hoy.

3.23 **El testigo** Mira el dibujo del accidente en la página 96. Lombardo se pegó en la cabeza *(hit his head)* y no está seguro de lo que le pasó. Lee las declaraciones que Lombardo le dio al paramédico y decide si son ciertas o falsas. Después corrige las oraciones falsas.

1. Cuando iba en mi bicicleta, un perro se atravesó enfrente de mí.
2. Para no atropellar al perro, di vuelta a la izquierda y choqué con una señal.
3. Por suerte, había una ambulancia estacionada en la calle.
4. Un testigo llamó por teléfono para informarle a la policía de mi accidente.
5. En la calle no había señales de tráfico.
6. Afortunadamente mi bicicleta no se dañó.

3.24 **Una conversación** Entrevista a un compañero usando las preguntas. Después repórtenle su conversación a la clase.

1. ¿Tienes licencia de conducir? ¿Cuándo la conseguiste (vas a conseguir)?
2. Cuando caminas por la calle ¿te respetan los automovilistas?
3. ¿Los conductores en tu familia siempre respetan todas las señales de tráfico? ¿el límite de velocidad?
4. ¿Siempre atraviesas la calle en los cruces o en las esquinas?
5. ¿Piensas que es mejor conducir, andar en bicicleta o usar el transporte público? ¿Por qué?

3.25 **Contradicciones** Tu compañero y tú son testigos de un accidente, pero hay diferencias entre sus dos versiones. Uno de ustedes va a observar la ilustración en esta página y el otro va a observar la ilustración en el **Apéndice B.** Encuentren las cinco diferencias.

Cultura

"Yo sufrí dos accidentes graves en mi vida, uno en el que un autobús me tumbó al suelo *(knocked me down)*... el otro accidente es Diego".

Aunque parezca *(Although it seems)* increíble, fue gracias a un accidente automovilístico que surgió *(emerged)* una de las grandes figuras del arte en México: Frida Kahlo. Frida tenía solo dieciocho años cuando, un día, mientras regresaba de la escuela, el tranvía *(streetcar)* en el que viajaba se accidentó *(got into an accident).*

El Camión, Frida Kahlo

Frida se fracturó la columna vertebral, la clavícula, la pelvis, una pierna y varias costillas *(ribs)*. Pasó mucho tiempo en el hospital, y nunca pudo recuperarse *(recover)* completamente de este accidente. Mientras estaba en reposo *(rest)* absoluto después del accidente, empezó a pintar, y siguió pintando el resto de su vida.

Además de ser una gran pintora, Frida fue una de las intelectuales más distinguidas de la época y promovió *(promoted)* el amor por su patria *(native homeland)* de muchas maneras, incluyendo la ropa que vestía. Frida Kahlo participó activamente en la política con su esposo, Diego Rivera, otro gran pintor mexicano. La vida de esta artista fue polémica *(controversial)* e influyente mucho más allá del arte que creó.

> Busca en Internet una obra de Frida Kahlo que te guste, tráela a clase y explica por qué te gusta.

Comparaciones

¿Sabías que en los Estados Unidos hay casi 800 vehículos motorizados por cada *(every)* mil habitantes? Este número incluye automóviles, camiones *(trucks)* y autobuses. Observa la información que sigue sobre el número de vehículos por cada mil habitantes en algunos países de habla hispana. ¿Cuál se aproxima más *(is the closest to)* a los Estados Unidos? ¿Cómo se puede explicar? ¿En qué países hay menos vehículos? En tu opinión ¿qué aspectos de la vida diaria pueden ser diferentes en países donde hay menos automóviles?

Argentina 314	México 275
Chile 184	Nicaragua 57
Costa Rica 177	Panamá 132
Ecuador 71	Perú 73
España 593	Puerto Rico 635
Guatemala 68	Uruguay 200
Guinea Ecuatorial 13	

Source: NationMaster, 2014

Con un buen sistema de transporte público los automóviles son menos necesarios, como en Santiago de Chile.

Conexiones... a la ingeniería

Uno de los grandes proyectos de la ingeniería es la construcción de una carretera que conecte todos los países de América, desde Alaska hasta la Patagonia. Este proyecto, de hecho, está casi *(almost)* completado. Se llama la carretera Panamericana y es un sistema colectivo de carreteras que recorren más de veinticinco mil kilómetros. Solamente falta *(is lacking)* un pequeño tramo *(stretch)* para completarla.

La carretera pasa por montañas, selvas *(jungles)* y desiertos, y ofrece vistas increíbles. Como resultado de pasar por diferentes zonas con climas y terrenos variados, la carretera no es uniforme. En algunas épocas *(times)* del año se cierran porciones porque son peligrosas a causa de *(because of)* la lluvia.

La carretera Panamericana termina en la Patagonia argentina. ¿Sabes dónde comienza?

Investiga en Internet qué países atraviesa la carretera Panamericana, dónde está el tramo *(section)* que falta y por qué algunas personas se oponen a su construcción. ¿Qué efecto tienen en el medio ambiente y en la economía las grandes carreteras?

Comunidad

Investiga en Internet un sistema de transporte en un país hispano. ¿Hay muchas personas que lo usan? ¿Es eficiente? ¿Qué tipos de transporte existen y cuánto cuesta usarlos? ¿Cómo se compara con la ciudad donde vives?

Entre sus medios de transporte público, Medellín cuenta con metro, tranvía y metrocable.

A analizar ▶

Óscar habla con un señor que fue testigo de un accidente. Mira el video. Después lee las siguientes oraciones de su conversación y observa los diferentes usos de los verbos.

Me **sentía** feliz porque hacía sol.

Me **sentí** muy mal cuando vi que la señora en el coche negro estaba herida.

Había un señor en la otra acera.
Hubo un accidente.

1. Look at the first set of sentences. Which sentence communicates an ongoing emotion? Which sentence communicates a change in emotion? Explain.
2. Based on the second set of sentences, explain how the meaning of **haber** changes with the use of the imperfect or preterite.

A comprobar

Preterite and imperfect with emotions and mental states

You learned in the first part of the chapter that past actions in progress are expressed in the imperfect, and that the preterite is used to relate new or completed actions in the past. The same concept is applied to emotions or mental states.

> Era un día bonito y ella **se sentía** feliz.
> *It was a beautiful day and she **felt** happy.*
> (an ongoing emotion)

> Cuando escuché la noticia, **me sentí** mal.
> *When I heard the news, I **felt** bad.*
> (a change in emotion)

1. The following verbs are often used to express a change in emotion or feeling and are usually used with the preterite:

aburrirse	*to become bored*
alegrarse	*to become happy*
asustarse	*to become frightened*
enojarse	*to become angry*
frustrarse	*to become frustrated*
sorprenderse	*to be surprised*

> **Me asusté** cuando vi el accidente.
> *I was (became) frightened when I saw the accident.*

> Los testigos **se alegraron** cuando descubrieron que nadie estaba herido.
> *The witnesses were (became) happy when they discovered that nobody was hurt.*

2. The verb **sentirse** is a stem-changing verb and is often used to express how one feels.

> Hoy **me siento** bien.
> *I feel fine today.*

> **Se sintieron** tristes cuando se fue.
> *They felt sad when he left.*

3. It is also common to use the verb **ponerse** *(to become)* to express a change of emotion.

> **ponerse** + *adjective* (**triste, feliz, furioso, nervioso,** etc.)

> Cuando se murió mi perro **me puse** triste.
> *When my dog died, I **became** sad.*

4. The verbs **conocer, saber, haber, poder,** and **querer** are not action verbs but rather they refer to mental or physical states. As with action verbs, using them in the imperfect implies an ongoing condition, whereas using them in the preterite indicates the beginning or completion of the condition.

	imperfect	preterite
conocer	*to know, to be acquainted with*	*to meet*
saber	*to know (about)*	*to find out*
haber	*there was/were (descriptive)*	*there was/were (occurred)*
poder	*was able to (circumstances)*	*succeeded in*
no poder	*was not able to (circumstances)*	*failed to*
querer	*wanted*	*tried to*
no querer	*didn't want*	*refused to*

Cuando llegué no **conocía** a nadie, pero más tarde **conocí** a Inma.
*When I arrived, I didn't **know** anyone, but later I **met** Inma.*

Estrategia

Remember that Spanish and English have different structures.

As you have noticed, there are differences in how past actions are communicated in English and in Spanish. To improve your fluency, avoid translating directly from English to Spanish.

A practicar

3.26 **Reacciones lógicas** Decide qué verbo completa mejor la oración.

1. Cuando vi el coche pasarse el semáforo en rojo, yo...
2. Cuando chocó con mi coche, yo...
3. Cuando vi el daño a mi coche, yo...
4. Cuando la policía le dio una multa, el otro conductor...
5. Cuando recibí el cheque del seguro *(insurance)*, yo...

a. me alegré.
b. me asusté.
c. me sorprendí.
d. me puse triste.
e. se enojó.

3.27 **¿Cómo estaba?** Usando expresiones con **tener** o **estar,** explica cómo estaba Renato ayer, según sus actividades.

Modelo Desayunó cuatro huevos, cereal, dos plátanos y un vaso de leche.
   Tenía hambre.

1. Se puso un suéter, guantes y un gorro.
2. Mientras conducía, escuchaba música.
3. Tenía un examen de álgebra.
4. Visitó a su abuela en el hospital.
5. Se acostó muy tarde.
6. Tuvo una pesadilla *(nightmare)*.

3.28 **¿Cuándo fue?** En parejas túrnense para preguntar sobre la última vez *(last time)* que sintieron las siguientes emociones. Deben explicar las circunstancias de la situación. ¡Atención al uso del pretérito y del imperfecto en las explicaciones!

Modelo asustarse
   Estudiante 1: *¿Cuándo fue la última vez que te asustaste?*
   Estudiante 2: *Me asusté el lunes porque no podía encontrar mi tarea.*

¿Cuándo fue la última vez que... ?

1. enojarse
2. aburrirse
3. ponerse triste
4. alegrarse
5. preocuparse
6. frustrarse
7. ponerse nervioso
8. sorprenderse

3.29 **Una entrevista** En parejas túrnense para responder las preguntas.

1. Tus amigos
   a. ¿Cuándo conociste a tu mejor amigo? ¿Qué hacían?
   b. ¿Supiste algo interesante de tu mejor amigo recientemente? ¿Qué?

2. Tus clases y tu escuela
   a. ¿Conocías a alguien en la clase de español antes de este curso? ¿A quién?
   b. ¿Ya sabías hablar español cuando comenzaste a estudiar en esta escuela?
      ¿Por qué?

3. Tu vida diaria
   a. ¿Hiciste ayer algo que no querías hacer? ¿Qué?
   b. ¿Hubo un buen concierto en tu comunidad recientemente? ¿De qué?

3.30 **Mini-conversaciones** Completa las conversaciones con la forma del pretérito o del imperfecto del verbo indicado, según el caso.

1. —Cuando salí para la escuela esta mañana, _____ (haber) mucho hielo *(ice)* en las calles.

   —Sí, y escuché en la radio que _____ (haber) muchos accidentes.

2. —¿ _____ (Saber) tú que Manuel tuvo un accidente la semana pasada?

   —Sí, lo _____ (saber) cuando llegué a la escuela.

3. —¿ _____ (Poder) tú conseguir *(get)* el coche de tu hermano?

   —No, él no _____ (querer) prestármelo.

4. —Fui a una fiesta el sábado.

   —¿ _____ (Conocer) a alguien?

   — Yo ya _____ (conocer) a muchas de las personas en la fiesta, pero
   _____ (conocer) a una chica que se llama Dora.

> **INVESTIGUEMOS EL VOCABULARIO**
>
> In **Capítulo 1** you learned to use the word **ya** to mean *already* and *any more*. When used in a question, it can mean *yet*.
>
> ¿**Ya** llegaron?
> *Have they arrived yet?*
>
> ¿**Ya** terminaste la tarea?
> *Have you finished your homework yet?*

3.31 **Cuéntame** Yadira tuvo un accidente el fin de semana pasado y cuenta lo que pasó. Cambia los verbos en negrita al pretérito o al imperfecto, según sea necesario.

(1) **Es** sábado por la noche. (2) **Estoy conduciendo** a casa y (3) **estoy** muy nerviosa porque (4) **hay** mucha lluvia y no (5) **puedo** ver bien. De repente un animal (6) **cruza** la calle enfrente de mi coche y yo (7) **me sorprendo.** No (8) **sé** qué tipo de animal (9) **es,** pero no (10) **quiero** atropellarlo. (11) **Intento** *(try)* frenar *(to brake),* pero no (12) **puedo** controlar el coche. El coche (13) **empieza** a salirse de la calle y (14) **me asusto.** Afortunadamente solo (15) **termino** en una zanja *(ditch)* y no (16) **choco** con nada.

3.32 **El accidente de Teo** Describe lo que le pasó a Teo. Usa el pretérito y el imperfecto, y los verbos indicados.

Vocabulario útil: **la cima** *top (of the mountain)*   **la serpiente** *snake*

1. haber, conocer, sentirse   **2.** saber, poder, alegrarse   **3.** ver, asustarse, caerse   **4.** estar triste, querer, poder

A analizar ▶

Óscar habla con un señor que fue testigo de un accidente. Mira el video otra vez. Después lee parte de su conversación y observa los verbos en el pretérito y el imperfecto.

Óscar: Buenas tardes señor. ¿Usted **fue** testigo del accidente?

Señor: Sí, señor...

Óscar: ¿Qué **hacía** usted cuando **ocurrió** el accidente?

Señor: Siempre **caminaba** por la calle Sol con mi perrito en las tardes. **Me gustaba** porque **podía** llegar fácilmente al parque, pero la semana pasada **decidí** cambiar mi ruta porque ahora hay mucho tráfico.

Óscar: Sí, señor, pero ¿qué **hacía** usted en la calle Naranjos hoy?

Señor: **Caminaba** con mi perrito Negrito. **Me sentía** feliz porque **hacía** sol. Mientras **caminaba**, **miraba** las flores en los jardines. De repente oí un ruido terrible y vi que **hubo** un accidente. **Me sentí** muy mal cuando **vi** que la señora en el coche negro **estaba** herida.

Óscar: ¿Sabe usted qué **pasó**?

Señor: No **pude** ver mucho porque no **llevaba** mis gafas puestas, pero me parece que el coche negro **se pasó** el semáforo en rojo...

Óscar: Bueno, gracias por su ayuda, señor.

1. Write a list of the circumstances in which you would use preterite and in which you would use imperfect.

2. Can you find any examples of the uses you listed in the dialogue above?

A comprobar

Preterite and imperfect: A summary

You have already learned that the preterite is the narrative past and is used to express an action that is *beginning* or *ending,* while the imperfect is the descriptive past that is used to express an action *in progress (middle).* Here is an overview of how the two tenses are used:

Preterite

1. A past action or series of actions that are completed as of the moment of reference

   Vi el accidente y **llamé** a la policía.

2. An action that is beginning or ending

   Empezó a estudiar a las siete.

   Vivimos en Madrid por tres años.

3. A change of condition or emotion

   Tuve miedo cuando **escuché** el ruido *(noise).*

Imperfect

1. An action in progress with no emphasis on the beginning or end of the action

   Llovía y hacía viento.

2. A habitual action

   Siempre **leía** antes de acostarme.

3. Description of a physical or mental condition

   Era alto y moreno y **tenía** el pelo largo.

   Estaba muy nervioso.

4. Other descriptions, such as time, date, and age

   Eran las tres de la tarde.

   Era el primero de octubre.

   Tenía sesenta años.

A practicar

3.33 Esquí en Bariloche Pon las siguientes oraciones en el orden lógico para contar lo que hizo Rogelio.

1. _____ El invierno pasado cumplió 16 años y fue a Bariloche para esquiar con la familia y sus amigos.

2. _____ Cuando Rogelio era niño, iba a esquiar con su familia durante las vacaciones de invierno.

3. _____ Mientras Rogelio bajaba la pista *(slope)* un chico cruzó enfrente de él, se asustó y se cayó.

4. _____ El primer día de esquí, Rogelio y sus amigos se levantaron temprano, se vistieron y fueron a la pista.

5. _____ Hablaban y se reían mientras esperaban su turno para subir *(to go up)* la montaña.

6. _____ Rogelio estaba frustrado y tenía frío, entonces se quitó los esquíes y regresó al hotel para tomar un chocolate caliente.

3.34 Un accidente en bicicleta Mayda habla sobre un accidente que tuvo con su bicicleta. Completa las oraciones con la frase apropiada para saber lo que pasó.

1. Tenía una bicicleta roja cuando...
   a. era niña.　　　　　　　　　　**b.** fui niña.

2. Cuando salía con mi bicicleta, siempre...
   a. tenía mucho cuidado.　　　　　**b.** tuve mucho cuidado.

3. Ese día...
   a. hacía mucho sol.　　　　　　　**b.** hizo mucho sol.

4. Yo iba por la calle cuando...
   a. un coche se pasaba un alto.　　**b.** un coche se pasó un alto.

5. Me atropelló porque...
   a. no podía parar.　　　　　　　**b.** no pude parar.

6. Cuando el conductor vio que estaba herida...
   a. se preocupaba.　　　　　　　**b.** se preocupó.

7. Él me hablaba mientras...
   a. esperábamos la ambulancia.　　**b.** esperamos la ambulancia.

3.35 Un accidente Completa el siguiente párrafo con la forma necesaria del pretérito o del imperfecto del verbo indicado.

Esta mañana **(1)** _____ (haber) un accidente a las ocho y media. En ese

momento yo **(2)** _____ (caminar) por la calle Montalvo con mi amiga Reina.

De repente, nosotros **(3)** _____ (oír) un ruido *(noise)* y **(4)** _____

(ver) que un coche acababa de *(just)* chocar contra un árbol. Un hombre mayor

(5) _____ (bajar) del coche. Él **(6)** _____ (estar) muy pálido y

(7) _____ (tener) una herida en la cabeza. Nosotros lo **(8)** _____

(ayudar) a sentarse en la acera. Mientras él **(9)** _____ (descansar *to rest*),

Reina **(10)** _____ (llamar) a una ambulancia. Nosotros **(11)** _____

(estar) muy preocupados por él, pero **(12)** _____ (calmarse) un poco cuando

(13) _____ (llegar) la ambulancia. Los paramédicos lo **(14)** _____

(poner) en la camilla y lo **(15)** _____ (llevar) al hospital.

3.36 **Experiencias personales** Habla con un compañero sobre tus experiencias y túrnense para completar las oraciones. Atención al uso del pretérito y del imperfecto.

1. Una vez mientras iba en coche...
2. Cuando mi padre / mi madre compró un coche nuevo...
3. La primera vez que hice un viaje largo en coche...
4. Una vez que mi padre / mi madre conducía...
5. Vi un accidente y...
6. Conozco a alguien que tuvo un accidente porque...

3.37 **El venado** *(The deer)* En parejas describan lo que les pasó a Margarita y a Marián. Usen el pretérito y el imperfecto e incluyan muchos detalles. Decidan lo que pasó al final.

Vocabulario útil: **el carril** *lane*   **frenar** *to brake*   **girar el volante** *to turn the steering wheel*
el venado *deer*   **voltear** *to turn over*

1.

2.

3.

4.

5.

6.
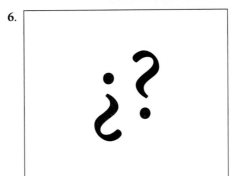

Lectura

Reading Strategy: Read interactively

As suggested in the first reading for this chapter, remember to make annotations as you read. Interacting with the text will help you to understand it better. Make sure to practice this strategy with the following reading, creating a simple code for your annotations.
For example:

already knew it = K
disagree = X
new information = +
important to remember = !
don't understand = ¿?

Antes de leer

¿Cuál es la diferencia entre una leyenda y un cuento? ¿Qué es una leyenda urbana? ¿Conoces alguna leyenda urbana? ¿Cuál?

A leer

Leyendas urbanas

try
sacred

Una leyenda es una historia que no se puede verificar. Hay varios tipos de leyendas. Las leyendas tradicionales **intentan** explicar el origen de algo, como una montaña **sagrada,** o enseñar una lección moral.

they spread

En contraste, las leyendas urbanas son historias modernas que ocurren en el mundo hoy en día. Son historias con elementos fantásticos o sobrenaturales, sin ninguna evidencia de ser verdaderas. Por lo general **circulan** solo de forma oral. A veces están basadas en un hecho que realmente ocurrió, pero se cuenta de forma muy distorsionada.

Hay muchas y muy variadas leyendas urbanas. Curiosamente, muchas veces las mismas historias se escuchan en países diferentes. A continuación se cuenta la leyenda de *La muchacha de la curva,* leyenda urbana de la que existen numerosas versiones.

La muchacha de la curva

dark
hitchhiking
soaked / shivering
address
He said goodbye / toward

Era una noche **oscura** y llovía muy fuerte. Un automovilista conducía solo por la carretera cuando vio a una muchacha haciendo **autostop**. La chica estaba **empapada** y **tiritaba**. El hombre paró y la dejó subir a su automóvil. Le preguntó adónde iba. La muchacha le dio una **dirección** cerca de allí, y el automovilista la llevó hasta su casa. **Se despidió** de ella y la vio caminar **hacia** la puerta. Después continuó su camino.

["¡Es ella!", exclamó.]

knocked

Al día siguiente el hombre decidió regresar a buscar a la muchacha para saber si estaba bien. Cuando llegó a la casa de la muchacha, **tocó** a la puerta. Una mujer vieja le abrió. El hombre preguntó por la muchacha y la mujer respondió que allí no vivía ninguna joven. Sin embargo, la mujer invitó al hombre a entrar. En la sala, el hombre vio una fotografía de la muchacha en la **pared**. "¡Es ella!", exclamó.

wall

La mujer le dijo al hombre: "Era mi hija. **Hace veinte años** ella iba conduciendo por la carretera. Estaba muy oscuro y llovía. Entonces llegó a la curva donde usted la **recogió**. Esa noche llovía tanto que ella no vio las señales. Su auto **resbaló** y mi hija perdió el control y chocó. Murió inmediatamente. Ahora, cada año, el mismo día, en el mismo lugar y a la misma hora en que ocurrió el accidente, mi hija aparece y le pide a algún conductor que la **traiga** a casa, que es adonde ella iba esa noche".

Twenty years ago

... un automovilista vio a una muchacha...

picked up

slid

bring

Annette Shaff/Shutterstock.com

Comprensión

1. ¿Qué intentan explicar las leyendas tradicionales?
2. ¿Qué es una leyenda urbana?
3. En la leyenda de la chica de la curva, ¿qué hizo el automovilista cuando vio a una chica haciendo autostop?
4. ¿Qué supo el automovilista al final de la historia?
5. ¿Por qué piensas que las mismas historias se escuchan en diferentes países?

Después de leer

Investiga una leyenda tradicional o una leyenda urbana de un país hispano. Escribe un resumen de la leyenda y compártelo con tus compañeros de clase. ¿Cuál te gusta más? ¿Por qué?

> **INVESTIGUEMOS LA MÚSICA**
> Spanish singer Julio Iglesias' song "Pájaro Chogüí" recounts a Paraguayan legend. Listen to the song and tell what the legend is.

▶ Video-viaje a...
Paraguay

Antes de ver

Paraguay es un país que conecta el presente y el pasado con sus ruinas coloniales y sus rascacielos *(skyscrapers)* modernos. Por diversas razones históricas, Paraguay es un país bilingüe donde hablan español y guaraní, una lengua indígena. Hasta el nombre del país viene del guaraní y significa "aguas adornadas".

3.38 **¿Ya sabes?**

1. Paraguay está en _____.
   ☐ Europa   ☐ Sudamérica
   ☐ Centroamérica   ☐ África

2. ¿Cierto o falso?
   a. Paraguay tiene solo un idioma oficial.
   b. Los argentinos llevaron el arpa *(harp)* tradicional a Paraguay.

3. ¿Qué tradición, imagen o persona asocias con Paraguay?

3.39 **Estrategia**

When listening to authentic speech, it is important to listen for key words. In this video segment, many of the key words are cognates. While you may recognize these words immediately in their written form, listen carefully. You may not recognize the pronunciation as easily. Write down the English equivalent of the following cognates.

1. ruinas
2. metropolitana
3. estructura
4. artístico
5. tradicional

Al ver

3.40 **Escoge** Mira el video y escoge la respuesta correcta.

1. En Asunción hay edificios coloniales y _____.
   a. viejos   **b.** modernos   **c.** feos
2. En el mercado principal se hacen las _____ diarias.
   a. calles   **b.** frutas   **c.** compras
3. Los paraguayos adaptaron el arpa utilizando _____ americana.
   a. madera   **b.** ayuda   **c.** música
4. El arpa paraguaya tiene _____ cuerdas.
   a. 32 o 36   **b.** 136   **c.** 306

3.41 **¿Cierto o falso?** Decide si las oraciones son ciertas o falsas.

1. El área metropolitana de la capital se conoce como Gran Asunción.
2. En la capital hay construcciones coloniales, pero no hay edificios modernos.
3. En el mercado tradicional se compran vegetales, pescados y frutas.
4. Los argentinos trajeron el arpa a Paraguay en 1526.
5. Los indígenas de Paraguay son los guaraníes.

Vocabulario útil

la armonía *harmony*
el arpa *harp*
bilingüe *bilingual*
la cuerda *string*
liviano(a) *light (in weight)*
la madera *wood*
metálico(a) *metallic*
el rascacielos *skyscraper*
utilizar *to utilize; to use*

Después de ver

3.42 **Expansión**

Paso 1 Mira la sección sobre Paraguay en **Exploraciones del mundo hispano** y lee **Investiga en Internet**. Escoge uno de los temas que te interese.

Paso 2 Busca información en Internet. Debes encontrar una fuente *(source)* relevante.

Paso 3 Usando la información que encontraste en Internet, escribe un resumen de 3–5 oraciones en español. Comparte la información con tus compañeros.

3.43 **Una fiesta de quince años** Completa el párrafo con la forma necesaria del pretérito o del imperfecto del verbo entre paréntesis.

El sábado pasado (yo) **(1)** _____ (ir) a una fiesta de quince años.

(2) _____ (Haber) muchas personas y yo **(3)** _____ (conocer) a

Rosaura. Yo **(4)** _____ (hablar) con la quinceañera Zulema cuando la

(5) _____ (ver) entrar. **(6)** _____ (Ser) muy guapa y **(7)** _____

(llevar) un vestido azul. Zulema me **(8)** _____ (decir) que **(9)** _____

(ser) su prima. Yo **(10)** _____ (querer) conocerla y Zulema nos

(11) _____ (presentar). Yo le **(12)** _____ (pedir) bailar y ella

(13) _____ (aceptar). Nosotros **(14)** _____ (bailar) toda la noche y

(15) _____ (divertirse) mucho. Ahora Rosaura es mi novia.

3.44 **Un día en el parque** Decide cuál es la relación de las dos acciones. Luego combínalas en una oración usando la forma apropiada del pretérito o del imperfecto.

Modelo Hacer sol / Mateo estar aburrido en casa
        Hacía sol y Mateo estaba aburrido en casa.
  1. Mateo querer jugar en el parque / Él invitar a su amigo Ariel a jugar
  2. Ariel pedirle permiso a su mamá / Ella decirle que sí
  3. Los niños hablar y reír / Ellos caminar al parque
  4. Mateo y Ariel llegar al parque / Ellos decidir trepar un árbol
  5. Ariel trepar el árbol / Mateo mirarlo
  6. Una rama *(branch)* romperse / Ariel caerse
  7. Ariel no poder levantarse / Él llorar
  8. Mateo asustarse / Él correr a buscar a la mamá de Ariel

3.45 **El Año Nuevo** Ramiro habla de la fiesta de Año Nuevo. Completa sus oraciones para contar lo que pasó. Deben usar el pretérito y el imperfecto.

  1. Cuando era niño siempre...
  2. El año pasado decidí hacer una fiesta y...
  3. Los invitados empezaron a llegar mientras yo...
  4. Me alegré mucho cuando...
  5. Algunas personas bailaban mientras otras...
  6. Cuando el reloj dio la medianoche, todos...

Fuegos artificiales sobre Chichén Itzá

3.46 **Una historia interesante** Con un compañero escojan fotos diferentes y describan lo que pasó usando las preguntas como guía. **¡OJO!** Presten atención al uso del pretérito y del imperfecto.

1. ¿Dónde estaban? ¿Por qué?
2. ¿Qué hacían?
3. ¿Qué pasó?
4. ¿Cómo se resolvió la situación?

3.47 **El periodista** Trabaja con un compañero. Imaginen que uno de ustedes es periodista y hace las preguntas de abajo, prestando atención al uso del pretérito y del imperfecto. El otro es un testigo y mira los dibujos en el **Apéndice B** para responder las preguntas.

1. ¿Qué tiempo (hacer)?
2. ¿Quién (conducir) el coche rojo?
3. ¿A qué hora (ocurrir) el accidente?
4. ¿Qué (pasar)?
5. ¿(Haber) testigos?
6. ¿Cuándo (llegar) la ambulancia?

3.48 Con un compañero van a organizar una fiesta de cumpleaños.

Paso 1 Decidan qué van a celebrar y luego planeen los siguientes detalles:

- Dónde y cuándo va a ser la celebración
- A quiénes van a invitar
- Cómo van a decorar
- Lo que van a ofrecerles a los invitados para beber y comer
- Qué actividades va a haber en la fiesta (música viva, baile, juegos, etcétera)
- A qué hora va a empezar y a terminar su fiesta

Paso 2 Repórtenle a la clase los detalles de su fiesta.

CAPÍTULO 3

🔊 Vocabulario 1

En la fiesta

los banderines	*streamers*
los bocadillos	*snacks*
el brindis	*toast*
el desfile	*parade*
los dulces	*candies*
el festejo	*party, celebration*
los fuegos artificiales	*fireworks*
los globos	*balloons*
el grupo de música	*music group/band*
la invitación	*invitation*

el invitado	*guest*
los novios	*bride and groom*
el pastel	*cake*
la piñata	*piñata*
la quinceañera	*girl celebrating her fifteenth birthday*
el regalo	*gift*
la serenata	*serenade*
la vela	*candle*

Las celebraciones

el aniversario	*anniversary*
el bautizo	*baptism*
la boda	*wedding*
el cumpleaños	*birthday*
la graduación	*graduation*
las posadas	*nine-day celebration before Christmas*

los quince años	*a girl's fifteenth birthday celebration*
el (día del) santo	*saint's day*

Verbos

besar	*to kiss*
brindar	*to toast*
casarse (con)	*to get married (to)*
celebrar	*to celebrate*
cumplir años	*to turn (x) years old*

decorar	*to decorate*
disfrutar	*to enjoy*
romper	*to break*
terminar	*to finish*

◄ Vocabulario 2

En la calle

la acera	*sidewalk*
la ambulancia	*ambulance*
la camilla	*stretcher*
la carretera	*highway*
el (la) ciclista	*cyclist*
el (la) conductor(a)	*driver*
el cruce	*crosswalk*
la esquina	*corner*
el límite de velocidad	*speed limit*
la multa	*fine, ticket*
el paramédico	*paramedic*

el parquímetro	*parking meter*
la patrulla	*police car*
el peatón (la peatona)	*pedestrian*
el poste	*post*
el puente	*bridge*
el semáforo	*traffic light*
la señal	*sign*
el servicio de emergencias	*emergency service*
el (la) testigo	*witness*

Los verbos

aburrirse	*to become bored*
alegrarse	*to become happy*
asustarse	*to become frightened*
atravesar (ie)	*to cross*
atropellar	*to run over*
bajar de	*to get out of (a vehicle)*
caer(se)	*to fall*
chocar (con)	*to crash (into something)*
cruzar	*to cross*
dañar	*to damage*
distraerse	*to get distracted*
enojarse	*to become angry*

esperar	*to wait*
estacionarse	*to park*
frustrarse	*to become frustrated*
pasarse un semáforo en rojo	*to run a red light*
pasarse una señal de PARE	*to run a stop sign*
sentirse	*to feel*
sorprenderse	*to be surprised*
subir a	*to get into (a vehicle)*
tropezar (ie)	*to trip*

Expresiones adicionales

de repente	*suddenly*
estar dañado(a)	*to be damaged*
estar herido(a)	*to be injured*

Literatura

Investiguemos la literatura: La anticipación

Foreshadowing is a literary device in which an author gives hints of what is going to happen without spoiling the suspense.

Antes de leer

1. ¿Hay una persona o un objeto que consideras muy importante?
2. Imagina que pierdes a esa persona o ese objeto. ¿Cuál es tu reacción?

Drama moderno

pathdoc/Shutterstock.com

hang on / threw myself	¡Ya se lo llevaron! Yo quise **aferrarme**. **Me arrojé** de la cama que se había aliado con mi enfermedad
Begged	para separarme de él... Pedí... **Supliqué**... Mis ojos se
tears / sobs	llenaron de **lágrimas**, mi garganta de **sollozos**...
	Imploré con timidez primero, luego ordené: —¡No me lo lleven!
disappear	Todo fue inútil. Lo vi **desaparecer** poco a poco, hasta que la puerta se cerró bruscamente, dejándome más sola que nunca.
loneliness	Mi cuarto se llenó de una **soledad** sin remedio, soledad que me miraba con
scorn / arrogance	**desprecio** y **altivez** porque yo no la conocía.
	¿Cuándo le volvería a ver? Nunca me había sentido como en ese instante...
	¡Y se lo llevaron!
tenderness	Antes de desaparecer, quizá por una eternidad, nos miramos con **ternura**, con amor, con desesperación, con tristeza... ¿Podríamos seguir viviendo separados?
voice / life / decreased	No. Él necesitaría siempre mi **voz** que llenaba su **vida**, que **disipaba** su soledad...

sorrows	Yo, ¿cómo vivir sin él?... ¿En quién depositar mis **penas** y alegrías? ¿Dónde
ear / complaints	encontrar un **oído** para mis **quejas**?... ¿Quién habría de escucharme, así, tan
silent	**callado** pero lleno de vibraciones?...
screaming	¡No!... ¡Yo no podría seguir viviendo!... Y corrí hacia la puerta **gritando** como una
	loca: —¡Devolvedme ese teléfono!... ¡No me lo quitéis que es mi vida!... ¡Por favor!...

Después de leer

A. Comprensión

1. ¿Cuál es el tono del cuento?
2. ¿Qué perdió la protagonista?
3. Revisa el cuento. Ahora que sabes qué objeto perdió, ¿cuáles son las pistas *(clues)* que nos da la autora?

B. Conversemos

1. ¿Piensas que la protagonista es una persona completamente normal? Explica.
2. ¿Te identificas con la protagonista? ¿Por qué?
3. ¿Alguna vez perdiste algo muy importante? ¿Qué hiciste?

Iakov Filimonov/Shutterstock.com

Learning Strategy

Use Spanish every time you talk in class

Try to use Spanish for all your classroom interactions, not just when called on by your teacher or answering a classmate's question in a group activity. Don't worry that your sentences may not be completely correct. The important thing is to begin to feel comfortable expressing yourself in the language. You might even initiate a conversation with your teacher or another classmate before or after class.

In this chapter you will learn how to:

- Give and receive directions
- Make travel arrangements
- Book and talk about hotel accommodations
- Suggest activities
- Make informal and formal requests

Vista nocturna de San Salvador

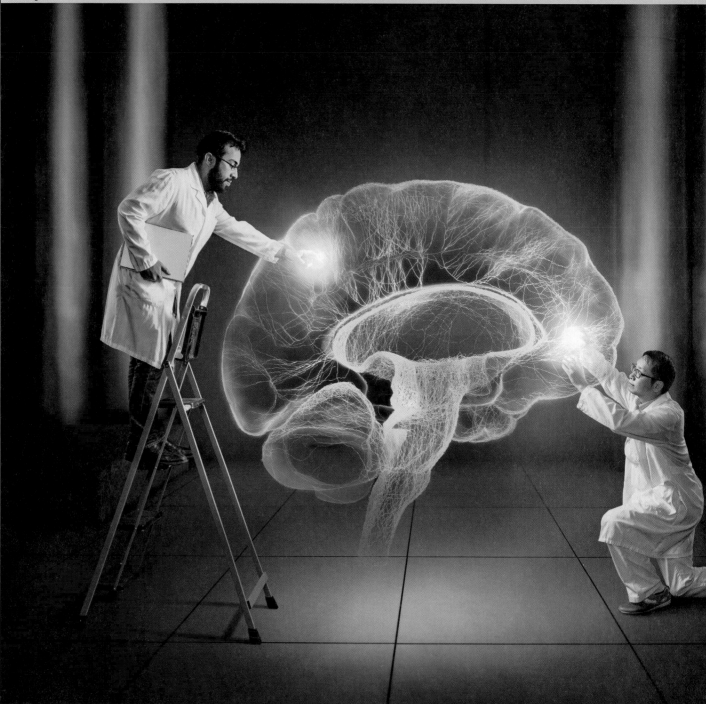

Cuando Steve era un niño pequeño, su prima entró en coma mientras daba a luz *(giving birth)* porque no recibió suficiente oxígeno. Aunque su prima nunca se recuperó *(recovered)*, este incidente alimentó *(fed)* la curiosidad de Steve sobre el funcionamiento del cerebro. Ahora Steve espera que sus estudios puedan ayudar a muchas personas que sufren enfermedades mentales.

Vocabulario útil

apagar   *to turn off*

borrar   *to erase*

el cerebro   *brain*

lograr   *to succeed*

los recuerdos   *memories*

Como investigador, Steve se preguntaba si era posible implantar recuerdos en nuestro cerebro o borrarlos. Después de años de investigación obtuvo una respuesta: él y su colega lograron manipular la memoria de un ratón implantándole un recuerdo de algo que no había experimentado *(had not experienced)* nunca. Steve espera que estos experimentos abran la puerta para encontrar curas a enfermedades mentales como el Alzheimer.

Según dice Steve, estamos aprendiendo cómo funciona la memoria, y cómo usarla a nuestro favor. La idea fundamental es localizar las células *(cells)* del cerebro en donde se encuentran recuerdos específicos, y después manipular esas células para "apagar" el recuerdo o "encenderlo". También se está investigando cómo cambiar el contenido *(content)* de estos recuerdos. Por ejemplo, cómo hacer que un recuerdo traumático cause menos miedo. Esto puede ayudar a combatir enfermedades como la depresión o el trastorno de estrés post-traumático *(post-traumatic stress disorder)*.

Gracias a su dedicación, Steve ha ganado varios premios y tiene el título de uno de los 35 innovadores *(innovators)* más importantes de menos de 35 años, un reconocimiento otorgado *(given)* por MIT Technology Review.

La vida de Steve Ramírez está muy influenciada por la cultura de sus padres, quienes llegaron a Estados Unidos huyendo (fleeing) de la guerra (war) civil en El Salvador. Al principio (At first) tuvieron que mudarse (to move) frecuentemente de una ciudad a otra, pero finalmente se establecieron en Boston. De sus padres, Steve aprendió a luchar (to fight), a ser un trabajador incansable (tireless), y a tomar la iniciativa.

EN SUS PALABRAS

"Nunca tuve que preguntarme si podía hacer algo. La pregunta era cómo iba a hacerlo."

4.1 **Comprensión** Decide si las ideas son ciertas o falsas. Corrige las falsas.

1. Steve se mudó a El Salvador con sus padres cuando era niño.
2. De sus padres, Steve Ramírez aprendió a trabajar duro.
3. Steve piensa que es posible manipular las memorias en el cerebro.
4. Steve y su colega han hecho experimentos con peces.
5. Las investigaciones encontraron una cura para los trastornos de estrés post-traumático.

4.2 **A profundizar** Imagina que puedes investigar cualquier enfermedad para encontrar una cura. ¿Qué enfermedad investigarías y por qué?

4.3 **¡A explorar más!** Busca en Internet la lista más reciente de los 35 innovadores más importantes de menos de 35 años *(35 Innovators Under 35)*. Elige a alguien de la lista y escribe 2–3 oraciones para explicar por qué es un innovador importante.

Exploraciones léxicas

La señora Torres no viaja con frecuencia, pero sabe que es mejor viajar con poco equipaje.

Para viajar en avión o tren

el (la) agente de seguridad	security agent
el cinturón de seguridad	safety (seat) belt
el coche cama	sleeping car
la conexión	connection
la escala	layover
la litera	bunk bed
la parada	stop
el pase de abordar	boarding pass
el reclamo de equipaje	baggage claim
el vuelo	flight

Verbos

abordar	to board
aterrizar	to land
despegar	to take off
doblar	to turn
pasar por seguridad	to pass through security
perder (ie)	to miss (a flight, a train)
seguir derecho	to go straight

Palabras adicionales

a tiempo	on time
la aduana	customs

el asiento	seat
la estación de autobuses	bus station
la llegada	arrival
retrasado(a)	delayed
la sala de espera	waiting room
la salida	departure
la visa	visa

> **INVESTIGUEMOS EL VOCABULARIO**
>
> In Latin America, a plane or train ticket is **un pasaje** or **un boleto; un boleto** also refers to a ticket for an event. However, in Spain, a train or a plane ticket is **un billete**, and a ticket for an event is **una entrada**. It is also important to note that while **primera clase** is used for both trains and airplanes, **segunda clase** is used only for trains. For air travel, coach class is known as **clase turista** or **económica**.

A practicar

4.4 🔊 **Escucha y responde** Vas a escuchar una serie de ideas sobre viajar por tren o por avión. Indica con el pulgar hacia arriba si son lógicas, y con el pulgar hacia abajo si son ilógicas.

1. …   2. …   3. …   4. …   5. …   6. …   7. …   8. …

4.5 **A viajar** Escribe la palabra lógica del vocabulario que mejor complete la oración.

En el aeropuerto:

1. Debemos obtener un _____ antes de subir a un avión.

2. En el mostrador de la aerolínea un agente nos pregunta si preferimos ventanilla o

   _____.

3. Antes de _____ y de aterrizar debemos ponernos _____.

En la estación de trenes:

4. Este tren va directamente a su destino, no hace ninguna _____.

5. Compramos un boleto en _____ y después caminamos al

   _____ para abordar el tren.

6. _____ nos pide nuestros boletos en el tren.

7. Llevamos nuestra ropa en _____ cuando viajamos.

4.6 **Asociaciones** Con un compañero relacionen las palabras de las dos columnas y expliquen la relación entre ellas.

1. _____ retrasado
2. _____ la taquilla
3. _____ la ventanilla
4. _____ aterrizar
5. _____ facturar
6. _____ el asistente de vuelo
7. _____ la llegada
8. _____ el pasaporte

a. el equipaje
b. el revisor
c. a tiempo
d. la salida
e. el boleto
f. la visa
g. el pasillo
h. despegar

 4.7 **Conversación** Entrevista a tu compañero con las preguntas siguientes.

1. ¿Alguna vez viajaste por tren? ¿Cuándo? ¿Adónde? ¿Te gustó la experiencia? ¿Por qué?
2. ¿Alguna vez viajaste en autobús? ¿Adónde fuiste? ¿Te dieron buen servicio?
3. ¿Alguna vez viajaste por avión? ¿Te gustó?
4. ¿Qué es necesario hacer para tener un buen viaje por avión? ¿Y por tren?
5. ¿Piensas que trabajar en un avión o un tren es un buen trabajo? ¿Por qué?
6. ¿Cuáles son las ventajas (advantages) de viajar por tren? ¿Por avión? ¿Por autobús?

> **INVESTIGUEMOS LA GRAMÁTICA**
> Certain modes of transportation are paired with specific prepositions. You may find these phrases useful: **a pie, en autobús, en bicicleta, en carro, en metro, en/por tren, en/por avión.** The use of the preposition **en** versus **por** depends varies by country.

4.8 **Situaciones** En parejas túrnense para hablar sobre las fotografías. Usen las preguntas de la lista e inventen todos los detalles.

¿Quiénes son las personas y dónde están?
¿Qué están haciendo y por qué?

¿Adónde van a viajar?
¿Cómo crees que va a ser su viaje?

4.9 **¿Vamos por tren o por avión?** Tu compañero y tú están estudiando en Quito, Ecuador, y quieren viajar este fin de semana. Deben decidir si van a viajar por avión a Cuenca, o por tren a Latacunga. Uno de ustedes puede ver la información para viajar por avión en esta página y el otro va a ver la información para viajar por tren en el **Apéndice B.** Intercambien la información y decidan cómo van a viajar y a qué hora. Compartan (Share) toda la información antes de decidir.

> **INVESTIGA LA MÚSICA**
> Charly García is a rock singer from Argentina. Look for his song "No voy en tren, voy en avión" on the Internet. Why do you think he prefers to travel by plane?

AEROPUERTO INTERNACIONAL DE QUITO

Ruta Quito–Cuenca:	Salida	Llegada	Regreso*	Precio por pasajero
	4:35 AM	5:27 AM	6:00 AM	$129,00
	7:50 AM	8:40 AM	1:30 PM	$138,00
	10:00 PM	10:50 PM	11:00 PM	$145,99
*Horario de regreso el día siguiente				

Cultura

Los festivales son una buena oportunidad para ver la cultura de un país y para atraer turistas. Dos ejemplos conocidos de España son la fiesta de San Fermín, en Pamplona, y la Tomatina, en Buñol. Sin embargo, hay muchos más festivales y carnavales de gran interés en otros países hispanos. Por ejemplo, en Bolivia se celebra el Carnaval de Oruro, una de las más grandes celebraciones de la cultura andina. En este carnaval se usan la música y la danza para celebrar. 48 grupos bailan docenas (*dozens*) de bailes folklóricos en un desfile enorme. También hay cientos de bandas que tocan (*play*) durante el desfile.

Investiga y escribe una descripción de uno de los festivales de la lista.

El Carnaval de Barranquilla, Colombia
El Festival de San Juan, Paraguay
El Festival Casals, Puerto Rico
El Festival del Tango de Buenos Aires, Argentina
El Carnaval de Santiago de Cuba, Cuba
El Festival Internacional Cervantino, Guanajuato, México

Después de investigar una de estas fiestas o un festival del **Apéndice A**, escribe una descripción del festival y trae una foto para compartir con la clase. Después escucha las descripciones de tus compañeros. ¿A cuáles de las fiestas te gustaría asistir?

Investiga otros festivales que se celebran en países hispanohablantes en **Exploraciones del mundo hispano** en el **Apéndice A.**

Un desfile durante el Festival de Oruro, en Bolivia

Comparaciones

A veces es necesario obtener una visa para visitar ciertos países. El requisito (*requirement*) depende de la nacionalidad del viajero y del tiempo que va a permanecer (*to stay*) en otro país. Los ciudadanos de los Estados Unidos generalmente no necesitan visa para visitar España ni para viajar a la mayoría de los países hispanoamericanos si permanecen menos de tres meses, pero hay excepciones como Paraguay. Es posible conseguir la visa en el aeropuerto al llegar (*upon arriving*). Es necesario completar un formulario, mostrar el pasaporte y pagar una cuota (*fee*). En realidad, conseguir la visa es fácil comparado con los requisitos de otros países.

Paraguay es uno de los países que les pide visa a los ciudadanos de los Estados Unidos que visitan este país.

¿Crees que es más fácil visitar los Estados Unidos como extranjero (*foreigner*) o visitar otros países como estadounidense? ¿Por qué? Escoge un país hispanohablante y averigua (*find out*) cuáles son los requisitos que se les piden para recibir una visa de turista para visitar los Estados Unidos. Repórtale a la clase la información.

Conexiones... a la economía

Piensa en los tiempos de tus abuelos. ¿Crees que viajar era tan fácil como ahora? ¿Qué piensas que ha cambiado *(has changed)*?

Si pudieras *(you could)* viajar a un país hispanohablante, ¿adónde irías *(would you go)*? Consulta el **Apéndice A** y escoge un país que quieres conocer. ¿Crees que tu selección está entre las más populares para turistas?

Según la UNWTO *(United Nations World Tourism Organization)*, los dos países hispanos más populares para los turistas son España y México. España recibe 65 millones de visitantes al año. Solo Francia y los Estados Unidos reciben más turistas que España. Esto significa que España ocupa el tercer puesto globalmente, mientras que México ocupa el 10° puesto con 29 millones.

El turismo también forma una parte importante de la economía en otros países hispanos, como Costa Rica, Cuba y la República Dominicana. ¿Qué factores geográficos o climáticos contribuyen a la popularidad de un sitio en comparación con otro?

Aeropuerto Internacional Ministro Pistarini, en Buenos Aires, más conocido como Ezeiza

- En 2014 las llegadas de turistas internacionales en todo el mundo fueron más de 1100 millones, lo que significa que la industria del turismo sigue creciendo.
- Se calcula que uno de cada once trabajos en el mundo está relacionado con el turismo.

En tu opinión, ¿va a seguir creciendo el turismo en el futuro? ¿Hay factores que pueden afectar la popularidad de un país?

Comunidad

Elige un país y busca en Internet una ciudad de ese país que te gustaría *(you would like)* visitar. Busca fotos de la ciudad, compártelas con la clase y explica por qué elegiste ese lugar.

¿De dónde son ustedes?

A analizar ▶

Santiago va a viajar con Nicolás a Puerto Rico. Mientras ves el video, lee parte de su conversación y observa el uso de los pronombres **que** y **quien** y contesta las preguntas que siguen.

Nicolás:	A mis padres siempre les gusta conocer a las personas con **quienes** estudio en Nueva York. Además, mi hermana quiere conocer al amigo guapo **que** está en las fotos conmigo.
Santiago:	¡Puerto Rico es un país **que** siempre he querido *(have wanted)* conocer!
Nicolás:	Estoy seguro que te va a gustar. Tiene playas **que** son muy bonitas y varios lugares turísticos **que** debes conocer.

1. How are **que** and **quien** used in the sentences above?
2. Look at the nouns immediately before each use of **que** and **quienes**. How do you determine whether you should use **que** or **quien**?

A comprobar

Relative pronouns and adverbs

1. The relative pronouns **que** and **quien** are used to combine two sentences with a common noun or pronoun into one sentence.

> Rodrigo tiene un coche.
> *Rodrigo has a car.*

> El coche no consume mucha gasolina.
> *The car doesn't consume a lot of gas.*

> Rodrigo tiene un coche **que** no consume mucha gasolina.
> *Rodrigo has a car **that** doesn't use much gas.*

2. **Que** is the most commonly used relative pronoun. It can be used to refer to people or things.

> Este es el tren **que** va a Córdoba.
> *This is the train **that** goes to Córdoba.*

> El hombre **que** tiene la camisa azul es el conductor.
> *The man **that** has the blue shirt is the driver.*

3. In English, the relative pronoun can sometimes be omitted; in Spanish, however, it must be used.

> Los boletos **que** compraste son para primera clase.
> *The tickets **(that)** you bought are for first class.*

4. **Quien(es)** refers only to people and is used after a personal **a** or a preposition (**a, con, de, para, por, en**).

> Esta es la señora **a quien** le debes dar el boleto.
> *This is the lady **to whom** you should give the ticket.*

> Las personas **con quienes** viajo están en mi clase.
> *The people **with whom** I am traveling are in my class.*

5. **Quien(es)** may replace **que** when the dependent clause is set off by commas.

> Los pasajeros, **quienes/que** viajan en este vuelo, ya abordaron.
> *The passengers, **who** are traveling on this flight, already boarded.*

6. When referring to places, you will need to use the relative adverb **donde**.

> La parada **donde** debes esperar está al otro lado de la calle.
> *The stop **where** you should wait is on the other side of the street.*

*Notice that the pronouns **donde**, **que**, and **quien(es)** do not have accents.

A practicar

4.10 **¿Es lógico?** Lee las oraciones y decide si son lógicas o no.

1. El pasajero es la persona que viaja.
2. La taquilla es el papel que necesitas para abordar el avión.
3. El andén es el lugar donde debes esperar el autobús.
4. El revisor, quien trabaja en el aeropuerto, necesita ver el pasaporte.
5. El asistente de vuelo es la persona a quien le debes pedir la bebida.
6. Un vuelo que hace escala es directo.

4.11 **Ciudad del Este** Completa el siguiente párrafo con los pronombres relativos **que** y **quien(es).**

Matilde es la amiga con **(1)** _____ paso mucho tiempo los fines de semana. El fin de semana pasado decidimos visitar a una amiga **(2)** _____ vive en Ciudad del Este. Nos encontramos en la estación de autobús **(3)** _____ está en el centro. Allí compramos los boletos y subimos al autobús **(4)** _____ estaba estacionado. El autobús estaba lleno y tuve que sentarme al lado de una señora **(5)** _____ viajaba con su hijo, **(6)** _____ lloró todo el viaje.

Después de unas horas llegamos a Ciudad del Este y vimos a nuestra amiga Pilar, **(7)** _____ estaba muy contenta de vernos. Llegamos a la casa, y pasamos horas charlando en la sala; nos contamos historias de nuestras familias, de los chicos con **(8)** _____ salimos, de las clases **(9)** _____ tenemos este semestre... de todo. Finalmente, a las dos de la mañana, decidimos **(10)** _____ era hora de acostarnos.

Matilde es la amiga con quien fui a Ciudad del Este.

© Photos To Go

4.12 **Oraciones cortas** Usa las palabras **donde, que** y **quien(es)** para combinar las dos oraciones.

Modelo Tengo una maleta. La maleta es muy grande.
Tengo una maleta que es muy grande.

1. Tengo el boleto. Compré el boleto en la taquilla.
2. Los pasajeros subieron al autobús. El autobús llegó a la parada.
3. Zacarías es un amigo. Yo voy a viajar con Zacarías.
4. El revisor les pidió los boletos a los pasajeros. Los pasajeros viajaban en tren.
5. El agente miró mi pasaporte. El agente estaba sentado detrás del mostrador.
6. Ella es la agente. Puedes hablar con ella.
7. Aquí está el asiento. El asiento corresponde a tu boleto.
8. Tienes que ir a la aduana. En la aduana van a revisar tu equipaje.

4.13 **Oraciones incompletas** En parejas completen las siguientes oraciones de forma original. Usen los pronombres relativos **que** o **quien(es)**.

Modelo Tuve una clase...
      Estudiante 1: *Tuve una clase que fue muy difícil, ¿y tú?*
      Estudiante 2: *Tuve una clase que no me gustó.*

1. Tuve un examen...
2. Conozco a una persona...
3. Tengo un amigo...
4. Mi mejor amigo es la persona...

5. Hay muchas personas...
6. Vi una película...
7. Tuve un maestro...
8. Tengo unos amigos...

4.14 **Definiciones** En parejas túrnense para dar una definición de una palabra y adivinar *(guess)* cuál es la palabra que se está definiendo. Deben usar **donde, que** y **quien(es)**.

Modelo *Es la persona que sirve comida en un avión.*
      ¿Es el asistente de vuelo?

el boleto	el pase de abordar	el pasajero
el revisor	el andén	la taquilla
el piloto	el equipaje	la litera

La asistente de vuelo es la persona que ayuda a los pasajeros en un avión.

4.15 **A conocernos** En parejas entrevístense usando las siguientes preguntas. Comiencen sus respuestas con las palabras entre paréntesis y usen las palabras **donde, que** y **quien(es)** como en el modelo. Expliquen sus respuestas.

Modelo ¿Qué día de la semana estás más ocupado? (el día de la semana)
      Estudiante 1: *¿Qué día de la semana estás más ocupado?*
      Estudiante 2: *El día de la semana que estoy más ocupado es el lunes porque tengo cuatro clases.*

1. ¿Qué música te gusta? (la música)
2. ¿Con quién hablas cuando tienes problemas? (la persona)
3. ¿Qué clase es muy difícil para ti? (la clase)
4. ¿Qué día feriado te gusta más? (el día feriado)
5. ¿Para quiénes compras regalos? (las personas)
6. ¿Qué tienda prefieres para comprar ropa? (la tienda)
7. ¿Qué profesión te parece *(seems)* interesante? (la profesión)
8. ¿A quién le dices tus secretos? (la persona)

A analizar ▶

Santiago va a viajar con Nicolás a Puerto Rico. Mira el video otra vez. Después lee parte de la bienvenida que el asistente de vuelo les da a los pasajeros y contesta las preguntas que siguen.

Por favor **pongan** su equipaje de mano debajo de sus asientos, o en los compartimientos en la parte superior de la cabina, y **tengan** cuidado si abren los compartimientos durante el vuelo. **Suban** las bandejas plegables *(tray tables)*, regresen sus asientos a su posición vertical y pónganse el cinturón de seguridad. Por favor, **miren** hacia el frente y **escuchen** con atención las instrucciones sobre lo que deben hacer en caso de emergencia.

1. The verbs in bold are commands. What are the infinitives for those verbs?
2. What do you notice about how the verbs are conjugated?

A comprobar

Formal and **nosotros** commands

1. When we tell someone to do something, we use commands, known as **mandatos** in Spanish. Formal commands are used with people you would address with **usted** and **ustedes**. To form these commands, drop the **-o** from the **yo** form and add the opposite ending [**-e** for **-ar** verbs, and **-a** for **-er** and **-ir** verbs].

present tense first person		formal command
hablo	→	habl**e(n)**
hago	→	hag**a(n)**
sirvo	→	sirv**a(n)**

   Pida más información en el mostrador.
   Ask for more information at the counter.

   Facturen su equipaje primero.
   Check in your bags first.

*Notice that verbs that have a stem change or are irregular in the present tense follow the same pattern in formal commands.

2. Negative formal commands are formed by placing **no** in front of the verb.

   No pierdan los pasaportes.
   Don't lose the passports.

3. Infinitives that end in **-car** and **-gar** have spelling changes in order to maintain the same sound as the infinitive. Infinitives that end in **-zar** also have a spelling change.

-car	buscar → bus**que(n)**
-gar	llegar → lle**gue(n)**
-zar	empezar → empie**ce(n)**

4. The following verbs have irregular command forms.

dar	**dé (den)**
estar	**esté(n)**
ir	**vaya(n)**
saber	**sepa(n)**
ser	**sea(n)**

5. To make suggestions with *Let's,* use commands in the **nosotros** form. **Nosotros** commands are very similar to formal commands. Add -**emos** for -**ar** verbs, and -**amos** for -**er** and -**ir** verbs.

infinitive	formal command	*nosotros* command
sacar	saque(n)	saqu**emos**
beber	beba(n)	beb**amos**
venir	venga(n)	veng**amos**

Estamos atrasados. **¡Corramos!**
*We are late. **Let's run!***

Salgamos por la mañana.
***Let's leave** in the morning.*

6. The **nosotros** forms of the irregular verbs are also similar to the formal commands.

dar	**demos**
estar	**estemos**
saber	**sepamos**
ser	**seamos**

7. **Ir** has two different **nosotros** command forms. The present tense **vamos** is commonly used with affirmative commands and **vayamos** is used with negative commands.

> **¡Vamos** a Perú!
> ***Let's go** to Peru!*
>
> **No vayamos** en tren.
> ***Let's not go** by train.*

8. -**Ar** and -**er** verbs with stem changes do not change in **nosotros** commands. However, -**ir** verbs do have a stem change.

infinitive	present tense	*nosotros* command
cerrar	cerramos	**c**err**emos**
volver	volvemos	**v**olv**amos**
pedir	pedimos	p**i**damos
dormir	dormimos	d**u**rmamos

A practicar

4.16 **¿Qué hago?** Un grupo de estudiantes va a hacer su primer viaje internacional y su maestro les explicó lo que tienen que hacer. Ordena sus instrucciones lógicamente.

_____ Pasen por seguridad.

_____ Compren el boleto.

_____ Lleguen al aeropuerto dos horas antes del vuelo.

_____ Consigan un pasaporte.

_____ Facturen las maletas.

_____ Confirmen el vuelo el día anterior.

4.17 **¿Qué dicen?** En parejas túrnense para dar un mandato lógico de lo que las siguientes personas dirían *(would say)*. Usen los verbos entre paréntesis.

Modelo el agente de la aduana a un turista (abrir) *Abra su maleta.*

1. un asistente de vuelo a los pasajeros (poner)
2. un agente de seguridad a un pasajero (venir)
3. un agente de viajes a un cliente (conseguir)
4. un agente en el aeropuerto a un pasajero (ir)
5. un piloto a los asistentes de vuelo (volver)
6. un policía a un automovilista (conducir)
7. un guía a un grupo de turistas (mirar)
8. un revisor en el tren a un pasajero (comprar)

4.18 **Instrucciones** La recepcionista de tu hotel te explica cómo llegar a varios lugares. Mira el plano y lee las instrucciones. Indica tu destino final.

Vocabulario útil: la cuadra *block*

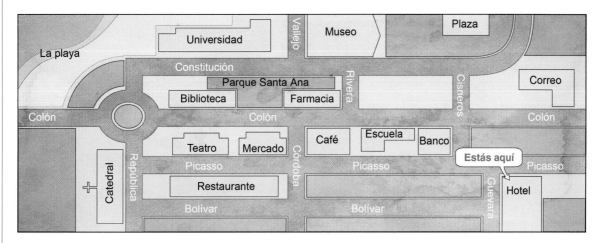

1. Siga derecho por la calle Guevara. Doble a la izquierda en la calle Picasso. Siga derecho hasta la calle República. Está enfrente.

2. Siga derecho en calle Bolívar hasta la calle República y doble a la derecha. Pase la biblioteca y en la calle Constitución, doble a la derecha otra vez. Está a la izquierda.

3. Siga derecho en la calle Bolívar hasta la calle Córdoba. Doble a la derecha. Cruce la calle Picasso y luego doble a la izquierda en la calle Colón. Pase el parque y está a la derecha.

4.19 **Perdidos** En parejas túrnense para preguntar y responder cómo llegar del hotel a los diferentes lugares. Usen el plano de la **Actividad 4.18**.

Modelo   el café
          Estudiante 1: *¿Cómo llego al café?*
          Estudiante 2: *Atraviese la calle y vaya a la calle Bolívar. Camine hasta la calle Córdoba. Doble a la derecha y siga una cuadra más. El café está en la esquina de la calle Córdoba y la calle Picasso.*

1. el museo   4. el restaurante   7. el correo
2. la playa   5. la catedral   8. el teatro
3. el banco   6. la biblioteca   9. la plaza

4.20 **¿Qué recomiendas?** Trabaja con un compañero para darles recomendaciones a las siguientes personas. Usen los mandatos formales.

Modelo   El señor Sánchez va a salir de viaje.
          Lleve poco equipaje.

1. La señorita Laredo siempre se aburre en los vuelos largos.
2. La señora Ramírez tiene miedo de viajar en avión.
3. Los señores Márquez siempre tienen mucha hambre cuando viajan.
4. El señor Vargas siempre olvida cosas (*things*) cuando viaja.
5. La señora Castro va a viajar en tren por primera vez.
6. Los señores Gómez van a viajar con sus hijos pequeños en autobús.
7. Está nevando y la aerolínea canceló el vuelo de Miguel.
8. José Ramón está viajando de México a Madrid y el pasajero a su lado ronca (*snores*).

> **INVESTIGUEMOS LA MÚSICA**
>
> Mecano was a Spanish pop group. Listen to their song "No me enseñen la lección." What does the student ask of the teacher? Can you identify with this student's experience?

4.21 **Un viaje** Con un compañero hagan planes para hacer un viaje. Usen los mandatos en la forma de **nosotros** para expresar sus deseos.

Modelo adónde quieren ir
　　　　Estudiante 1: *Vamos a Cancún.*
　　　　Estudiante 2: *¡Buena idea! / No vayamos a Cancún, vamos a Puerto Rico.*

1. adónde quieren ir

2. cuándo quieren salir

3. cuánto dinero quieren llevar

4. cómo quieren viajar

5. dónde quieren dormir

6. qué quieren hacer

7. qué recuerdos *(souvenirs)* desean comprar

4.22 **Una escena** En parejas escojan una de las fotos e inventen un diálogo. Usen mandatos en la conversación. Después presenten una de sus conversaciones a la clase.

1.

2.

3.

4.

Entrando en materia

Imagina que un amigo va a viajar por avión por primera vez y no sabe cómo prepararse. ¿Qué le recomiendas?

◀)) Un mensaje de la Secretaría de Transporte

La Secretaría de Transporte tiene un mensaje para los pasajeros que viajan este verano. Escucha sus recomendaciones y responde las preguntas que siguen. Debes repasar las palabras en **Vocabulario útil** antes de escuchar para ayudar con la comprensión.

Vocabulario útil

los artículos de valor	*valuables*	**la etiqueta**	*label*
las llaves	*keys*	**las joyas**	*jewelry*
los lentes	*glasses*	**el (la) menor de edad**	*minor, underage*

Sveta San/Shutterstock.com

Comprensión

Indica si cada oración es cierta o falsa.

1. Debes llevar los artículos de valor en el equipaje de mano.
2. Está permitido llevar líquidos en el equipaje de mano.
3. Las personas entre 5 y 25 años deben viajar con un familiar.
4. Debes poner etiquetas en tu ropa con tu nombre y número de teléfono móvil cuando viajas.
5. Debes llegar al aeropuerto dos o tres horas antes de la salida de un vuelo internacional.

Más allá

En tu opinión, ¿qué medio de transporte (avión, coche, autobús o tren) es el mejor? ¿Por qué? Escribe una lista de cinco recomendaciones lógicas para viajar por ese medio de transporte y compártela con tus compañeros de clase.

Lectura

Antes de leer

¿Qué sitios de Latinoamérica o España piensas que son los más populares entre los turistas? ¿Por qué?

A leer

¿Adónde ir de vacaciones?

Los países hispanos son populares entre los turistas por muchas razones como su geografía, su cultura y las oportunidades deportivas. Sería imposible resumir en un artículo breve la gran diversidad de lugares de interés del mundo hispano. Por eso vamos a hablar de solo tres destinos turísticos poco conocidos entre los turistas estadounidenses.

> Los países hispanos son populares entre los turistas.

Bariloche, Argentina

Esta ciudad está en la Patagonia argentina, en una zona montañosa. Casi inmediatamente después de su fundación empezaron a llegar los primeros turistas, pero fue con la llegada de los **ferrocarriles** en 1934 que se hizo popular. En esta época los turistas empezaron a practicar deportes de invierno como el esquí y el snowboard.

railways

Hoy en día Bariloche es una hermosa ciudad turística, **rodeada de paisajes** increíbles, ideal para practicar deportes de invierno y para hacer numerosas actividades como ir de excursión, visitar museos, montar a caballo y practicar el rafting.

surrounded by landscapes

Cartagena, Colombia

Cartagena es una ciudad especial por muchas razones. Su centro histórico fue declarado Patrimonio de la Humanidad por la UNESCO en 1985. Durante la época colonial se guardaban **el oro** y otros tesoros en Cartagena antes

gold

de **embarcarlos** a España. En consecuencia, la ciudad prosperó mucho, pero también sufrió ataques frecuentes de piratas. Por eso casi toda la ciudad estaba rodeada por 19 kilómetros de **murallas** que la protegían.

Cartagena fue también el principal **puerto** al que llegaron los **esclavos** de África, lo que explica el rico **legado** cultural de ritmos y arte africanos que hay en la región.

Ahora Cartagena es el puerto de exportación más importante de Colombia. Le ofrece al turista una bellísima ciudad histórica, hoteles de primera clase, una **gastronomía** única, museos de interés y una vida nocturna espectacular.

sending them

walls
port
slaves
legacy

cuisine

El Sunzal, El Salvador
Para los amantes de surfear, El Sunzal es un nombre **mundialmente reconocido**. La industria del turismo está **desarrollándose** muy rápidamente en El Salvador. Este país ofrece de todo. Tiene bellas playas, volcanes y montañas, parques nacionales y oportunidades para hacer ecoturismo. Tiene además atracciones históricas como Joya de Cerén, una comunidad que fue **cubierta** por una erupción volcánica en el año 600 antes de Cristo.

recognized worldwide
developing

covered

Comprensión

1. ¿Dónde está Bariloche y cuándo se hizo popular?
2. Aparte de los deportes invernales, ¿qué otras actividades ofrece Bariloche?
3. ¿Por qué fue Cartagena importante durante la época colonial?
4. ¿Cuáles son los atractivos de El Salvador para los turistas?

Después de leer

Piensa en una ciudad interesante que visitaste alguna vez. Escribe una lista de las características especiales de esta ciudad. Comparte tu lista con un compañero. Después suban sus ideas con la clase y lean las ideas de otros compañeros.

El señor y la señora Buendía acaban de llegar a su hotel en Bogotá. Se van a quedar cuatro días y esperan tener unas vacaciones fabulosas.

el alojamiento	lodging	el (la) turista	tourist
la clase turista	economy class	de lujo	luxurious
disponible	available		
el (la) gerente	manager	**Verbos**	
la habitación	single / double /	alojarse	to lodge; to stay
sencilla /	triple room		(in a hotel)
doble / triple		bajar	to go down; to take
el wifi / Internet	wireless Internet		(something) down
inalámbrico		pagar	to check out
la sala de	conference	(y marcharse)	
conferencias	center	quedarse	to stay
el servicio a la	room service	registrarse	to check in
habitación		subir	to go up; to take (something) up

INVESTIGUEMOS EL VOCABULARIO

In Latin America, a hotel maid is called **la camarera** or **la mucama**. In Spain, however, **la camarera** is a waitress.

Also, in several South American countries, the verb **cancelar** is used instead of **pagar** to mean to pay.

A practicar

4.23 🔊 **Escucha y responde** Vas a escuchar cinco comentarios. Decide si los dice el recepcionista o el huésped.

1. ...   2. ...   3. ...   4. ...   5. ...

4.24 **En el hotel** Completa las oraciones con las palabras del vocabulario que aparecen abajo. No necesitas usarlas todas.

alojamiento	huéspedes	ascensor	sauna	centro de negocios
recepción	recepcionista	botones	habitación	camarera

1. Para entrar en nuestra _____ necesitamos una llave.

2. Cuando llegamos a un hotel, hablamos con el _____.

3. El _____ es la persona que lleva nuestras maletas a la habitación.

4. Los _____ de la habitación 415 desean pedir un taxi.

5. Nuestra habitación está en el décimo *(tenth)* piso. ¿Hay _____? Preferimos no usar las escaleras porque tenemos muchas maletas.

6. ¡Qué habitación tan limpia! Debemos recordar darle una buena propina a la _____.

4.25 **Relaciona las palabras** Empareja las palabras de la primera columna con las palabras de la segunda. Después comparen sus respuestas con las de un compañero y expliquen la relación entre las dos palabras. Algunas palabras pueden tener más de una posible pareja.

Modelo la toalla
  la camarera
  La camarera trae las toallas a la habitación.

1. la habitación   **a.** el recepcionista
2. el botones   **b.** la puerta
3. el ascensor   **c.** el sauna
4. la recepción   **d.** las maletas
5. el baño   **e.** las escaleras
6. la llave   **f.** sencilla
7. el huésped   **g.** la camarera

4.26 **Entrevista** En parejas conversen sobre las siguientes preguntas.

1. ¿Te alojaste alguna vez en un hotel? ¿Por qué te quedaste en ese *(that)* hotel? ¿Quién pagó?

2. En tu opinión, ¿quién tiene el trabajo más difícil en un hotel (el recepcionista, el botones, el gerente o el camarero)? ¿Por qué?

3. En tu opinión, ¿qué servicios o artículos son muy importantes en una habitación? ¿Y en el hotel?

4.27 **¿Qué hotel elegir?** Tu compañero y tú están planeando unas vacaciones en Costa Rica y hablan por teléfono para elegir *(choose)* un hotel. Hay solamente dos hoteles que tienen habitaciones disponibles. Uno de ustedes va a mirar la información en esta página y el otro debe mirar el **Apéndice B.** Pregúntense sobre los servicios y decidan al final en qué hotel van a quedarse.

Hotel Monteverde Natural

Descripción:	20 habitaciones disponibles, independientes y rodeadas de jardines
Servicios:	baño privado, agua caliente, televisor en todas las habitaciones, vista al Parque Nacional. Desayuno continental incluído en el precio.
Precio:	120.000 colones (habitación doble)
Notas:	Para acceder a las habitaciones se debe caminar por senderos y subir escalones. No hay servicio de botones.

Cultura

En España existen hoteles muy originales que se llaman paradores. Los paradores son hoteles ubicados *(located)* en castillos, monasterios, fortalezas *(forts)* u otros edificios históricos. De esta manera los españoles conservan sus monumentos nacionales y artísticos y los convierten en una atracción turística. Los paradores son relativamente económicos y tienen un estándar de servicio muy alto. Un parador muy famoso es el Parador San Francisco, en Granada. El edificio data del *(dates back to)* siglo *(century)* XIV, y sirvió como convento en el siglo XV. Este parador también tiene la clasificación de Parador Museo.

Busca información sobre otro parador en España en Internet y responde las siguientes preguntas.

> ¿Qué tipo de edificio histórico es?
> ¿Qué servicios ofrece?
> ¿Cuánto cuesta?

Investiga en Internet sobre otros paradores de España. Después imprime una foto y escribe una descripción breve del parador para compartir con la clase. De la información que trajeron tus compañeros, explica qué parador te gusta más y por qué.

El Parador San Francisco en Granada, España

White Star / Monica Gumm/imageBROKER/AGE Fotostock

Comparaciones

Los hoteles no siempre son una opción disponible cuando se quiere visitar lugares remotos o diferentes. Por ejemplo, los visitantes que desean pasar la noche en las islas artificiales de los Uros en el lago Titicaca, en Perú, deben pasar la noche con una familia en una casa hecha de totora, la planta con la que también están hechas *(made)* las islas.

Para otra visita excepcional, es posible alojarse en las cuevas *(caves)* Pedro Antonio de Alarcón, en Granada, España. Hoy en día cada cueva es un apartamento con una cocina, un dormitorio y un baño. Algunas cuevas tienen incluso *(even)* un lujoso jacuzzi o chimenea.

Otro hotel poco usual es el Hotel de Sal en el Salar de Uyuni en Bolivia. Este hotel está hecho completamente de sal, incluyendo todos los muebles *(furniture)* del hotel.

¿Sabes de hoteles poco convencionales en los Estados Unidos? ¿Por qué son diferentes y dónde están?

Hotel de Sal en el Salar de Uyuni, Bolivia

Alberto Loyo/Shutterstock.com

Conexiones... a la economía

En muchos países donde se habla español el turismo es importante para la economía. Algunos países son atractivos por sus monumentos, su historia o sus playas, pero Costa Rica destaca *(stands out)* por otra razón. Este país ofrece un tipo de turismo responsable o "verde", conocido como ecoturismo. Además, los turistas pueden disfrutar del clima cálido, la biodiversidad y las maravillas naturales. Costa Rica tiene una enorme cantidad de especies de plantas y animales. A pesar de su tamaño *(Despite its size)*, Costa Rica recibe al año más de dos millones de visitantes. ¡Eso es más de la mitad *(half)* de su población! ¿Hay alguna actividad que te gustaría hacer en los bosques de Costa Rica?

El turismo es muy importante para la economía de Costa Rica.

Mira las imágenes de **Exploraciones del mundo hispano** en el **Apéndice A.** ¿Hay algún elemento natural que te llama la atención *(draws your attention)*? ¿Qué paisaje *(landscape)* quieres visitar?

Comunidad

Imagina que abres un hotel en un país hispano. Diseña un folleto *(brochure)* en español para promoverlo. Incluye información sobre los servicios y el costo en la moneda local *(local currency)*. ¿Cuáles son las atracciones turísticas? Comparte tu folleto con la clase.

A analizar ▶

Rosa y Paula se quedaron en un hotel y Rosa está haciendo su maleta. Mira el video. Después lee su conversación, observa las formas de los verbos en negrita y contesta las preguntas.

Rosa:	Necesito mis zapatos rojos. **Mira** debajo de la cama, por favor.
Paula:	No están aquí.
Rosa:	¿Ay, dónde pueden estar?
Paula:	¡Los encontré!
Rosa:	¡Ay, qué bueno!
Paula:	**Toma... Espera,** no la **cierres.** Aquí está tu pañuelo.
Rosa:	¡Ay, gracias, Paula! Ya estoy lista. **Llama** al botones, por favor. ¡Mi maleta pesa mucho!
Paula:	Ay, Rosa, tú y tus zapatos. ¡La próxima vez no **traigas** tantos zapatos!

In the conversation above, the informal (**tú**) commands are in bold.

1. How are the affirmative commands formed?
2. How are the negative commands formed?

A comprobar

Informal commands

1. Informal commands are used with people you would address with **tú.** To form the affirmative informal commands, use the third person singular (**él/ella**) of the present tense.

infinitive	affirmative *tú* command
bajar	baja
correr	corre
subir	sube

Llama el hotel para hacer una reservación.
Call the hotel to make a reservation.

Pide* servicio a la habitación.
Ask for room service.

*Notice that stem-changing verbs keep their changes in the informal command forms.

2. The following verbs have irregular forms for the affirmative informal commands.

decir	**di**	salir	**sal**
hacer	**haz**	ser	**sé**
ir	**ve**	tener	**ten**
poner	**pon**	venir	**ven**

Haz la cama, por favor.   *Make the bed, please.*

3. When forming negative informal commands use the formal **usted** commands and add an **-s.**

infinitive	usted command	negative *tú* command
ayudar	**ayude**	**no ayudes**
poner	**ponga**	**no pongas**
conducir	**conduzca**	**no conduzcas**
decir	**diga**	**no digas**
ir	**vaya**	**no vayas**

No dejes la llave en la puerta.
Don't leave the key in the door.

No cuelgues las toallas sucias.
Don't hang up the dirty towels.

4. In Spain, **ustedes** commands are formal. To give commands to two or more friends or family members, the Spanish use the informal **vosotros** commands. **Vosotros** affirmative commands are formed by dropping the **-r** from the infinitive and replacing it with a **-d**. Negative commands are formed by using the stem of the **usted** commands and adding the **vosotros** ending (**-éis, -áis**).

infinitive	affirmative *vosotros* command	negative *vosotros* command
cerrar	cerr**ad**	**no cerréis**
hacer	hac**ed**	**no hagáis**
ir	**id**	**no vayáis**

A practicar

4.28 **¿Lógico o ilógico?** La familia Domínguez está de viaje y se queda en un hotel. Lee los siguientes mandatos que la señora Domínguez le da a su hijo de 5 años y decide si son lógicos o no. Corrige los mandatos ilógicos.

1. No hagas mucho ruido *(noise)*.
2. Salta en la cama.
3. Busca tu traje de baño para ir a la piscina.
4. No corras por el pasillo.
5. Ve a la recepción por toallas.
6. Pierde la llave.
7. No duermas en la cama.
8. No juegues en el ascensor.

4.29 **La nueva empleada** Íngrid tiene un nuevo trabajo como camarera en un hotel. Gabino, otro camarero, le da consejos sobre lo que debe y no debe hacer. Escribe los mandatos informales necesarios para completar las recomendaciones de Gabino.

1. _____ (Llegar) al trabajo a tiempo.
2. _____ (Saludar) a los huéspedes en los pasillos.
3. _____ (Dejar) abierta *(open)* la puerta mientras limpias la habitación.
4. _____ (Hacer) la cama antes de limpiar el cuarto.
5. _____ (Recoger) las toallas sucias para lavarlas.
6. _____ (Poner) toallas limpias en el baño todos los días.
7. No _____ (abrir) las maletas de los huéspedes.
8. No _____ (comer) en las habitaciones.
9. No _____ (entrar) a la habitación sin tocar *(to knock)*.
10. No _____ (hablar) por celular durante las horas de trabajo.
11. No _____ (traer) comida a las habitaciones.
12. No _____ (salir) del trabajo temprano.

4.30 **Te lo pido** Habla con ocho compañeros diferentes y usa mandatos para pedirles que hagan una de las siguientes actividades.

1. saltar como un conejo *(rabbit)*
2. cerrar los ojos
3. escribir su nombre en la pizarra
4. contar hasta veinte en español
5. bailar
6. dibujar una flor
7. subir un pie
8. apagar y encender la luz

4.31 **Un conflicto moral** Cuando tomamos decisiones, a veces hay un conflicto en la conciencia. En parejas túrnense para hacer los papeles *(play the roles)* de la conciencia.

Modelo Estudiante 1 (el diablo): *¡Toma el dinero!*
Estudiante 2 (el ángel): *¡No tomes el dinero!*

1.

2.

3.

4.

5.

6.

4.32 **Tengo un problema** Trabaja con un compañero para dar dos mandatos informales lógicos (uno afirmativo y otro negativo) para cada una de las siguientes situaciones.

1. Tu hermano nunca se despierta a tiempo para ir a la escuela.

2. Una amiga tiene problemas con su hermana.

3. A un amigo no le gusta ir a la escuela.

4. Tu hermano quiere hacer un viaje, pero no sabe adónde ir.

5. Un compañero de clase recibe malas notas en los exámenes de español.

6. Una amiga quiere competir en un maratón.

7. Un amigo tiene dolor de cabeza *(headache)*.

8. Un vecino *(neighbor)* siempre tiene fiestas hasta las 3 de la mañana.

A analizar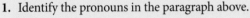

Rosa y Paula se quedaron en un hotel y Rosa está haciendo su maleta. Mira el video otra vez. Después lee parte de su conversación y observa los mandatos en negrita y la posición de los pronombres.

Rosa:	**Ayúdame,** ¿sí?
Paula:	Claro. ¿Qué necesitas?
Rosa:	Necesito mis zapatos rojos. Mira debajo de la cama, por favor.
Paula:	No están aquí.
Rosa:	¿Ay, dónde pueden estar? **Búscalos** en el baño.
Paula:	¡Los encontré!
Rosa:	¡Ay, qué bueno! **Dámelos,** por favor.
Paula:	Toma…. Espera, **no la cierres.** Aquí está tu pañuelo.

1. Identify the pronouns in the paragraph above.
2. Where are the pronouns in relation to the verbs?

A comprobar

Commands with pronouns

1. When using affirmative commands, the pronouns are attached to the end of the verb.

   Ponla en el armario.   **Hazlo** ahora mismo.
   Put it in the closet.   *Do it now.*

2. When using negative commands, the pronouns are placed directly before the verb.

   Compra los chocolates, pero **no los comas.**
   *Buy the chocolates, but **don't eat them.***

   Es mi suéter; **no te lo pongas.**
   *It's my sweater; **don't put it on.***

   Cerrad vuestras maletas; **no las dejéis** abiertas.
   *Close your suitcases; **don't leave them** open.*

3. When adding the pronoun(s) creates a word of three or more syllables, an accent is added to the syllable where the stress would normally fall.

lava	lávalos
limpia	límpiala
da	dámelo

   Hagan las maletas y **pónganlas** en el coche.
   *Pack the suitcases and **put them** in the car.*

   Busca la llave y **tráemela.**
   *Look for the key and **bring it to me.***

INVESTIGUEMOS LA ORTOGRAFÍA

When the pronoun **nos** follows a plural command, there is not a double **n.**
¿Les ayudamos con las maletas?
Sí, **ayúdenos** por favor.

A practicar

4.33 **¿Te ayudo?** Ana y su tía están de vacaciones en un hotel. Ana le hace varias preguntas a su tía. Escoge la respuesta lógica.

1. ¿Pongo tu maleta allí *(there)*?
2. ¿Pido más toallas?
3. ¿Cierro la puerta?
4. ¿Pongo las llaves allí?
5. ¿Cierro tus maletas?
6. ¿Pido servicio a la habitación?

a. Sí, ciérrala.
b. No, no las cierres.
c. Sí, ponla allí.
d. No, no las pongas allí.
e. Sí, pídelo.
f. No, no las pidas.

4.34 **De salida** Félix y Óscar tienen que salir del hotel. Félix ya está listo pero Óscar no. Completa lo que dice Félix con el mandato informal y el pronombre de los verbos entre paréntesis.

¡Óscar! ¡**(1)** _____ (Despertarse)! Tenemos que salir del hotel en 30 minutos.

¡Mira! Toda tu ropa está en el piso. **(2)** _____ (Recogerla) y **(3)** _____

(ponerla) en tu maleta. Tu cepillo de dientes y tu desodorante están en el baño; no

(4) _____ (olvidarlos). Y tus zapatos, ¿dónde están? No **(5)** _____

(dejarlos); **(6)** _____ (buscarlos) debajo de la cama. ¡No **(7)** _____

(mirarme) así! ¡Vamos, **(8)** _____ (levantarse)! ¡Tenemos prisa!

4.35 **El gerente** Imagina que trabajas como gerente de un hotel. Contesta las preguntas de tus empleados usando mandatos formales y los pronombres apropiados.

Modelo ¿Tengo que sacar la basura?
Sí, sáquela ahora. / No, no la saque ahora, puede sacarla más tarde.

La camarera

1. ¿Tengo que hacer las camas?
2. ¿Qué hago con las toallas sucias?
3. ¿Dónde pongo las toallas limpias?
4. ¿Está bien si tomo vacaciones este mes?

El botones

5. ¿Ayudo a estos *(these)* huéspedes?
6. ¿Dónde pongo las maletas de los huéspedes?
7. ¿Les llevo la comida a los huéspedes?
8. ¿Está bien si bebo un café ahora?

4.36 **¿Qué dicen?** Usa los verbos indicados en forma de mandato formal o informal y los pronombres apropiados para decir lo que las personas quieren en cada ilustración.

Modelo hacer → *Hágala.*

1. llevar, subir

2. apagar *(to shut off),* no mirar

3. limpiar, colgar

4. poner, abrir

5. secarse, vestirse

6. tomar, divertirse

4.37 **Consejos** En parejas túrnense para pedir y dar consejos (*advice*). Contesten las preguntas con mandatos informales y los pronombres necesarios.

Modelo Roberto dejó su MP3 en mi casa. ¿Le devuelvo (*to return*) el MP3?
Estudiante 1: *Roberto dejó su MP3 en mi casa. ¿Le devuelvo el MP3?*
Estudiante 2: *Sí, devuélveselo. / No, no se lo devuelvas.*

1. Encontré el diario de mi novia. ¿Lo leo?
2. Puedo obtener las respuestas para el examen de matemáticas. ¿Las obtengo?
3. El jueves es el cumpleaños de Patricia y hay una gran fiesta. Tengo un examen en la clase de biología el viernes. ¿Estudio biología?
4. Mañana voy de compras con una amiga y ella me pidió $25 para comprar una blusa. Yo tengo $50. ¿Le presto el dinero?
5. Tengo que comprar un regalo para mi abuela, pero quiero comprar una nueva camisa para mí. No tengo dinero para los dos. ¿Me compro la camisa?
6. Rafael quiere copiar mi tarea para la clase de inglés. ¿Le doy mi tarea?

4.38 **Cuida la casa** Un vecino (*neighbor*) se va de vacaciones por dos semanas y tú vas a cuidar su casa. Túrnate con un compañero para preguntar sobre las responsabilidades en la casa y para responder usando el mandato informal y los pronombres necesarios.

Modelo el gato
Estudiante 1: *¿Le doy de comer al gato?*
Estudiante 2: *Sí, dale de comer.*

1. el césped	3. el pájaro	5. el correo	7. las ventanas
2. las plantas	4. los perros	6. el periódico	8. las luces

4.39 En parejas imagínense que son amigos que están de viaje y llegan a un hotel. Usen mandatos para decirle al otro lo que debe o no debe hacer. Vean la foto de abajo para inspirarse.

Kumar Sriskandan/Alamy Stock Photo

Lectura

Antes de leer

Aparte de los hoteles ¿qué diferentes tipos de alojamiento conoces? ¿Por qué unos tipos de alojamiento son más caros que otros?

A leer

¿Dónde quedarse: hoteles, moteles, pensiones o albergues?

to choose

comfort

Cuando es hora de **elegir** un hotel, muchas veces pensamos primero en el costo. Sin embargo, hay que considerar otros factores importantes como la privacidad y la **comodidad.** Entender la clasificación internacional puede ayudarnos a mejor seleccionar nuestro alojamiento.

Hoteles: Un hotel es un edificio entero con habitaciones para los turistas. El precio depende del lujo y de los servicios que se ofrecen. Casi todos los países clasifican los hoteles con un sistema de cinco **estrellas.** Los hoteles de cuatro y cinco estrellas siempre tienen aire acondicionado y **calefacción** en las habitaciones. Además tienen tiendas, buenos restaurantes y otras **instalaciones de calidad.** Un hotel de cinco estrellas tiene habitaciones grandes, pero un hotel de una

stars

heat

high quality facilities

Un hotel de lujo en El Salvador

Andre Nantel/Shutterstock.com

Although

[mientras más estrellas tiene un hotel, es mejor]

estrella tiene habitaciones muy pequeñas. **Aunque** la mayoría de los países usan el sistema de estrellas para catalogar los hoteles, hay diferencias de un país a otro. Algunos países usan categorías adicionales como "Gran Turismo", "Diamante" o "Turismo Mundial" para distinguir los hoteles más lujosos y exclusivos.

Moteles: En general, los moteles están situados fuera de las grandes ciudades y cada habitación tiene una entrada independiente. Las áreas comunes (salones, comedores, etcétera) son más pequeñas que las de los hoteles.

Hostales y pensiones: Los hostales y pensiones no **cumplen con** requisitos de los hoteles. Generalmente no tienen habitaciones grandes ni un restaurante. **Sin embargo,** siempre tienen agua caliente, recepción, un salón social con televisión, y un mínimo de un baño por cada cinco habitaciones.

Albergues juveniles: Uno de los alojamientos más económicos son los albergues juveniles. **Pese a** su nombre, no son solamente para jóvenes. Personas de todas las **edades** pueden alojarse allí. Generalmente ofrecen literas en cuartos para varias personas, y a veces uno debe traer sus propias **sábanas.** Generalmente hay una cocina para el uso de los huéspedes y, sobre todo, hay muchas oportunidades para conocer a personas de otros países. Los albergues casi siempre tienen también un salón de TV, biblioteca, sala de estar y cuarto de **lavandería.**

meet

Nevertheless

Despite

ages

sheets

laundry

J.D. Dallet/age fotostock

Un hostal en España

Comprensión

Decide si las oraciones son ciertas o falsas. Corrige las afirmaciones falsas.

1. Los hoteles de tres estrellas siempre tienen aire acondicionado.
2. Cinco estrellas es la clasificación más alta que hay.
3. Los hostales y pensiones ofrecen baños privados en cada habitación.
4. La única diferencia entre los moteles y los hoteles es el precio.
5. Los albergues juveniles no son solamente *(only)* para jóvenes.

Después de leer

Imagina que tu compañero y tú van a viajar a un país hispanohablante. En Internet o en una guía turística, busquen un ejemplo de cada uno de los siguientes alojamientos: un hotel, un motel, un hostal o una pensión y un albergue juvenil. Lean los detalles de cada alojamiento y escriban una lista de las ventajas *(advantages)* de cada uno. Decidan en cuál prefieren quedarse y expliquen por qué.

▶ Video–viaje a...
El Salvador

Antes de ver

El Salvador le ofrece mucho al visitante. Es famoso por sus volcanes y los parques nacionales donde puedes visitarlos. San Salvador, la capital, es una ciudad grande y moderna y tiene el estadio más grande de Centroamérica.

4.40 **¿Ya sabes?**

1. El Salvador está en _____.
   - ☐ Europa
   - ☐ El Caribe
   - ☐ Sudamérica
   - ☐ Centroamérica
2. ¿Cierto o falso?
   a. El Salvador es el país más grande de Centroamérica.
   b. El Salvador no tiene volcanes activos.
3. ¿Qué tradición, imagen o persona asocias con El Salvador?

4.41 **Estrategia**

A good strategy for viewing a video in Spanish is to focus on getting the main idea of the segment (or of each of its parts). Don't try to understand every word; just try to get the gist of each scene. What might be the main idea behind the following things?

1. el volcán
2. el estadio
3. el Palacio Nacional
4. el Teatro Nacional

Al ver

4.42 **Escoge** Mira el video y escoge la respuesta correcta.

1. El Salvador es el país más pequeño de _____.
   a. Sudamérica   b. Norteamérica   c. Centroamérica
2. El monumento al Divino Salvador del Mundo es un símbolo _____.
   a. nacional   b. regional   c. de la Independencia
3. Panchimalco es un pueblo _____.
   a. moderno   b. indígena   c. abandonado
4. El Lago de Coatepeque es ideal para los _____.
   a. deportes de pelota   b. deportes acuáticos
   c. deportes de invierno
5. En el Parque Nacional Cerro Verde puedes ver _____.
   a. volcanes   b. un desierto   c. ruinas mayas

4.43 **Escribe** Completa las oraciones con la respuesta correcta.

1. En el Palacio Nacional hay _____ habitaciones y cuatro salones.
2. En el Teatro Nacional puedes ver _____, teatro y danza contemporánea.
3. Puedes comprar artesanía salvadoreña en el _____ Ex Cuartel.
4. Cerro Verde es un _____ extinto.

Vocabulario útil

el arzobispo *archbishop*
el bosque nublado *cloud forest*
la caminata *long walk; hike*
los derechos humanos *human rights*
emocionante *exciting*
la flora y fauna *wildlife*
el paisaje *landscape, scenery*
poblado(a) *populated*
el salón *hall*
la tumba *tomb*

Después de ver

4.44 **Expansión**

Paso 1 Mira la sección sobre El Salvador en **Exploraciones del mundo hispano** y lee **Investiga en Internet**. Escoge uno de los temas que te interesa.

Paso 2 Busca información en Internet. Debes usar una fuente *(source)* relevante.

Paso 3 Usando la información que encontraste en Internet, escribe un resumen de 3–5 oraciones en español. Comparte la información con tus compañeros.

4.45 **¿Qué tiene que hacer?** Trabajas en un hotel y hay un nuevo empleado. Dile lo que tiene que hacer usando mandatos formales.

Modelo subir → *Suba las toallas extras a la habitación.*

1. llegar
2. ser
3. llevar
4. colgar
5. hacer
6. lavar
7. poner
8. ayudar

Robert Kneschke/Shutterstock.com

4.46 **Sugerencias** Un amigo va a viajar en avión por primera vez. Completa las sugerencias para él usando los mandatos informales. **¡OJO!** Hay mandatos afirmativos y negativos.

1. No _____ (tener) miedo.
2. _____ (Sentarse) al lado de la ventanilla.
3. _____ (Poner) los líquidos en el equipaje que vas a facturar.
4. No _____ (llegar) tarde al aeropuerto.
5. _____ (Ir) a la sala de espera después de conseguir el pase de abordar.
6. No _____ (levantarse) durante el despegue.
7. _____ (Beber) mucha agua durante el vuelo.
8. Si es posible, _____ (dormir) durante el vuelo.
9. No _____ (traer) mucho equipaje de mano.
10. _____ (Llevar) comida si vas a tomar un vuelo largo.

4.47 **La recepcionista** Usa las palabras **donde, que** y **quien(es)** para formar una oración, incorporando la segunda oración a la primera.

Modelo Hay muchas personas. Esas personas se quedan en el hotel.
Hay muchas personas que se quedan en el hotel.

1. Hay una nueva recepcionista en el hotel. Yo trabajo en el hotel.
2. La mujer se llama Florinda. El gerente contrató a la mujer.
3. Florinda tiene mucha experiencia. Consiguió la experiencia en un centro turístico.
4. Hay otro recepcionista. Ella va a trabajar con el otro recepcionista.
5. Ella va a ayudar a las personas. Las personas llegan al hotel.
6. A ella le gusta hablar con los huéspedes. Los huéspedes vienen de diferentes partes del mundo *(world)*.

4.48 **Al viajar** Entrevista a un compañero con las siguientes preguntas.

¿Alguna vez viajaste en tren?

1. ¿Con qué frecuencia viajas?
2. ¿Prefieres viajar en avión o en coche? ¿Por qué?
3. ¿Alguna vez viajaste en tren? ¿Adónde fuiste?
4. ¿Vale la pena (*Is it worth it*) pagar más para viajar en primera clase?
5. ¿Qué haces para pasar el tiempo durante el viaje?
6. ¿Te sientes nervioso(a) antes de viajar? ¿Por qué?
7. ¿Prefieres visitar lugares turísticos, o lugares poco conocidos? ¿Por qué?

4.49 **En la agencia de viajes** Trabaja con un compañero. Uno de ustedes es el agente de viajes y mira la información en esta página. El otro es el cliente y mira la información en el **Apéndice B**. El cliente llama al agente de viajes para comprar un boleto. El agente de viajes debe intentar encontrar el mejor boleto para el cliente.

> **El agente de viaje**
> Los siguientes asientos para Santiago, Chile, están disponibles (*available*):
>
> - Vuelo 514–Sale el jueves a la 1:00 de la tarde con una escala en Caracas, y llega a las 11:15 de la noche. Hay un asiento en el pasillo. ($675)
>
> - Vuelo 386–Sale el jueves a las 8:20 de la mañana directo a Santiago, y llega a las 4:05 de la tarde. Hay un asiento en la ventanilla. ($750)
>
> - Vuelo 624–Sale el miércoles a las 2:45 de la tarde directo a Santiago, y llega a las 10:30 de la noche. Hay un asiento en la ventanilla. ($775)

4.50 **Un compañero de viaje** En parejas decidan si pueden viajar juntos (*together*).

Paso 1 Decide qué importancia tiene lo siguiente cuando viajas.

    1 – no es importante   2 – es importante   3 – es muy importante

una habitación separada en un hotel	el horario del vuelo
acceso a buenos restaurantes	el costo
tener una variedad de actividades planeadas	tener un guía (*guide*)

Paso 2 Escribe otros tres factores que consideras importantes cuando viajas.

Paso 3 Habla con tu compañero para saber qué considera importante. ¿Creen que pueden viajar juntos? Repórtenle a la clase su decisión y expliquen por qué.

CAPÍTULO 4

🔊 Vocabulario 1

De viaje

a tiempo	*on time*
la aduana	*customs*
el asiento	*seat*
el boleto	*ticket*
la conexión	*connection*
el equipaje	*luggage*
el equipaje de mano	*carry-on luggage*
la llegada	*arrival*

el (la) pasajero(a)	*passenger*
el pasaporte	*passport*
el pasillo	*aisle*
la primera clase	*first class*
retrasado(a)	*delayed*
la sala de espera	*waiting room*
la salida	*departure*
la segunda clase	*second class*
la ventanilla	*window*

En el aeropuerto

el aeropuerto internacional	*international airport*
el (la) agente de seguridad	*security agent*
el cinturón de seguridad	*safety (seat) belt*
la escala	*layover*
la maleta	*suitcase*
el mostrador	*counter*

el pase de abordar	*boarding pass*
la puerta (de salida)	*gate*
el reclamo de equipaje	*baggage claim*
la revisión de equipaje	*luggage screening*
la visa	*visa*
el vuelo	*flight*

En la estación de tren

el andén	*platform*
el coche cama	*sleeping car*
la litera	*bunk*
la parada	*stop*

el (la) revisor(a)	*controller*
la taquilla	*ticket window*
el vagón	*car, wagon*

Los verbos

abordar	*to board*
aterrizar	*to land*
despegar	*to take off*
doblar	*to turn*
facturar equipaje	*to check luggage*

pasar por seguridad	*to go through security*
perder (ie)	*to miss (a flight, a train)*
seguir derecho	*to go straight*

◀» Vocabulario 2

El hotel

el alojamiento	*lodging*	la llave	*key*
el ascensor	*elevator*	la recepción	*reception (desk)*
el (la) botones	*bellhop*	el (la) recepcionista	*receptionist*
el (la) camarero(a)	*maid*	la sala de conferencias	*conference center*
el centro de negocios	*business center*	el sauna	*sauna*
las escaleras	*stairs*	el servicio a la habitación	*room service*
el (la) gerente	*manager*	el transporte	*transportation*
la habitación	*room*	el (la) turista	*tourist*
el (la) huésped	*guest*		
el wifi / el Internet inalámbrico	*wireless Internet*		

Verbos

alojarse	*to lodge; to stay (in a hotel)*	quedarse	*to stay*
bajar	*to go down; to take something down*	registrarse	*to register*
pagar (y marcharse)	*to check out*	subir	*to go up; to take something up*

Palabras adicionales

la clase turista	*economy class*	de lujo	*luxurious*
disponible	*available*	sencillo(a)	*single*
doble	*double*	triple	*triple*

Literatura

Courtesy of BienMeSabe

Alfonsina Storni

Biografía

Alfonsina Storni (1892–1938) nació en Suiza. Cuando tenía cuatro años su familia se mudó a Argentina, donde su padre abrió una cafetería. Después de la muerte de su padre, en 1906, Storni empezó a trabajar y escribir. Su primer libro, que contiene muchos de sus poemas más conocidos, fue publicado en 1916. Uno de los temas más frecuentes en sus poemas es el feminismo. Junto a *(along with)* Delmira Agustini, Juana de Ibarbourou y Gabriela Mistral, Storni formó parte de una generación que usaba la literatura para abogar *(advocate)* por la mujer. En 1920 recibió el Primer Premio Municipal de Poesía y el Segundo Premio Nacional de Literatura por su obra "Languidez".

Investiguemos la literatura: El simbolismo

Symbolism is the use of either an object or an action that has a deeper meaning than it's literal meaning. For example, the eagle is a symbol for the United States, and it represents freedom and strength.

Antes de leer

1. ¿Qué es el feminismo?
2. ¿Qué asocias con una "jaula" *(cage)*?

Hombre pequeñito

release / to fly

Hombre pequeñito, hombre pequeñito,
suelta a tu canario que quiere **volar**
Yo soy el canario, hombre pequeñito,
déjame saltar.

Estuve en tu jaula, hombre pequeñito,
hombre pequeñito que jaula me das.
Digo pequeñito porque no me entiendes,
ni me entenderás.

meanwhile

Tampoco te entiendo, pero **mientras tanto**,
ábreme la jaula que quiero escapar.
Hombre pequeñito, te amé media hora,
no me pidas más.

ACE STOCK LIMITED/Alamy Stock Photo

Después de leer

A. Comprensión

1. La voz poética es el canario. ¿Con quién habla? ¿Por qué le dice "pequeñito"?

2. ¿Qué representa la jaula?

3. ¿Por qué quiere escapar el canario?

B. Conversemos

1. ¿Qué emoción te produce el poema? Da ejemplos concretos de las palabras o frases que producen la emoción.

2. Imagina que vas a escribir un poema similar sobre alguien que no te entiende. ¿A quién le hablarías? ¿Qué representaría la jaula?

Oksana Shufrych/Shutterstock.com

Learning Strategy

Find ways to use your language in real-life settings

Seek out international exchange students from Spanish-speaking countries or, if possible, visit a local restaurant or shop where you may have the opportunity to initiate a conversation with native speakers of Spanish. Using the language in different social interactions will help to increase your proficiency as well as your confidence.

In this chapter you will learn how to:

- Express preferences and make comparisons
- Describe the state of objects and people
- Inform and give instructions
- Talk about unplanned occurrences

¿Es la moda arte?

Quinceañeras en La Habana

Biend Images/Getty Images

Enric ha participado en proyectos de investigación y conservación en muchas partes del mundo. Su misión de proteger los océanos y las especies que viven allí lo ha llevado *(have taken him)* a todos los rincones *(corners)* del planeta.

Vocabulario útil

el esfuerzo   *effort*

las especies   *species*

el mar   *sea*

migratorio(a)   *migratory*

el tiburón   *shark*

la tortuga   *turtle*

Uno de los principales intereses de Enric es proteger los ecosistemas marinos del planeta y desarrollar *(to develop)* nuevas maneras de conservarlos. Por eso, Enric hace excursiones a lugares remotos para hacer investigaciones científicas. Uno de sus proyectos es un estudio de tiburones cerca de la Isla de Pascua (Chile). También en Chile, con su proyecto se consiguió crear un parque marino de 150 mil km² en el área de la Isla de Pascua. En otro proyecto ayudó a incrementar *(to increase)* significativamente el tamaño *(size)* de una reserva en Costa Rica: el área de Conservación Marina Isla del Coco. La nueva reserva protege más de 300 especies de peces y otras especies marinas, entre ellas tiburones, tortugas marinas, delfines *(dolphins)* y otras especies migratorias. Enric también lidera el proyecto Mares Prístinos, que impulsa *(promotes)* la creación de áreas protegidas en los mares.

Para Enric, la ciencia puede demostrar el valor *(value)* del mar y la necesidad de protegerlo. Para mejorar *(improve)* la protección de los océanos, dice Enric, debemos darles información científica a los líderes políticos del mundo. Por eso, Enric participa frecuentemente en eventos como el Foro Económico Mundial *(World Economic Forum)*, donde en el 2008 fue nombrado un Joven Líder Global.

Para defender los mares este explorador vive ahora en Washington D.C., el lugar ideal para compartir sus estudios con los políticos. Sin embargo, para Enric es difícil vivir tan lejos del océano: "Estoy en el mar tres meses al año. Es menos de lo que me gustaría, pero para proteger el mar hay que estar en tierra *(land)*".

Source: http://www.lavanguardia.com/vida/20110712/54183897615/enric-sala-explorador-de-national-geographic.html#ixzz3qqtinH5R

MAURICIO HANDLER

Enric Sala es un biólogo marino español. Tiene un doctorado en ecología de la Universidad de Aix-Marseille, en Francia. También vivió varios años en California, donde colaboró con el Instituto Scripps de Oceanografía. Enric ha publicado más de 100 artículos científicos que se usan frecuentemente en esfuerzos de conservación.

EN SUS PALABRAS

"Ninguna organización puede salvar el océano actuando sola."

5.1 **Comprensión**

1. ¿En qué universidad estudió Enric Sala? ¿Qué estudió?
2. ¿Qué hizo cerca de la Isla de Pascua?
3. ¿Qué piensa Enric que debemos hacer con la información científica?
4. ¿Por qué vive en Washington D.C.?

5.2 **A profundizar** Investiga más acerca de Mares Prístinos. ¿En qué proyectos están trabajando ahora?

5.3 **¡A explorar más!** Investiga qué proyectos de conservación hay en los mares, océanos, ríos *(rivers)* o lagos de los Estados Unidos. Después comparte un resumen de la información con la clase.

Brian J. Skerry/National Geographic Creative

Esta semana hay buenas ofertas en los centros comerciales y muchos clientes van de compras.

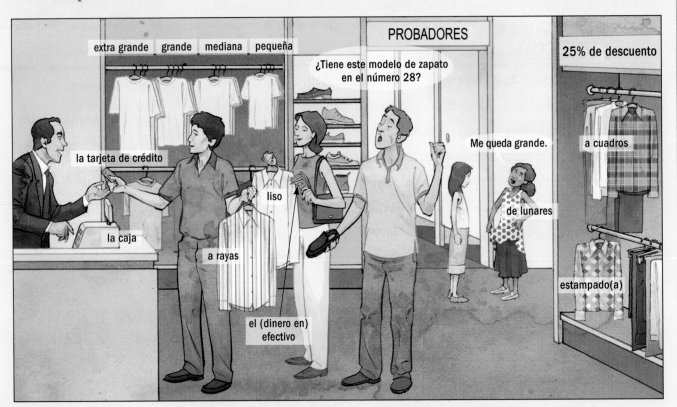

Las telas	*Fabrics*
el algodón	*cotton*
la lana	*wool*
el lino	*linen*
la mezclilla	*denim*
la piel	*leather*
la seda	*silk*

Adjetivos	
apretado(a)	*tight*
barato(a)	*cheap, inexpensive*
caro(a)	*expensive*
de marca	*name brand*

(estar) a la moda	*(to be) fashionable*
(estar) rebajado(a)	*(to be) on sale*
hecho(a) a mano	*handmade*

Verbos	
elegir (i, i)	*to choose*
hacer juego	*to match*
probarse (ue)	*to try on*
quedar	*to fit*

Expresiones útiles	
¡Qué bien te queda esa falda!	*That skirt really fits you well!*
¡Qué caros!	*How expensive!*

¡Qué color tan bonito!	*What a pretty color!*
¡Qué pantalones tan elegantes!	*What elegant pants!*
¡Qué lindos zapatos!	*What pretty shoes!*

Palabras adicionales	
la oferta	*sale (reduction of prices)*
por ciento	*percent*
la prenda	*garment*
la talla	*size (clothing)*
la venta	*sale (transaction)*

A practicar

5.4 🔊 **Escucha y responde** Vas a escuchar seis oraciones relacionadas con las compras. Indica con el pulgar hacia arriba si es lógica, y con el pulgar hacia abajo si es ilógica.

1. …   2. …   3. …   4. …   5. …   6. …

5.5 **La palabra que falta** Completa cada oración con una palabra lógica del vocabulario.

1. ¡Mira! Estas blusas están rebajadas. Tienen un _____ del 20%.

2. ¡Qué cara! Voy a necesitar mi _____ para pagar la blusa.

3. Los bluyines generalmente están hechos de _____.

4. La falda me _____ muy bien. ¡Voy a comprarla!

5. No me gustan los estampados a rayas ni a cuadros. Prefiero la ropa _____.

6. Mi sobrino es muy alto. Creo que le voy a comprar la talla _____. En cambio, mi sobrina no es muy alta ni muy pequeña; ella necesita una camiseta de talla _____.

INVESTIGUEMOS LA GRAMÁTICA

Demonstrative pronouns are used to mean *this* and *that*. **Este** is used when the item is near the speaker, **ese** is used when the item is near the person being spoken to, and **aquel** is used when it is far away from both of them. As with articles, they have feminine, masculine, and plural forms:

este estos esta estas

ese esos esa esas

aquel aquellos aquella aquellas

Este vestido es muy elegante.
This dress is very elegant.

Me gustan **esas** botas.
*I like **those** boots.*

5.6 **Una conversación desordenada** En parejas decidan el orden correcto de la conversación. Después lean el diálogo cambiando las palabras en cursivas para hacer una conversación original.

Dependiente

1. ¿Desea algo más?

2. Puede pagar en la caja, y gracias por su compra.

3. Tenemos *unos zapatos* muy *elegantes* y están rebajados.

4. Buenas tardes. ¿Puedo ayudarlo?

5. ¿Cuál es su *número*?

6. Sí, claro. ¿Cómo le quedan?

Cliente

a. Uso *el número 39 o 39 ½*.

b. No, es todo. ¿Dónde pago?

c. ¿Puedo probármelos?

d. Me quedan *bien*. ¡*Me los llevo*!

e. Sí, por favor. Busco *unos zapatos negros, formales*.

f. Muy amable, adiós.

5.7 **Conversemos** En parejas conversen y hablen de sus opiniones sobre las compras de ropa. Piensen en lo siguiente: ¿Les gusta vestir a la moda? ¿Dónde prefieren comprar ropa y por qué? ¿Qué estilos y telas prefieren? ¿Cómo prefieren pagar por sus compras? ¿Cuándo fue la última vez que fueron de compras? ¿Adónde fueron y qué compraron?

5.8 **Diferencias** Trabajen en parejas para encontrar las ocho diferencias. Uno de ustedes va a mirar la ilustración en esta página y el otro va a mirar el dibujo en el **Apéndice B.** Túrnense para describir la escena y encontrar las diferencias.

INVESTIGUEMOS LA MÚSICA

"Bazar" is a song by Flans, a Mexican pop group made up of three women. Find the song online and listen to it. What items of clothing is the woman looking for? What happens afterwards?

Cultura

En todo el mundo existen grupos étnicos y culturales que pueden reconocerse por la ropa que visten. Las cholitas, mujeres indígenas bolivianas, forman uno de estos grupos. Según parece, la historia de las cholitas comenzó durante la Colonia, cuando muchas mujeres indígenas inmigraron a las ciudades. Estas mujeres querían adaptarse a la vida de la ciudad y comenzaron a vestirse según la moda europea típica de esos tiempos, usando sombrero de bombín. Otros elementos de la vestimenta de las cholas eran la pollera (falda), la blusa, la manta (*poncho*) y las botas negras. La moda de las mujeres europeas cambió mucho con los años, pero las cholitas siguen vistiendo esta ropa, con pocos cambios.

¿Conoces otros grupos de personas que sean fácilmente reconocibles por su ropa? ¿Quiénes son? ¿Qué ropa llevan? ¿Hay algún grupo semejante en tu área geográfica?

Elige un país hispano e investiga en Internet sobre trajes tradicionales de ese país. Luego comparte la información y una foto con la clase.

Cholitas de Bolivia

Comunidad

No todas las personas tienen la ropa que necesitan. Organízate con otros estudiantes para donar ropa a una institución de caridad (*charity*) que se encargue de distribuirla a personas necesitadas. Crea un volante (*flyer*) para anunciar la campaña (*drive*).

Se puede donar ropa a personas que la necesiten.

Comparaciones

Vestirse apropiadamente es un concepto relativo porque depende del lugar donde está una persona, de su edad e incluso de su religión. Una persona puede estar vestida apropiadamente con unos pantalones cortos y una camiseta si está en la playa, pero la misma combinación no es apropiada en una iglesia, o en una oficina.

Aunque se deben evitar las generalizaciones, los jóvenes en países hispanos prefieren llevar ropa cómoda como bluyines y combinarla con ropa más formal.

Estudiantes en Argentina

En grupos contesten las siguientes preguntas.

1. ¿Qué ropa llevan los estudiantes de la fotografía? ¿Es similar o diferente a la ropa que llevan los estudiantes en tu escuela? Explica cualquier diferencia.

2. ¿Creen que es importante la moda en su escuela? ¿Por qué? Den ejemplos concretos.

3. ¿Les gusta comprar ropa? ¿Compran ropa de moda o de marcas prestigiosas?

4. ¿Qué ropa es apropiada para estudiar en su escuela? ¿Hay reglas sobre la ropa que pueden llevar?

Conexiones... al diseño

¿Puedes nombrar a cinco diseñadores famosos? Carolina Herrera es una diseñadora venezolana que se distingue por su buen gusto para vestir. No fue hasta 1980, cuando ya tenía cuarenta años, que Herrera decidió iniciarse como diseñadora.

La siguiente es una lista de otros diseñadores hispanos. Algunos de ellos son muy populares en los Estados Unidos. ¿Los conoces?

- Óscar de la Renta
- Paloma Picasso
- Roberto Giordano
- Ángel Sánchez
- Ágatha Ruíz de la Prada
- Esteban Cortázar
- Narciso Rodríguez

Un desfile de moda en Nueva York con los diseños de Carolina Herrera en

Busca la biografía y algunos de los diseños de uno de estos diseñadores. Después comparte la información en clase con algunas fotos de los diseños. ¿Te gustan los diseños? ¿Por qué?

A analizar ▶

Paula acompaña a Rosa a la tienda para buscar un traje.
Mira el video. Despúes lee parte de su conversación y
observa los verbos en negrita.

Paula:	En esta tienda **se venden** trajes de buena calidad a buen precio.
Rosa:	Este traje **se ve** muy bonito y está rebajado.
Paula:	¡Qué bien! Debes probarte ese. Busca una blusa que combine con él. Mira este traje. **Se puede** combinar con una blusa azul claro.
Rosa:	¡Me gusta!
Paula:	Bueno, ya tienes un traje. Ahora lo que más te gusta... vamos a buscar zapatos.
Rosa:	¡Ay, sí! ¡Ya sé donde **se venden** los mejores zapatos!

1. In what singular and plural forms (person) are the verbs conjugated?

2. What pronoun is used in all of the highlighted verbs? Does the pronoun
   have a reflexive meaning like the verbs **sentarse** and **lavarse**?

3. Look again at the verb forms. How do you decide whether to use the singular
   or the plural form?

A comprobar

Passive **se** and impersonal **se**

1. The pronoun **se** is used to express actions with
   an unknown or unimportant subject. The verb is
   conjugated in the third person form. The singular form
   is used with singular nouns and the plural form with
   plural nouns. Notice that the subject can either precede
   or follow the verb.

   > En esa tienda no **se aceptan** tarjetas de crédito.
   > *In that store credit cards **are not accepted**.*

   > Esta ropa **se hace** en Guatemala.
   > *This clothing **is made** in Guatemala.*

2. In English, when the subject of a sentence is not a
   specific person, we use constructions like "People
   think . . ." or "One does . . .". In Spanish, general
   statements like these are made with the pronoun **se**
   plus verb.

   > **Se dice** que no es necesario pagar mucho para
   > tener ropa bonita.

   > ***People say** that it is not necessary to pay a lot to
   > have nice clothing.*

   > En la clase **se aprende** sobre los tejidos de la gente
   > indígena.
   > *In the class **you learn** about the weavings of the
   > indigenous people.*

   > **Se ve** que ella sabe vestirse bien.
   > ***One can see** that she knows how to dress well.*

3. When using a verb such as **deber** or **poder** that is
   followed by an infinitive and a noun, the verb agrees
   with the noun because it is the subject. If there is no
   noun, then the verb is always singular.

   > **Se pueden** ver los nuevos vestidos en la vitrina.
   > ***One can** see the new dresses in the display window.*

   > No **se debe** ir de compras ahora.
   > ***One should** not go shopping now.*

A practicar

5.9 **Un poco de lógica** Lee los siguientes pasos para ir de compras y decide cuál es un orden lógico.

a. _____ Se buscan prendas.

b. _____ Se paga con tarjeta de crédito o con dinero en efectivo.

c. _____ Se pide la opinión del amigo.

d. _____ Se espera en la cola *(line)* para pagar.

e. _____ La ropa se prueba en un probador.

f. _____ Se va a la tienda con un amigo.

g. _____ Se llevan las compras a casa.

5.10 **En la tienda** Mira las fotos. ¿Qué ropa se vende en las tiendas?

5.11 **A la moda** Lee el siguiente artículo con algunos consejos para estar a la moda y luego comenta lo que se debe hacer y lo que no se debe hacer. Usa una construcción con **se**.

Consejos para estar a la moda

Para estar a la moda no se tiene que gastar mucho dinero en ropa de marca, pero sí es necesario tener algunas prendas básicas en el armario. ¿Qué se debe hacer para estar segura de tener la ropa esencial?

- Buscar una blusa blanca de estilo clásico, preferiblemente de algodón.
- Usar bluyines de un corte clásico cómo el tipo recto[1].
- Elegir un traje elegante en un color neutro de lino o de algodón.
- Encontrar suéteres de lana para la temporada fría.
- Conseguir un vestido negro del corte que mejor le queda a su figura.
- Comprar un impermeable para lucir[2] a la moda cuando hace fresco o llueve.
- Obtener un blazer; es versátil para situaciones formales o informales.
- Tomar en cuenta[3] la comodidad y el estilo a la hora de comprar calzado[4].

[1]*straight leg* [2]*look* [3]*Take into account* [4]*footwear*

5.12 **La boda perfecta** Una tienda de vestidos para novias creó este folleto (brochure) para explicar los pasos para tener la boda perfecta. En parejas túrnense para explicar los pasos necesarios usando el **se** pasivo.

5.13 **¿Qué se hace?** En parejas túrnense para explicar qué se hace con una de las siguientes cosas. Tu compañero debe decir cuál es la palabra que escogiste. Usen una construcción con **se.**

Modelo los zapatos
> *Se ponen en los pies. Muchas veces se hacen de piel.*

la bolsa	la caja	la corbata	la seda
la bufanda	el cinturón	la mezclilla	la tarjeta de crédito

5.14 **¿Cómo se hace?** En parejas escriban un mínimo de dos acciones que se pueden hacer para lograr cada meta (achieve each goal) en la lista. Usen una construcción con **se.**

Modelo perder peso
> *Se camina en el parque. Se comen muchas frutas y verduras.*

1. hacerse millonario
2. adoptar una mascota
3. conseguir una A en la clase de español
4. hacer una cena perfecta
5. conseguir un buen trabajo
6. tener una fiesta sorpresa para alguien
7. conseguir una beca (scholarship) para la universidad
8. comprar un coche nuevo

INVESTIGUEMOS LA MÚSICA

Laura Pausini, an Italian singer, has recorded numerous songs in Spanish. Search online, listen to her song, "Cuando se ama," and write down the **se** constructions that you hear.

A analizar

Paula acompaña a Rosa a la tienda para buscar un traje.
Mira el video otra vez. Después lee parte de su conversación
y observa las expresiones de comparación.

> Paula: Creo que el traje negro es **más bonito que**
>   el traje azul.
> Rosa: Tienes razón, y el traje negro es **más**
>   **cómodo que** este. ¡Y [el traje negro]
>   también cuesta **menos que** este traje!
> Paula: Bueno, ya tienes un traje. Ahora lo que más
>   te gusta... vamos a buscar zapatos.

1. Look at the statements about the black suit. In Spanish,
   tell how the black suit compares to the blue suit.

2. What words are used to make the comparisons?

A comprobar

Comparisons

1. Comparisons of equality

The following constructions are used to compare two
people or things that have equal qualities:

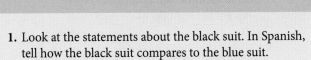

> **tan** *(as)* + adjective/adverb + **como** *(as)*
> **tanto(s)**
> **tanta(s)** } *(as much, many)* + noun + **como** *(as)*
> verb + **tanto como**

Adjective: La blusa roja es **tan bonita como** la azul.
            *The red blouse is **as pretty as** the blue one.*

Adverb: Yo no canto **tan bien como** mi esposo.
         *I don't sing **as well as** my husband.*

Noun: Ella tiene **tantos zapatos como** Esmeralda.
       *She has **as many shoes as** Esmeralda.*

Verb: Él trabaja **tanto como** ella.
       *He works **as much as** she does.*

2. Comparisons of inequality

The following constructions are used to compare two
people or things that have unequal qualities:

> **más** *(more)*/**menos** *(less)* + adjective + **que** *(than)*
>   noun
>   adverb
> verb + **más/menos** + **que**

Adjective: La seda es **más cara que** el algodón.
            *Silk is **more expensive than** cotton.*

Noun: Pilar compró **menos ropa que** su hermana.
       *Pilar bought **less clothing than** her sister.*

Adverb: Pancho habla **más rápido que** Iván.
         *Pancho talks **faster than** Iván.*

Verb: El sombrero **cuesta menos que** los guantes.
       *The hat **costs less than** the gloves.*

3. The following adjectives and adverbs do not use **más** or **menos** in their constructions:

bueno/bien	→	**mejor**	*better*
malo/mal	→	**peor**	*worse*
joven	→	**menor**	*younger*
viejo (age of a person)	→	**mayor**	*older*

Aquí tienen **mejores precios que** allí.
*Here they have **better prices than** there.*

Diana es **menor que** Federico.
*Diana is **younger than** Federico.*

4. Superlatives

Superlatives are used when someone or something is referred to as *the most, the least, the best,* etc. This is expressed through the following construction:

el/la/los/las	+ (noun)	+ **más/menos**	+ adjective
Es **la**	blusa	**más**	bonita.
Son **los**	zapatos	**menos**	caros.

Notice that it is possible to omit the noun after the article in these structures.

Esta talla es **la más grande.**
*This size is **the biggest.***

As with the other comparisons, when using **bueno/bien, malo/mal, joven,** and **viejo** (age), you must use the irregular constructions **mejor, peor, menor,** and **mayor.**

Esta tienda tiene **las mejores** ofertas.
*This store has **the best** sales.*

5. The preposition **de** is often used with superlatives to express *in* or *of.*

Este vestido es el más largo **de** todos.
*This dress is the longest **of** all.*

Son las mejores ofertas **del** año.
*They are the best sales **of** the year.*

> **INVESTIGUEMOS LA GRAMÁTICA**
>
> When **más** or **menos** is used with numbers or quantities it is followed by **de,** not **que.**
>
> La falda cuesta menos **de** veinte dólares
> *The skirt costs less **than** twenty dollars.*

A practicar

5.15 **¿Qué piensas?** Lee las siguientes oraciones y decide si estás de acuerdo o no. Debes explicarle tus razones a la clase.

1. Una camisa a cuadros es más bonita que una camisa a rayas.
2. Pagar en efectivo es mejor que pagar con una tarjeta de crédito.
3. La ropa rebajada no es tan buena como la ropa a precio normal.
4. El precio de la ropa es menos importante que la calidad *(quality).*
5. Las mujeres gastan *(spend)* tanto dinero en ropa como los hombres.
6. La ropa hecha *(made)* en El Salvador es más cara que la ropa hecha en los Estados Unidos.
7. Una chaqueta de piel cuesta tanto como una chaqueta de lana.
8. La ropa de marca es mejor que la ropa sin marca.
9. Comprar ropa en Internet es más fácil que comprarla en una tienda.
10. La moda es menos importante para los hombres que para las mujeres.

¿Quién gasta más en ropa?

Deklofenak/Shutterstock.com

5.16 **A comparar** Mira las vitrinas *(display windows)* de una tienda. En parejas túrnense para comparar dos artículos. Usen las expresiones **más… que, menos… que** y **tan… como.** Pueden usar estos adjetivos o seleccionar otros: **bonito, feo, barato, caro, largo, corto, grande, pequeño, elegante.**

Modelo *La blusa rosada es más cara que la camisa a rayas.*

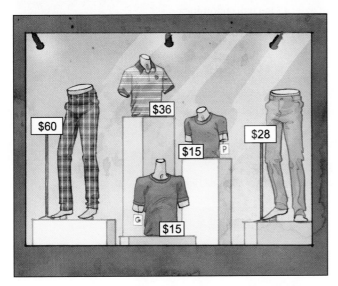

5.17 **Opiniones** En parejas expresen sus opiniones sobre los siguientes temas. Escojan dos temas dentro de cada categoría y compárenlos.

Modelo la ropa — estilos
   Estudiante 1: *La ropa lisa es más bonita que la ropa estampada.*
   Estudiante 2: *En mi opinión las camisas a rayas son tan bonitas como las camisas lisas.*

1. la ropa
   • telas   • prendas   • tiendas de ropa

2. la educación
   • colegios   • clases   • maestros

3. el tiempo libre
   • restaurantes • grupos de música • deportes

5.18 **Comparaciones de grupo** En grupos de tres o cuatro contesten las siguientes preguntas sobre sus compañeros.

¿Quién es la más alta?

1. ¿Quién es el mayor?
2. ¿Quién es el menor?
3. ¿Quién es el más alto?
4. ¿Quién es el más bajo?
5. ¿Quién es el mejor artista?
6. ¿Quién es el mejor atleta?
7. ¿Quién tiene el pelo más largo?
8. ¿Quién tiene la familia más grande?

5.19 **El mundo hispanohablante** Decide cuál de los tres países, ciudades o conceptos en cada (*each*) lista es el más grande, pequeño, antiguo (*old*), etcétera. Usa los adjetivos entre paréntesis para crear cada superlativo.

Modelo (grande) Santiago / Buenos Aires / Ciudad de México
La Ciudad de México es la más grande.

1. (grande) México / Argentina / Chile
2. (pequeño) El Salvador / la República Dominicana / Puerto Rico
3. (antiguo) la civilización maya / la civilización azteca / la civilización inca
4. (nuevo) Perú / Panamá / Cuba
5. (poblado [*populated*]): Argentina / Colombia / Venezuela
6. (alto) Cuzco / Quito / Santiago

5.20 **El mejor** En parejas expresen sus opiniones usando las palabras indicadas y los superlativos.

Modelo interesante / libro
Estudiante 1: *El libro más interesante es* Don Quijote.
Estudiante 2: *En mi opinión los libros más interesantes son los libros de Harry Potter.*

1. rápido / coche
2. caro / restaurante
3. bueno / actor o actriz
4. difícil / materia
5. tonta / película
6. malo / programa de televisión
7. talentoso / grupo musical
8. bueno / equipo de fútbol americano

¿Cuál es el libro más interesante?

Entrando en materia

¿Alguna vez viste a una cadena de radio o de televisión transmitiendo en vivo? ¿Cuál era el evento? ¿Cuál crees que puede ser el objetivo de transmitir en vivo desde un centro comercial?

◀)) Control remoto con ofertas

El Centro Comercial Condesa contrató *(hired)* a una estación de radio para hacer un control remoto y atraer *(attract)* clientes nuevos. Vas a escuchar un segmento de este control remoto. ¿Qué tipo de anuncios crees que van a hacer? Debes repasar las palabras en **Vocabulario útil** antes de escuchar para ayudar con tu comprensión.

Vocabulario útil

el autógrafo	*autograph*	**el éxito**	*hit (song)*
la cita	*appointment*	**favorecer**	*to flatter*
el control remoto	*remote control*	**el (la) radioescucha**	*listener*
libro de cupones	*coupon book*	**transmitir en vivo**	*to broadcast live*

Comprensión

1. ¿Qué hora es?
2. ¿Quién va a regalar su último CD?
3. ¿Qué van a recibir las personas que vienen al centro comercial?
4. ¿Qué descuento hay en la tienda La moda a tus pies?

Más allá

Trabaja con un compañero e imaginen que una estación de radio les pide hacer un control remoto. Decidan desde dónde van a transmitir y cómo van a atraer a muchas personas. Escriban un plan y compártanlo con la clase.

Natursports/Shutterstock.com

Lectura

Antes de leer

Trabaja con un compañero para responder las siguientes preguntas.

1. ¿Qué significa **escandalosa**?
2. ¿Por qué razones se puede clasificar alguna ropa como escandalosa?

A leer

Las tapadas: una moda escandalosa

was born
competition

Durante la época de la Colonia en Lima, la capital de Perú, **nació** una moda que fue producto de la **competencia** entre las mestizas (de descendencia indígena y europea) y las criollas (descendientes de europeos). Las criollas

highlighted / waist

preferían usar vestidos europeos que **acentuaban** su **cintura.** Por su parte, las mestizas comenzaron a usar sayas, unas faldas muy amplias y largas.

Estas faldas eran de seda azul, café, negra o verde. Las mujeres que seguían esta moda llevaban

belt

una **correa** a la cintura y, lo más

cloak

importante, usaban un **manto**

covered

que les **tapaba** parte de la cara, la cabeza y la parte superior del

so that

cuerpo, **por lo que** solamente era posible verles un ojo.

Con esta moda era imposible distinguir a una mujer de otra. En otras palabras, este traje hacía a las mujeres completamente anónimas

La moda de las tapadas

Hulton Archive/Getty Images

[estos vestidos les dieron a las tapadas de Lima una gran libertad en esta época]

porque no era posible distinguir a la persona. El anonimato de estos vestidos les dio a las mujeres de Lima (conocidas como

at that time

"las tapadas") una gran libertad **en esa época**: podían ir a las corridas de toros y pasear por la ciudad.

El **comportamiento** de las tapadas fue considerado obsceno, y desde 1561 los **virreyes** del Perú quisieron prohibir el uso de su vestimenta. Por eso **impusieron** multas a las mujeres que usaban el manto, pero la prohibición aumentó su popularidad. No fue hasta finales del siglo XIX, con la llegada de la moda francesa, que empezaron a **desaparecer** la saya y el manto.

behavior
viceroys
imposed
disappear

Las tapadas fueron el tema de muchas obras de arte y también de varias comedias del **dramaturgo** Manuel Ascencio Segura. Además, participaron en el inicio de la revolución peruana, ayudando a pasar mensajes revolucionarios. Como se puede ver, la moda de las tapadas tuvo singular importancia en la historia del Perú.

playwright

Comprensión

Decide si las siguientes afirmaciones son ciertas o falsas, y corrige las falsas.

1. Las criollas y las mestizas de Lima usaban modas diferentes en la época colonial.
2. Las criollas usaban un manto para hacerse anónimas.
3. La moda de las tapadas les permitió tener más libertad *(freedom)*.
4. La moda de las tapadas desapareció en el siglo XVI.

Después de leer

Habla con un compañero de clase sobre las siguientes preguntas.

1. ¿Te parece escandalosa la moda de las tapadas? ¿Por qué?
2. ¿Hay alguna moda actual que te parezca *(that seems to you)* escandalosa? ¿Por qué?
3. Piensen en ropa que en otra época o en otra cultura se considera (consideraba) escandalosa. ¿Por qué es (era) escandalosa?

¿Te parecen escandalosos?

A Gabriela le encanta el arte y va a todas las exhibiciones que ofrece el museo de arte de la ciudad donde vive.

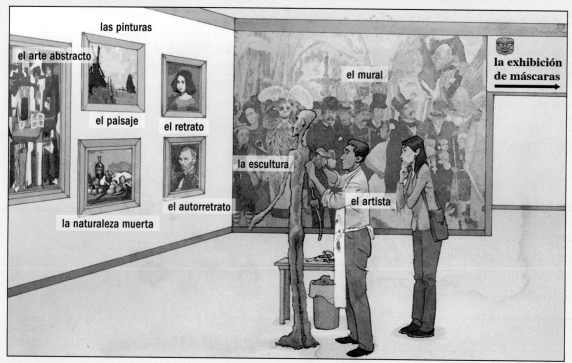

El arte

la galería	gallery
el grabado	engraving; print
la luz	light
el (la) modelo	model
la obra	work (of art, literature, theater, etc.)
el óleo	oil painting
la paleta	palette
el pincel	paintbrush
la tinta	ink

Verbos

apreciar	to appreciate; to enjoy
diseñar	to design
esculpir	to sculpt
exhibir	to exhibit
posar	to pose

Adjetivos

abstracto(a)	abstract
claro(a)	light, pale
complicado(a)	complex

cubista	cubist
extraño(a)	strange, odd
impresionista	impressionist
obscuro(a)	dark
pastel	pastel
sencillo(a)	simple
surrealista	surrealist
tradicional	traditional
vanguardista	revolutionary; avant-garde

A practicar

5.21 🔊 **Escucha y responde** Primero escribe "A" en un papel y "B" en otro. Después vas a escuchar unas descripciones del arte que aparece en la **Actividad 5.25** en la siguiente página. Para cada descripción, levanta el papel apropiado.

1. …   2. …   3. …   4. …   5. …   6. …   7. …   8. …

5.22 **¿Cuál es la palabra?** Completa con palabras lógicas del vocabulario.

1. En _____ se exhiben muchas obras de arte.

2. No puedo escribir porque no hay _____ en mi bolígrafo.

3. Cuando un artista pinta un cuadro de él mismo, el cuadro se llama _____.

4. Una pintura hecha sobre una pared (wall) tiene el nombre de _____.

5. Muchas ciudades tienen en sus calles _____ de personas famosas.

6. Un _____ es una persona que posa para un artista.

5.23 **La lógica** Las siguientes ideas son ilógicas. Corrígelas de manera que sean lógicas.

Modelo El artista compró muchas de sus obras en la exhibición.
El artista vendió muchas de sus obras.

1. Muchas galerías asisten a exhibiciones de arte.
2. El escultor posa para una escultura.
3. La naturaleza muerta es un cuadro en el que aparecen animales muertos.
4. Un muralista es una obra que el artista pinta en una pared.
5. El pintor usa la paleta para pintar en el pincel.
6. Un cuadro surrealista es un cuadro en el que un pintor se pinta a sí mismo.

5.24 **¡A adivinar!** En parejas túrnense para elegir una palabra del vocabulario y explicársela a su compañero sin decirla. El estudiante que está adivinando (*guessing*) puede hacer preguntas.

Modelo Estudiante 1: *Es la persona que posa para el artista.*
Estudiante 2: *Es el modelo.*

5.25 **Un análisis de arte** Trabaja con un compañero para hablar sobre las dos pinturas. Usen las siguientes preguntas para ayudar con su análisis.

¿En qué estilo se pintó?   ¿Qué emoción evoca?   ¿Qué hay en la pintura?

En tu opinión ¿qué quiere decir el artista?   ¿Qué colores usó el artista?

A.

Mujeres en la playa, de Joaquín Sorolla

Erich Lessing / Art Resource, NY

B.

"Sandías con luna", por Luis Casas

© Luis Guillermo casas velasco

5.26 **Una exhibición de arte** Un museo local tiene que seleccionar a tres artistas hispanos diferentes para una exhibición. Hazle preguntas a tu compañero para completar la información sobre los artistas. Tu compañero va a usar la información en el **Apéndice B**. Después decidan qué artistas deben presentar. Estén preparados para explicar sus selecciones.

INVESTIGUEMOS LA MÚSICA

Listen to the Spanish pop group Mecano's song "'Eungenio' Salvador Dalí." In what ways does the person express admiration for the artist and his work?

Artista	Medio	País	Año	Nombre del cuadro y estilo
1. Oswaldo Guayasamín	pintura		1967	
2. Mario Carreño	pintura	Cuba		
3. Joan Miró		España	1961	*Blue I*, abstracto
4. Marisol Escobar		Venezuela		
5. Diego Rivera	murales			*Baile en Tehuantepec*, cubista
6. Roberto Matta			1941	*Sin título*, abstracto

Conexiones culturales
Las artes tradicionales

Cultura

El arte no se limita a la pintura y a las esculturas que se exhiben en los grandes museos. La mayoría de las culturas tiene expresiones artísticas muy particulares. En esta sección vamos a explorar las molas y los alebrijes.

Una mola de Panamá

Un alebrije de Oaxaca, México

En las islas de San Blas, Panamá, viven los kunas, una etnia (*ethnic group*) famosa por sus molas, una forma de arte textil. Las mujeres kunas hacen las molas con fragmentos de tela de colores vivos (*bright*). Sus diseños generalmente son abstractos y geométricos. En el pasado las molas se usaban solamente para vestir, pero hoy en día se usan también como artículos decorativos.

En el estado de Oaxaca, en México, algunos artistas se dedican a crear animales fantásticos hechos (*made*) de madera (*wood*) que se conocen como alebrijes. Los artesanos tallan (*carve*) la madera y la decoran en colores brillantes. Los alebrijes casi siempre son una combinación de diferentes partes de animales. Por ejemplo, un alebrije puede tener el cuerpo de una jirafa, las patas (*legs*) de un caballo, la cabeza de un pájaro y la cola (*tail*) de un gato. No hay dos iguales.

Investiga otra forma de arte típico de un país hispanohablante. Imprime una foto para compartir con la clase y escribe una descripción de la obra o forma de arte. Incluye el nombre del artista o grupo, su país de origen, los materiales que se usan y otros detalles.

Comunidad

Visita la página web de un museo de arte en un país hispano y explora la colección. ¿Qué artista prefieres? Escoge tu imagen favorita y compártela con la clase explicando por qué te gusta.

Fernando Botero posando frente a uno de sus cuadros

Comparaciones

El orgullo que los hispanos sienten por sus artistas es muchas veces internacional. Las grandes obras de arte unen *(unite)* a la gente de todos estos países.

Es imposible mencionar a todos los grandes artistas y escritores, pero uno de los más importantes es Pablo Neruda (1904–1973), ganador del Premio Nobel de Literatura y autor de algunos de los poemas más hermosos *(beautiful)* en español.

Otra autora importante, muy anterior a Neruda, fue la poetisa mexicana Sor Juana Inés de la Cruz (1648–1695), quien decidió hacerse monja *(nun)* para poder seguir estudiando. Sor Juana escribió poesía, teatro y ensayos. Uno de sus poemas más conocidos explora el doble estándar entre la mujer y el hombre. El gobierno de México ha honrado la memoria de Sor Juana, poniendo su retrato en uno de los billetes del país.

¿Qué autores de la literatura en inglés son reconocidos y admirados por todos los angloparlantes? ¿Por qué se hicieron tan importantes?

Billete mexicano que conmemora a la escritora Sor Juana

Conexiones... a la filosofía

La siguiente es una colección de citas sobre el arte que dan varios artistas famosos de países diferentes. Expliquen con sus propias palabras qué quieren decir, y después digan si están de acuerdo con ellas y por qué.

El arte es una mentira que nos acerca *(brings us close to)* a la verdad. **Picasso**

Canto para no morir, porque el arte es la lucha *(struggle)* contra la muerte. **Carlos Cano**

Los espejos se emplean *(are used)* para verse la cara; el arte para verse el alma *(soul)*. **G. B. Shaw**

El arte es inútil *(pointless)*, pero el hombre es incapaz de prescindir de *(to do without)* lo inútil. **E. Ionesco**

En Andalucía se vive el arte, en Inglaterra o en los Estados Unidos se cuelga en las paredes. **Lindsay Kemp**

En los mejores días del arte no existían los críticos del arte. **Oscar Wilde**

Estampilla postal que conmemora el arte nicaragüense

A analizar ▶

Vanesa se encuentra con Camila para tomar un café. Mira el video. Después lee parte de su conversación y observa las palabras en negrita.

> **Vanesa:** El museo tiene una nueva exposición. Este mes van a tener una colección de obras de Picasso. ¿Te interesa ir conmigo el sábado?
>
> **Camila:** ¡Por supuesto! Estoy muy **interesada** en las obras de Picasso, especialmente las de su período rosado.
>
> **Vanesa:** Entonces ¿a qué hora vamos?
>
> **Camila:** ¡Ay, se me olvidó que el sábado estoy **ocupada**! ... ¿Sabes si el museo está **abierto** el viernes por la tarde?
>
> **Vanesa:** Sí, solo está **cerrado** los lunes. Podemos ir a las cinco si quieres.

1. The words in bold are adjectives. Identify the verb that each of the adjectives is derived from.

2. Except for **abierto,** the adjectives in bold are derived from **-ar** verbs.
   What is the adjective form of **sorprender**? And **aburrir**?

A comprobar

Estar with the past participle

1. Past participles are verb forms that can be used as adjectives. To form the past participle, place **-ado** on the end of the stem of **-ar** verbs and **-ido** on the stem of **-er** and **-ir** verbs.

hablar	habl**ado**
beber	beb**ido**
vivir	viv**ido**

   The following verbs have irregular past participles:

abrir	**abierto**	hacer	**hecho**
cubrir	**cubierto**	morir	**muerto**
decir	**dicho**	romper	**roto**
despertar	**despierto**	poner	**puesto**
devolver	**devuelto**	ver	**visto**
escribir	**escrito**	volver	**vuelto**

   INVESTIGUEMOS LA GRAMÁTICA

   Notice that the common irregular participles end in **-to** or **-cho**. Other irregular past participles end in **-so**, such as **imprimir** → **impreso** (printed).

2. The past participle can be used as an adjective to indicate condition and is often used with the verb **estar.** You have already learned some of them, such as **aburrido, cansado,** and **preocupado.** Like other adjectives, they must agree in gender and number with the nouns they describe.

   Los estudiantes **están interesados** en el arte.
   *The students **are interested** in art.*

   La galería no **está abierta** los lunes.
   *The gallery **is** not **open** on Mondays.*

3. As is common with most adjectives in Spanish, the past participles can also be placed after the noun they describe.

   Me gustan más sus obras **pintadas.**
   *I like his **painted** works better.*

   Salvador Dalí es un pintor **conocido.**
   *Salvador Dalí is a **well-known** painter.*

A practicar

5.27 **Mi salón de clases** Mira alrededor de tu salón de clases y decide si las oraciones son ciertas o falsas.

1. Hay una ventana rota.
2. Las luces están apagadas.
3. Hay algo escrito en la pizarra.
4. La puerta está abierta.
5. Las sillas están hechas de plástico.
6. Todos los estudiantes están despiertos.

5.28 **La casa** Entrevista a un compañero con las siguientes preguntas.

1. ¿Está hecha tu cama? ¿Quién la hizo?
2. ¿Está ordenado tu cuarto? ¿Por qué?
3. ¿Están abiertas las ventanas de tu casa? ¿Por qué?
4. ¿Están encendidas las luces de tu casa? ¿Por qué?
5. ¿Está lavada tu ropa? ¿Quién la lava?
6. ¿Están muertas las plantas en tu casa? ¿Por qué?
7. ¿Tienes algo que está roto? ¿Qué es?
8. ¿Tienes algo hecho en otro país? ¿Qué es y de dónde es?

Mis plantas no están muertas.

5.29 **¿Qué ves?** Túrnense con un compañero para preguntar si ven lo siguiente en su salón de clases. **¡OJO!** Recuerden que el participio necesita concordar con el objeto que se describe.

Modelo   algo abierto
Estudiante 1: *¿Ves algo abierto?*
Estudiante 2: *Sí, la puerta está abierta. / No, no hay nada abierto.*

1. algo escrito en inglés
2. algo hecho de metal
3. alguien casado
4. algo colgado en la pared
5. algo roto
6. alguien cansado
7. algo pintado de rojo
8. algo encendido

5.30

La clase de arte Lee las siguientes oraciones sobre una clase de arte y explica las condiciones de los sujetos, usando el verbo **estar** y el participio pasado del verbo subrayado *(underlined)*.

Modelo   La planta del maestro <u>murió</u>.
La planta del maestro está muerta.

1. Él <u>colgó</u> su suéter.
2. Luisa <u>se sentó</u> al lado de Julián.
3. Ella <u>tiene interés</u> en Julián.
4. Pero Julián <u>se ocupa</u> de su pintura.
5. Inés <u>se aburre</u> en la clase.
6. Ella <u>se durmió</u> en la clase.
7. El maestro <u>escribió</u> la tarea en la pizarra.
8. El maestro <u>se frustró</u> y terminó la clase temprano.

5.31 **Preocupado** Imagínate que tu hermano no te deja dormir. En parejas túrnense para hacer y contestar las siguientes preguntas. Usen el participio pasado en sus respuestas. **¡OJO!** El participio debe concordar *(agree)* con el objeto que describe.

Modelo ¿Abriste la ventana?
Estudiante 1: *¿Abriste la ventana?*
Estudiante 2: *Sí, está abierta. / No, no está abierta.*

1. ¿Estás despierto?
2. ¿Planchaste tu ropa?
3. ¿Cerraste la puerta?
4. ¿Pusiste el despertador?

5. ¿Hiciste tu tarea?
6. ¿Guardaste mis libros en mi mochila?
7. ¿Preparaste tu almuerzo para mañana?
8. ¿Escribiste la composición para mañana?

5.32 **El teatro** Con un compañero túrnense para describir el escenario del teatro usando los participios como adjetivos. Busquen las cinco diferencias.

Vocabulario útil: **el perchero** *coat rack* **vivo** *alive*

Modelo
Estudiante 1: *La lámpara está encendida en la primera ilustración.*
Estudiante 2: *La lámpara está encendida en la segunda ilustración también.*
No es una diferencia.

A analizar ▶

Vanesa se encuentra con Camila para tomar un café. Mira el video otra vez. Después lee parte de su conversación y observa las estructuras de los verbos en negrita.

Vanesa:	Disculpa que haya llegado tarde. **Se me perdieron** las llaves y no pude salir de casa sin ellas... Este mes van a tener una colección de obras de Picasso. ¿Te interesa ir conmigo el sábado?
Camila:	¡Por supuesto! ...
Vanesa:	Entonces ¿a qué hora vamos?
Camila:	¡Ay, **se me olvidó** que el sábado estoy ocupada! ...
Camila:	Bueno, ¿nos vamos?
Vanesa:	Sí. Señorita ¿cuánto le debo?
Mesera:	Seis cincuenta, por favor.
Vanesa:	¿Dónde está mi dinero? ¡Ay, **se me quedó** la billetera en casa! ¿Te molesta pagar?

1. Recalling some of the ways that **se** can be used, how do you think it is used here?

2. In which person (1st, 2nd, or 3rd) have the boldfaced verbs been conjugated? Why?

3. What pronouns appear before the verbs?

A comprobar

Se to indicate accidental occurrences

1. Earlier in the chapter, you learned to use the pronoun **se** in order to indicate that the subject is either unknown or unimportant. To indicate unintentional or accidental occurrences, you will use a similar construction that also includes the indirect object pronoun.

> **se** + indirect object pronoun + verb

Se me rompió el plato.   *I broke the plate (accidentally).*
A Diego **se le** perdieron las llaves.   *Diego lost his keys (unintentionally).*

Notice that the verb agrees with subject (**el plato** and **las llaves**) and that the person affected by the event becomes the indirect object (**me** and **A Diego... le**).

2. The following are common verbs used with this construction.

acabar	*to finish*	**caer**	*to fall*
Se me acabó la gasolina.	*I ran out of gas.*	**Se les cayeron** los libros.	*They dropped their books.*
apagar	*to turn off*	**descomponer**	*to break down (a machine)*
Se les apagó la computadora.	*Their computer went out.*	**Se me descompuso** el coche.	*My car broke down.*

olvidar	to forget	quedar	to remain (behind)
A ella **se le olvidó** el lápiz.	*She forgot her pencil.*	**Se me quedó** el dinero en casa.	*I left the money at home.*
perder	to lose (an object)	romper	to break
Se nos perdió la tarea.	*We lost our homework.*	**¿Se te rompió** el vaso?	*Did you break the glass?*

A practicar

5.33 **El pintor olvidadizo** El pintor no pudo terminar su obra porque le ocurrieron muchos accidentes. Combina los elementos de las dos columnas para formar oraciones lógicas.

1. Al pintor se le olvidó...   **a.** las luces.
2. Al pintor se le apagaron...   **b.** los pinceles.
3. Al pintor se le acabaron...   **c.** el número de teléfono del modelo.
4. Al pintor se le rompieron...   **d.** la paleta.
5. Al pintor se le perdió...   **e.** las pinturas.
6. Al pintor se le quedó...   **f.** el óleo en casa.

5.34 **Un mal día** Completa el párrafo con la forma apropiada del verbo entre paréntesis.

¡Ayer tuve una exposición de mi arte en una galería y todo me salió mal *(went wrong)*! Primero **(1)** _____ (perder) las obras de cerámica que tenía que llevar a la galería. **(2)** _____ (olvidar) que las puse en un lugar seguro. Por fin las encontré y salí para la galería. A medio camino *(On the way)* **(3)** _____ (acabar) la gasolina. ¡Tuve que caminar un kilómetro a la gasolinera más cercana! Al llegar descubrí que la billetera *(wallet)* **(4)** _____ (quedar) en casa. Afortunadamente tenía un poco de dinero en mi pantalón y pude pagar la gasolina. Llegué a la galería tarde. Mientras llevaba las piezas del coche a la sala de exposición, **(5)** _____ (caer) una y **(6)** _____ (romper). Por fin comenzó la exposición y vendí unas piezas. Al final la noche terminó bien.

5.35 **¿Qué pasó?** Trabaja con un compañero para describir cada situación y expliquen lo que les pasó a las personas.

Modelo *El hombre pintaba un mural cuando se le acabó la pintura. No tenía dinero para comprar más.*

1.   **2.**   **3.**   **4.**

5.36 **No se hizo** Estas personas no pudieron hacer su trabajo por diferentes razones. Explica lo que les pasó usando el verbo indicado con el **se** accidental.

Modelo el piloto / descomponer
    Al piloto se le descompuso el avión.

1. la maestra / acabar
2. los estudiantes / olvidar
3. el ama de casa / romper
4. el periodista / descomponer
5. los cocineros / caer
6. el pintor / perder
7. las bailarinas / quedar
8. los actores / apagar

5.37 **En busca de...** Hazles preguntas a diferentes compañeros. Busca a alguien que responda afirmativamente a cada situación. Usa el **se** accidental y la expresión **alguna vez** en las preguntas. Continúa cada conversación usando la pregunta entre paréntesis.

Modelo acabar la tinta *(ink)* en medio de un proyecto (¿Qué?)
    Estudiante 1: *¿Alguna vez se te acabó la tinta en medio de un proyecto?*
    Estudiante 2: *Sí, se me acabó la tinta en medio de un proyecto.*
    Estudiante 1: *¿Qué proyecto?*
    Estudiante 2: *Una composición para la clase de inglés el semestre pasado.*

1. descomponer el coche de tu familia a la mitad del camino *(in the middle of the road)* (¿Dónde?)
2. romper algo valioso *(valuable)* (¿Qué?)
3. perder algo importante (¿Qué?)
4. apagar la computadora en medio de una tarea importante (¿Qué tarea fue?)
5. quedar en casa algo importante durante algún viaje (¿Qué?)
6. olvidar el nombre de alguien en el momento de hacer una presentación *(introduction)* (¿De quién?)
7. quemar *(burned)* la comida (¿Qué?)
8. olvidar el cumpleaños de alguien (¿Qué hiciste?)

5.38 **Excusas** Hay muchos problemas en la clase de arte. En parejas, túrnense para dar excusas y explicar lo que pasó. Usen los siguientes verbos.

acabar apagar caer descomponer olvidar perder quedar romper

Modelo ¿Por qué no estuviste en clase?
    Se me olvidó poner el despertador.

1. ¿Por qué no tienes la tarea?
2. ¿Por qué no tienes el libro?
3. ¿Por qué no estudiaste para el examen?
4. ¿Por qué no terminaste la pintura?
5. ¿Por qué no llegó el modelo?
6. ¿Por qué llegó tarde el maestro?

¡Se me olvidó que tenemos un examen hoy!

Andresr/Shutterstock.com

Lectura

Antes de leer

Contesta las preguntas.

1. ¿Qué artistas conoces? ¿Tienes un artista favorito?
2. ¿Conoces a algún artista de España o Latinoamérica? ¿Quién? ¿Te gusta su arte?
3. En tu opinión, ¿qué se necesita para ser artista?

A leer

Remedios Varo

XX, de Remedios Varo

Christie's Images/Corbis

Una de las grandes artistas del siglo XX fue la pintora española Remedios Varo. Remedios era muy joven cuando se interesó en la pintura. Su padre, un **ingeniero**, la enseñó a dibujar. También la ayudó a **ingresar** a la Academia de San Fernando en Madrid cuando Remedios tenía quince años, **a pesar de** la oposición de su madre.

engineer

to get accepted

despite

En la Academia de San Fernando, Remedios conoció a su futuro esposo, Gerardo Lizárraga, y los dos se mudaron a París cuando finalizaron sus estudios. Más tarde se fueron a Barcelona, donde Remedios trabajó en publicidad.

El segundo esposo de Remedios Varo fue Benjamín Peret, un poeta. Gracias a él, Remedios conoció a un grupo de artistas surrealistas **encabezado por** Andrés Bretón. El surrealismo tuvo un gran impacto en la obra de Varo a partir de ese momento.

headed by

[Una de las grandes artistas del siglo XX fue la pintora española Remedios Varo.]

La **Guerra** Civil española la hizo emigrar nuevamente a Francia, en donde **permaneció** hasta 1941, año de la invasión nazi. En ese año Remedios se exilió en México, igual que muchos otros artistas europeos. En México Varo pudo dedicarse por completo al arte, pintando sus mejores cuadros con **el apoyo** de su tercer marido, Walter Gruen. Él era austriaco y un sobreviviente de los campos de concentración.

La obra de Remedios Varo se distingue por un estilo muy característico y por sus figuras humanas estilizadas. En sus cuadros hay elementos de sueños y elementos de la ciencia que le interesaban. En sus obras también pueden verse recuerdos de la infancia de la pintora, como los horrores de la guerra.

Remedios regaló la mayoría de sus cuadros porque para ella el **valor** de la pintura estaba en el proceso de la creación artística. En 1963 la artista murió a la edad de 55 años.

Sources: Analitica.com; LatinArtMuseum.com

Remedios Varo

war

remained

support

value

www.remediosvaro.org

Comprensión

1. ¿Cuándo se interesó por el arte Remedios Varo? ¿Cómo la ayudó su padre?
2. ¿En qué países vivió Varo después de salir de España a consecuencia de la guerra?
3. ¿Cuántas veces se casó?
4. ¿Qué movimiento artístico la influenció más?
5. ¿Cuáles son algunos elementos de la obra de Remedios Varo?
6. ¿Qué hizo con la mayoría de sus cuadros?

Después de leer

1. Busca obras de Remedios Varo en Internet. ¿Cómo puedes describirlas? ¿Te gustan? ¿Por qué?
2. Comparte con la clase una foto de la obra de Remedios Varo que más te gusta y explica por qué te gusta.

▶ Video-viaje a...
Cuba

Antes de ver

Cuba es la isla más grande de las Antillas Mayores y es rica en historia. La población tiene raíces españolas, tainas y africanas. La Habana, la capital, es una ciudad con varios monumentos antiguos de la época colonial.

5.39 **¿Ya sabes?**

1. Cuba está en _____.

   ☐ Norteamérica   ☐ Centroamérica

   ☐ El Caribe   ☐ África

2. ¿Cierto o falso?

   a. Los ritmos clásicos de Cuba son la salsa, la rumba y el merengue.

   b. Cuba comparte (*shares*) una isla con la República Dominicana.

3. ¿Qué tradición, imagen o persona asocias con Cuba?

5.40 **Estrategia**

A good way to organize your viewing of the video is to focus on getting the main idea of the segment. Don't try to understand every word; just try to get the gist of each scene. Later, with the help of the viewing activities, some of the other details of the segment will emerge. Based on the **Antes de ver** description above, what do you think the segment is about?

Al ver

5.41 **Escoge** Mira el video y escoge la respuesta correcta.

1. El Morro es _____.
   a. una fortificación   b. un palacio   c. una catedral
2. El malecón es la avenida más _____ de toda La Habana.
   a. larga   b. bonita   c. popular.
3. En las calles de La Habana hay muchos autos _____.
   a. nuevos   b. pequeños   c. antiguos
4. Más de _____ de turistas viajan a Cuba al año.
   a. un millón   b. 2 millones   c. 10 millones
5. La alegría de los cubanos es evidente en _____.
   a. los bailes populares   b. el arte en las calles
   c. la literatura folclórica

5.42 **Escribe** Completa las oraciones con la respuesta correcta.

1. El Castillo del Morro fue construido por _____.
2. En La Habana Vieja hay fortalezas, conventos, iglesias y _____, y también callejuelas y balcones.
3. La Plaza de la Revolución es el _____ de la Revolución cubana.
4. El monumento José Martí es el punto más _____ de la ciudad.

Después de ver

Paso 1 Mira la sección sobre Cuba en **Exploraciones del mundo hispano** y lee **Investiga en Internet**. Escoge uno de los temas que te interese.

Paso 2 Busca información en Internet. Debes usar una fuente *(source)* relevante.

Paso 3 Usando la información que encontraste en Internet, escribe un resumen de 3–5 oraciones en español. Comparte la información con tus compañeros.

Vocabulario útil

antiguo(a) *old*
la bahía *bay*
la callejuela *alley, narrow street*
el conjunto *group, set*
la desembocadura *mouth (of a river)*
el faro *lighthouse*
la fortificación *fort*
el recorrido *route*
símbolo *symbol*
superar *to exceed, go beyond*

5.43 **¿Qué piensas?** Felipe habla de su clase de arte. Escribe sus opiniones usando superlativos y los elementos indicados. **¡OJO!** en #6 necesitas usar el pretérito.

Modelo la pintura / forma de arte / popular
La pintura es la forma de arte más popular.

1. El Prado / museo / grande / de España
2. Fernando Botero / artista / talentoso
3. el impresionismo / estilo / interesante
4. *David* / escultura / conocido
5. *La Mona Lisa* / pintura / famoso
6. Salvador Dalí / pintor / excéntrico

5.44 **Descripciones** Completa las oraciones con la forma apropiada del participio pasado de los verbos entre paréntesis.

1. Los artistas Frida Kahlo y Diego Rivera estaban _____ (casar).
2. Hay muchos libros _____ (escribir) sobre el arte latinoamericano.
3. El pintor Francisco Goya está _____ (morir).
4. La artesanía de Latinoamérica está _____ (hacer) a mano.
5. La pintora Carmen Lomas Garza es una artista _____ (conocer).
6. Diego Velázquez estaba _____ (interesar) en pintar la vida típica en España.
7. Hay varios cuadros de Pablo Picasso _____ (colgar) en los museos de Nueva York.
8. Mucha de la cerámica de las civilizaciones antiguas está _____ (romper).

5.45 **¡Qué día!** Usando el **se** accidental y el verbo entre paréntesis, explica por qué le pasaron a Valentina los siguientes accidentes ayer.

Modelo Se levantó tarde. (olvidar)
Se le olvidó poner el despertador.

1. Perdió todas sus notas para la reunión cuando se mojaron *(got wet)*. (caer)
2. Su bolígrafo no escribía y no pudo tomar notas durante la clase. (acabar la tinta)
3. Tampoco pudo tomar notas con su lápiz. (romper)
4. No tuvo la composición para la clase de inglés. (olvidar)
5. A la hora de almorzar no pudo comer nada. (quedar)
6. El coche se paró camino a su casa. (descomponer)
7. No pudo llamar a nadie con su celular. (apagar)
8. Cuando llegó a casa, no pudo entrar. (perder)

5.46 **Un pedido** Trabaja con un compañero. Uno de ustedes es el vendedor y el otro es el cliente. El cliente debe consultar la página del catálogo que sigue para comprar tres artículos de ropa. El vendedor debe ver el **Apéndice B** para contestar sus preguntas y conseguir su información (nombre, teléfono, etcétera) y su tarjeta de crédito.

Modelo Estudiante 1: *Buenas tardes.*
Estudiante 2: *Buenas tardes. Necesito una camiseta de algodón azul en talla extra grande.*
Estudiante 1: *Lo siento. No la tenemos en talla extra grande.*
Estudiante 2: *¿Qué colores tienen en talla extra grande?*

C1050 Camiseta de algodón
Colores:
- azul
- negro
- amarillo
- beige

Tallas: P, M, G, XG
Precio: 25 €

C4325 Camisa con estampado hawaiano
Colores:
- azul
- rojo
- verde

Tallas: P, M, G, XG
Precio: 35 €

B2219 Blusa de lunares
Colores:
- blanco/negro
- negro/rosado
- rojo/blanco

Tallas: P, M, G, XG
Precio: 42 €

P6750 Pantalones cortos a rayas
Colores:
- blanco/azul
- blanco/verde
- gris/negro
- café/beige

Tallas: P, M, G, XG
Precio: 55 €

P7382 Pantalones cortos a cuadros
Colores:
- azul/verde
- negro/rojo
- rosado/gris

Tallas: P, M, G, XG
Precio: 48 €

F9124 Falda con estampado de flores
Colores:
- blanco/rosado (P, G, XG)
- azul marino/rojo (P, M, XG)
- anaranjado/amarillo (P, M, G, XG)

Tallas: P, M, G, XG
Precio: 57 €

5.47 **A la moda** En parejas van a decidir qué maestro está más a la moda.

Paso 1 Con un compañero, completen las siguientes oraciones.

Alguien que está a la moda lleva...
Alguien que está a la moda no lleva...

Paso 2 Compartan sus ideas con el resto de la clase y decidan entre todos cuáles son las características de una persona a la moda.

Paso 3 Con tu compañero, decidan quién es el maestro más a la moda en la escuela y por qué. Repórtenle su decisión a la clase.

CAPÍTULO 5

🔊 Vocabulario 1

En la tienda

la caja	cash register	el probador	dressing room
el (dinero en) efectivo	cash	la talla	size (clothing)
el número	size (shoe)	la tarjeta de crédito	credit card
la oferta	sale (event, reduction of prices)	las telas	fabrics
la prenda	garment	la venta	sale (transaction)

Telas

el algodón	cotton	la mezclilla	denim
la lana	wool	la piel	leather
el lino	linen	la seda	silk

Estilos

a cuadros	plaid	de lunares	polka-dot
a rayas	striped	estampado(a)	patterned

Verbos

elegir (i)	to choose	probarse (ue)	to try on
hacer juego	to match	quedar	to fit

Adjetivos

apretado(a)	tight	(estar) rebajado(a)	(to be) on sale
barato(a)	cheap; inexpensive	grande	large
caro(a)	expensive	hecho(a) a mano	handmade
chico(a)	small	liso(a)	solid
de marca	name brand	mediano(a)	medium
(estar) a la moda	(to be) fashionable		

Expresiones útiles

¡Qué bien te queda esa falda!	That skirt really fits you well!	¡Qué lindos zapatos!	What pretty shoes!
¡Qué caros!	How expensive!	¡Qué pantalones tan elegantes!	What elegant pants!
¡Qué color tan bonito!	What a pretty color!		

Comparaciones

mayor	older (age)	menor	younger
mejor	better	peor	worse

Palabras adicionales

el descuento	discount	por ciento	percent

🔊 Vocabulario 2

El arte

el arte abstracto	*abstract art*
el autorretrato	*self-portrait*
la escultura	*sculpture*
la exhibición	*exhibit*
la galería	*gallery*
el grabado	*engraving; print*
la luz	*light*
la máscara	*mask*
el mural	*mural*
la naturaleza muerta	*still life*

la obra	*work (of art, literature, theater, etc.)*
el óleo	*oil painting*
el paisaje	*landscape*
la paleta	*pallet*
el pincel	*paintbrush*
la pintura	*painting*
el retrato	*portrait*
la tinta	*ink*

Verbos

acabar	*to finish*
apagar	*to turn off*
apreciar	*to appreciate; to enjoy*
descomponer	*to break down (a machine)*
diseñar	*to design*

esculpir	*to sculpt*
exhibir	*to exhibit*
olvidar	*to forget*
posar	*to pose*
quedar	*to remain (behind)*
romper	*to break*

Adjetivos

abstracto(a)	*abstract*
claro(a)	*light; pale*
complicado(a)	*complex*
cubista	*cubist*
extraño(a)	*strange, odd*
impresionista	*impressionist*

obscuro(a)	*dark*
sencillo(a)	*simple*
surrealista	*surrealist*
tradicional	*traditional*
vanguardista	*revolutionary; avant-garde*

Literatura

Colita/Corbis

Ana María Matute

Biografía

Ana María Matute (1925–2014) nació en Barcelona. De niña se enfermaba con frecuencia y pasó mucho tiempo recuperándose *(recovering)* con sus abuelos en un pueblo en las montañas. El pueblo la influenció mucho y aparece en varias de sus obras. La Guerra Civil Española *(Spanish Civil War)* comenzó cuando Ana María tenía 10 años. La primera novela que Matute publicó refleja la realidad española después de la guerra desde *(from)* la perspectiva infantil. La inocencia del niño que enfrenta *(confronts)* el mundo adulto está presente en la mayoría de sus obras *(works)*. Recibió varios premios *(awards)*, incluyendo el Premio Miguel de Cervantes, el reconocimiento *(recognition)* máximo para escritores hispanos que contribuyen a la literatura en español.

Investiguemos la literatura: El tema

The theme of a literary text refers to the underlying ideas, what the piece is really about. To find it, look for patterns and ideas that are restated in different parts of the work. It is not the subject of the work, but more of a view of the human experience and attitude. Some common themes include growing up, love, death, and nature.

Antes de leer

Cuando eras niño, ¿había momentos cuando tus padres querían silencio en la casa? ¿Por qué?

Música

used to
noise
on tip-toe / slippers
bursts

Las dos hijas del Gran Compositor —seis y siete años— estaban **acostumbradas** al silencio. En la casa no debía oírse ni un **ruido**, porque papá trabajaba. Andaban de **puntillas**, en **zapatillas**, y solo a **ráfagas** el silencio se rompía con las notas del piano de papá.

Y otra vez silencio.

mixform design/Shutterstock.com

Un día, la puerta del estudio quedó mal cerrada, y la más pequeña de las niñas se acercó

secretly / slit

sigilosamente a la **rendija**; pudo ver cómo papá, a ratos, se inclinaba sobre un papel y anotaba algo.

La niña más pequeña corrió entonces en busca de su hermana mayor. Y gritó, gritó por primera vez en tanto silencio:

—¡La música de papá, no te la creas...! ¡Se la inventa!

Anonymous, inspired by Ana María Matute's speech "Música."

Después de leer

A. Comprensión

1. ¿Por qué hay tanto silencio en la casa?

2. ¿Qué hace la niña más pequeña cuando ve que la puerta del estudio no está cerrada?

3. ¿Qué descubre *(discovers)* la niña más pequeña?

4. ¿Cuál es el tema del cuento?

B. Conversemos

1. ¿Cómo piensas que reacciona la hermana cuando la niña pequeña le habla de su descubrimiento *(discovery)*?

2. Cuando eras niño, ¿descubriste algo sorprendente *(surprising)* de tus padres? ¿Qué fue?

Michael Pettigrew/Shutterstock.com

Learning Strategy

Use a good dictionary

While you should not look up every Spanish word that you don't understand, a good bilingual dictionary is essential. Ask your teacher for some recommendations for print and online dictionaries that include complete entries, idiomatic expressions, and pronunciation. When you look up an English word, be sure to choose the form that you need, such as a noun or an adjective. If the entry has a number of definitions, cross-check the one you think you need in the Spanish-English section to confirm your choice.

In this chapter you will learn how to:

- Talk about the future
- Talk about what you have done
- Discuss the environment
- Express your opinions and knowledge about the animal world and the environment
- Express doubt and certainty

¿Qué será de nuestro planeta?

Una torguga marina en las Islas Galápagos, en Ecuador

Explorando con...   Maria Fadiman

Dr. Morley Read/Shutterstock.com

Maria Fadiman es una etnobotánica especializada en la región del Amazonas. El trabajo de un etnobotánico es investigar la relación entre la gente *(people)* y las plantas. Por ejemplo, los seres humanos usan las plantas con diferentes objetivos: para alimentarse *(to eat)*, para producir ropa y objetos, para curar, para construir, y hasta para practicar su religión. Sin un balance entre la gente y los seres humanos, las plantas terminan por desaparecer *(disappear)*.

Vocabulario útil

el conocimiento   *knowledge*
darse cuenta de   *to realize*
el equilibrio   *balance*
impedir   *to impede, to stop*
los seres humanos   *human beings*
sustentable   *sustainable*

La profesora Fadiman recuerda que en su primer viaje al Amazonas conoció a una mujer que en ese momento estaba sufriendo de un dolor *(pain)* muy fuerte, pero nadie en su comunidad recordaba cuál era la planta necesaria para curarla. Obviamente hay mucho conocimiento que se está perdiendo, y parte de la labor de la doctora Fadiman es impedir que se pierda. Muchas veces no existe un registro escrito de los usos de las plantas, y por eso a veces se pierde el conocimiento de una generación a otra. Con los registros que hace la doctora y los dibujos que incluye para documentar las plantas, espera *(hopes)* que el conocimiento se haga accesible y se conserve.

Cuando la gente en las comunidades se da cuenta de que la información sobre las plantas es importante, genera mucho entusiasmo y se hace valioso *(valuable)*. Para la doctora Fadiman es importante que el conocimiento venga de las personas de la comunidad porque así ella no está imponiendo *(imposing)* sus ideas, sino que está facilitando los esfuerzos de la comunidad para usar la tierra y los recursos de la comunidad de la mejor manera posible.

En la comunidad que ha estudiado en el Amazonas del Ecuador, la gente puede identificar fácilmente las plantas que se deben usar para hacer medicinas, las que se pueden comer y las que se usan para construir sus casas.

En las islas Galápagos su especialización es un poco diferente, pues allí *(there)* estudia las plantas que han sido introducidas a este hábitat, porque son un riesgo *(risk)* para las plantas nativas y para el balance de toda la región.

Maria Fadiman es profesora en la Universidad del Atlántico en Florida. Sus investigaciones la han llevado (have taken her) a lugares lejanos como Zimbabwe y Tanzania, y también ha pasado mucho tiempo en el Ecuador, incluyendo las Islas Galápagos. El punto central de sus investigaciones es el equilibrio y la explotación sustentable de las plantas.

EN SUS PALABRAS

"Nací con una pasión por la conservación y por las culturas indígenas. La etnobotánica me permite juntarlas *(to bring them together)."*

6.1 **Comprensión** Lee las siguientes afirmaciones y decide si son ciertas o falsas. Corrige las falsas.

1. La etnobotánica estudia la relación de los seres humanos con los animales.
2. A la doctora Fadiman le gusta enseñarles a las comunidades indígenas sobre la medicina moderna.
3. La doctora Fadiman cree que es importante que el conocimiento venga de las comunidades indígenas.
4. En la comunidad del Amazonas que ella estudia, la gente puede reconocer muchas plantas.
5. Los estudios de Maria Fadiman en las islas Galápagos son sobre el uso de plantas que se pueden comer.

6.2 **A profundizar** ¿Cuál es una planta que es muy importante en tu comunidad? ¿Por qué es importante?

6.3 **¡A explorar más!** Organiza una expedición a un parque cercano o al jardín de tu escuela. ¿Cuántas plantas reconocen? ¿Son comestibles? ¿Son nativas? ¿Tienen algún uso?

¿Qué haces tú para preservar el medio ambiente?

El medio ambiente (Environment)

la contaminación	contamination, pollution
la deforestación	deforestation
los desechos industriales	industrial waste
la ecología	ecology
el esmog	smog
la naturaleza	nature
el petróleo	oil
el reciclaje	recycling
los recursos naturales	natural resources

Los verbos

destruir	to destroy
preservar	to preserve
proteger	to protect

Otros lugares

la bahía	bay
el desierto	desert
el llano	plains
la pampa	grasslands
la península	peninsula
la selva	jungle
el valle	valley

Palabras adicionales

el árbol	tree
el cactus	cactus
la cascada	cascade, waterfall
la catarata	large waterfall
la Tierra	Earth

INVESTIGUEMOS LA GRAMÁTICA

The verb **destruir** is conjugated similarly to the verb **oír.**

La contaminación **destruye** la naturaleza.
Las compañías **destruyeron** el bosque.

A practicar

6.4 🔊 **Escucha y responde** Vas a escuchar varias oraciones. Indica con el pulgar hacia arriba si la idea es lógica, y con el pulgar hacia abajo si es ilógica.

    1. …   2. …   3. …   4. …   5. …   6. …

6.5 **Un poco de lógica** Decide cuál de las palabras completa la oración lógicamente.

1. Me encanta ir a la (costa / colina) y disfrutar del mar y de la arena.

2. En (el llano / la selva) hay muchos insectos y animales exóticos.

3. El (valle / cielo) está entre montañas.

4. Unas de las (cataratas / pampas) más impresionantes son las del Niágara y las de Iguazú.

5. En un (bosque / desierto) hay muchos árboles.

6. En medio del valle hay (una isla / un lago).

7. (Los desechos industriales / El petróleo) es un recurso natural no renovable (*non-renewable*).

8. Una península está rodeada (*surrounded*) por (el mar / las pampas) por tres lados.

6.6 **¿Cuál es diferente?** Trabaja con un compañero para decidir qué palabra no corresponde (*belongs*) a la lista. Expliquen por qué.

1. la montaña   el mar   el río   el lago
2. la costa   la bahía   la pampa   la península
3. el llano   las palmeras   el pasto   el árbol
4. las montañas   las colinas   la selva   el volcán
5. las cataratas   el medio ambiente la ecología   la naturaleza
6. las olas   el mar   el valle   la arena

6.7 **Opiniones** En parejas decidan si están de acuerdo o no con las siguientes afirmaciones, o si son verdaderas en el caso de ustedes. **¡OJO!** Deben explicar por qué.

1. Me preocupa la ecología y por eso reciclo.

2. Apago las luces cuando salgo de una habitación.

3. La contaminación del aire es un gran problema en mi comunidad.

4. Uso toda el agua que quiero porque se puede procesar y reciclar.

5. Las acciones de una persona no tienen impacto en la ecología.

6. Una persona tiene el derecho (*right*) de hacer lo que quiera (*whatever they want*) con su propiedad privada.

7. Es importante conservar nuestros recursos naturales.

> **INVESTIGUEMOS LA MÚSICA**
> Look online for the song "¿Dónde jugarán los niños?" by the Mexican group Maná. Listen to the song and determine what the message is.

6.8 **Las descripciones** Trabajen en parejas. Uno de ustedes (Estudiante 1) va a describirle el dibujo en esta página a su compañero (Estudiante 2), quien debe dibujar lo que escucha sin mirar la ilustración. Al terminar comparen el original y el nuevo dibujo. Después el Estudiante 2 debe describir el dibujo en el **Apéndice B,** y el Estudiante 1 va a dibujarlo.

Conexiones culturales
La diversidad geográfica

Cultura

Algunos artistas se dedican a retratar *(to portray)* los paisajes de su tierra. Estos artistas reciben el nombre de paisajistas. Uno de los paisajistas más famosos de México fue Gerardo Murillo (1875–1964). Murillo es más conocido como "Dr. Atl", que significa "agua" en náhuatl. Cuando era joven recibió una beca *(scholarship)* del gobierno mexicano para estudiar en Europa. Murillo consiguió un doctorado en Filosofía y Derecho de la Universidad de Roma en 1898. El arte del Renacimiento *(Renaissance)* italiano y el movimiento impresionista de ese tiempo influenciaron su arte. Cuando regresó a México, comenzó a pintar activamente y a enseñar arte. En 1920 estudió vulcanología. Por su interés en los volcanes, los pintó en numerosos cuadros. Aquí aparece una reproducción de uno de sus paisajes. ¿Qué hay en el paisaje? ¿Conoces algún paisajista famoso de los Estados Unidos o de algún otro país?

Volcán Iztaccíhuatl

Volcan Iztaccihuatl (oil on canvas), Atl, Dr. (Gerardo Murillo) (1875–1964) / Private Collection / Photo: © Michel Zabe / AZA INBA / The Bridgeman Art Library International

Investiga en Internet la leyenda relacionada con los volcanes Popocatépetl e Iztaccíhuatl.

Conexiones... a la geografía

Muchos parques nacionales en países donde se habla español son espectaculares. Entre los más bellos *(beautiful)* están los parques al sur de Argentina y Chile. Un parque muy conocido es el Parque Nacional Los Glaciares, el segundo más grande de Argentina. Fue creado en 1937 y fue declarado Patrimonio de la Humanidad por la UNESCO en 1980. En Chile también hay numerosos parques nacionales, como el Parque Nacional Torres del Paine, en la región antártica chilena. En ambos parques pueden admirarse glaciares impresionantes. Los glaciares son masas de hielo *(ice)* compactado que tardan miles de años en formarse. Son una importante fuente *(source)* de agua potable, pero la mayoría de los glaciares del mundo está desapareciendo rápidamente.

Glaciar Perito Moreno, en la Patagonia argentina

Pichugin Dmitry/Shutterstock.com

Elige un país hispano e investiga uno de sus parques nacionales ¿Qué características tiene? Escribe un resumen de la información para compartir con la clase y lee las descripciones de tus compañeros.

Busca otros parques nacionales y aprende más sobre El Salvador, Ecuador y Paraguay en la sección **Exploraciones del mundo hispano** en el **Apéndice A.**

Comparaciones

Biodiversidad es un término que se usa para referirse a la gran variedad de especies que hay en nuestro planeta. Lee la siguiente información y responde las preguntas.

Embarcación de los Uros en el lago Titicaca

- El 25% de la tierra de Costa Rica está protegido a través de parques nacionales. En Venezuela el 15% está protegido. ¿Qué porcentaje del territorio de los Estados Unidos está protegido?
- Colombia tiene más de 49 mil especies de plantas y es el segundo país con mayor diversidad de plantas. Solamente Brasil cuenta con más especies, pero tiene un territorio siete veces más grande que el de Colombia. ¿Cuántas especies vegetales hay en los Estados Unidos y cómo se compara al tamaño de Colombia?
- Colombia tiene el 19,4% de todas las aves *(birds)* del mundo. (África entera tiene el 15%.) Costa Rica tiene más variedades de aves (850) que los Estados Unidos a pesar de que *(despite)* el tamaño de los Estados Unidos es mucho más grande. ¿Cuántas especies de aves hay en los Estados Unidos?
- El volcán más alto del mundo está en una región entre Argentina y Chile: el Nevado Ojos del Salado. Tiene una altura de 6870 metros. ¿Cuál es el volcán más alto de Norteamérica y qué altura tiene?
- El lago navegable más alto del mundo es el lago Titicaca, entre Bolivia y Perú. ¿Cuál es el lago más alto de Norteamérica?
- La catarata más alta del mundo es El Salto del Ángel en Venezuela. ¿Cuál es la segunda?
- El desierto de Atacama en Chile es el más seco del mundo. ¿Cuál es el desierto más grande?

Comunidad

Elige un lugar en tu estado que te parezca importante conservar y diseña un cartel en español con los datos más importantes sobre el lugar. Después da varias razones para protegerlo.

Modelo *Es importante conservar la costa de Carolina del Norte para tener agua limpia...*

Panamá tiene áreas protegidas perfectas para bucear.

A analizar ▶

Rosa habla con sus amigos sobre sus planes para su viaje a Costa Rica. Después de ver el video lee parte de su conversación y observa las formas de los verbos.

Paula:	¿Cuándo van a ir?
Rosa:	**Saldré** para México el día después de que terminen los exámenes finales, y **me quedaré** dos o tres días con mi familia. Luego mi hermano y yo **saldremos** para Costa Rica y **nos quedaremos** allí por dos semanas.
Nicolás:	¿**Se quedarán** en un lugar o piensan viajar a diferentes lugares?
Rosa:	Todavía no tenemos planes concretos, pero queremos conocer todo lo que podamos en dos semanas, así que **estaremos** unos días en San José, luego **viajaremos** al Parque Nacional Santa Rosa. ¡Y, por supuesto, **iremos** a ver el volcán Arenal!
Santiago:	¡**Será** un viaje fantástico!

1. Based on the context of the conversation, what tense are the verbs in bold: past, present, or future?

2. Using the examples in the paragraph above and what you already know about verb conjugations, complete the following verb charts.

yo _____	nosotros _____	yo _____	nosotros _____
tú _____	vosotros necesitaréis	tú _____	vosotros estaréis
él, ella, usted _____	ellos, ellas, ustedes _____	él, ella, usted _____	ellos, ellas, ustedes _____

A comprobar

Future tense

1. You already know how to express the future using the construction **ir** + **a** + infinitive. This structure is often used in spoken Spanish and generally refers to something that will happen in the near future. It is also common to use the present tense to express near future.

   Voy a pescar en el lago este fin de semana.
   I'm going to fish at the lake this weekend.

   Salgo para las montañas mañana.
   I'm leaving for the mountains tomorrow.

2. Another way to express what will happen is to use the future tense; however, it tends to be a little more formal and is generally used to refer to a more distant future. To form the future tense, add the endings to the infinitive (rather than to the verb stem, as is done with most other verb tenses). Note that -**ar,** -**er,** and -**ir** verbs take the same endings.

hablar			
yo	hablar**é**	nosotros(as)	hablar**emos**
tú	hablar**ás**	vosotros(as)	hablar**éis**
él, ella, usted	hablar**á**	ellos, ellas, ustedes	hablar**án**

volver			
yo	volver**é**	nosotros(as)	volver**emos**
tú	volver**ás**	vosotros(as)	volver**éis**
él, ella, usted	volver**á**	ellos, ellas, ustedes	volver**án**

ir			
yo	ir**é**	nosotros(as)	ir**emos**
tú	ir**ás**	vosotros(as)	ir**éis**
él, ella, usted	ir**á**	ellos, ellas, ustedes	ir**án**

El grupo **irá** a la isla primero.
*The group **will go** to the island first.*

The following are irregular stems for the future tense:

decir	**dir-**	querer	**querr-**
haber	**habr-**	saber	**sabr-**
hacer	**har-**	salir	**saldr-**
poder	**podr-**	tener	**tendr-**
poner	**pondr-**	venir	**vendr-**

Allí **podrán** ver el volcán.
*There **they will be able** to see the volcano.*

3. The future tense is also used to express probability or to speculate about present conditions. Verbs commonly used to speculate about conditions are **ser, estar, haber,** and **tener.** When speculating about present actions, use the future tense of **estar** with the present participle.

Si Octavio no está aquí, **estará** enfermo.
*If Octavio is not here, he **might be** sick.*

¿Quién **será**?
*Who **could it be**? (Who **might it be**?)*

Imagino que el presidente **tendrá** unos cincuenta años.
*I imagine the president **must be** about 50 years old.*

¿Qué hace Raúl en Argentina? ¿**Estará** esquiando?
*What is Raúl doing in Argentina? **Might** he **be** skiing?*

4. Remember that when using the verb **haber** to express the existence of something, it is used in its singular form regardless of whether it is followed by a singular or a plural noun.

Habrá 20 personas en la excursión.
***There will be** 20 people on the excursion.*

A practicar

6.9 **Predicciones para el futuro** Lee las siguientes predicciones para el año 2050 y decide si estás de acuerdo o no. Justifica tu respuesta.

1. Todos los teléfonos se reciclarán.
2. Será ilegal tener más de un automóvil por familia.
3. Habrá tanques de oxígeno en las escuelas.
4. No existirán muchos de los animales que existen hoy en día.
5. El agua potable costará más que la gasolina.
6. La gente tendrá menos aparatos eléctricos.
7. Los edificios se harán con materiales reciclados.
8. Los científicos podrán clonar animales que se extinguieron hace mucho tiempo.

Muchos animales estarán en peligro de extinción.

6.10 **Nace un ecologista** Toño quiere cuidar más el medio ambiente en el año nuevo y hace una lista de sus propósitos *(resolutions)*. Usa el futuro simple para completar las ideas.

1. Yo _____ (usar) menos electricidad y _____ (apagar) las luces al salir de un cuarto.
2. Yo les _____ (decir) a mis amigos que deben comprar solamente productos ecológicos.
3. En el supermercado mi familia y yo _____ (pedir) solamente bolsas de papel o _____ (tener) bolsas de tela.
4. Nosotros no _____ (conducir) un coche que consuma mucha gasolina; _____ (comprar) uno más económico.
5. Yo les _____ (explicar) a mis amigos que es importante reciclar y ellos _____ (aprender) a proteger el medio ambiente.
6. Mis hermanos y yo no _____ (ir) a la escuela en coche; nosotros _____ (poder) conversar mientras caminamos juntos a la escuela.

6.11 **Después del año escolar** Entrevista a un compañero sobre lo que hará después de terminar el año escolar. Pídele información adicional si da una respuesta positiva.

Modelo seguir estudiando el español (¿Dónde?)
Estudiante 1: ¿Seguirás estudiando español?
Estudiante 2: Sí, seguiré estudiando español.
Estudiante 1: ¿Dónde?
Estudiante 2: Tendré otra clase en esta escuela.

1. hacer un viaje (¿Adónde?)
2. buscar un trabajo (¿Qué tipo de trabajo?)
3. tomar clases de verano (Qué clases?)
4. practicar un deporte (¿Cuál?)
5. tener invitados en casa (¿Quiénes?)
6. asistir a un campamento *(camp)* (¿Dónde?)
7. ir de vacaciones con la familia (¿Adónde?)
8. mudarse *(to move)* (¿Adónde?)

6.12 **En el año 2050** Túrnense para hacer predicciones sobre el año 2050 en las siguientes categorías. Tu compañero te dirá también lo que piensa. Para la última, ustedes van a decidir otro tema. Sean originales.

Modelo la salud
Estudiante 1: *Los científicos encontrarán una medicina para curar el cáncer.*
Estudiante 2: *Es posible, pero habrá nuevas enfermedades.*

1. la escuela	3. la casa	5. las vacaciones	7. el dinero
2. el trabajo	4. la familia	6. los amigos	8. ¿?

6.13 **¿Qué pasará?** En parejas túrnense para explicar dónde están las personas y lo que están haciendo. Después usen el futuro para especular cómo se sienten. Finalmente, expliquen qué harán las personas después.

Modelo *Ellos están en la playa y están tomando el sol. Estarán muy felices. Más tarde volverán al hotel y se ducharán. Saldrán a comer y a bailar.*

INVESTIGUEMOS LA MÚSICA
Find Mexican pop singer Paulina Rubio's song "Volverás" on the Internet and listen to it. What does she think the person who left her will do?

1.
2.
3.
4.
5.
6.

A analizar

Rosa habla con sus amigos sobre los países que ha visitado en Centroamérica. Después de ver el video, lee parte de la conversación y observa los verbos en negrita. Luego contesta las preguntas al final.

Rosa:	¿Alguno de ustedes **ha ido** a Costa Rica?
Santiago:	Nunca **he estado** en Centroamérica pero tengo muchas ganas de ir. ¿Tú **has visto** otros países en Centroamérica?
Rosa:	Sí. Mi hermano y yo **hemos viajado** a Guatemala, a Nicaragua y a Honduras y ahora queremos ir a Costa Rica. Todos los que **han ido,** dicen que es un país increíble con playas y bosques hermosos.

1. In **Capítulo 5** you learned how to form the past participle. What are the past participles in this conversation?
2. In this conversation they are used with the verb **haber**. How is it conjugated?
3. Based on the context of the conversation, do you think the verbs express past, present, or future?

A comprobar

Present perfect

1. The present perfect is used to express actions that we have and have not done. It combines the present tense of the verb **haber** with the past participle.

haber			
yo	**he**	nosotros(as)	**hemos**
tú	**has**	vosotros(as)	**habéis**
él, ella, usted	**ha**	ellos, ellas, ustedes	**han**

2. You will remember from **Capítulo 5** that to form the regular past participles, you need to add **-ado** to the end of the stem of **-ar** verbs, and **-ido** to the stem of **-er** and **-ir** verbs.

hablar	habl**ado**
beber	beb**ido**
vivir	viv**ido**

The following verbs have accents in the past participles:

creer	**creído**	oír	**oído**
leer	**leído**	traer	**traído**

These are the irregular past participles you learned in **Capítulo 5.**

abrir	**abierto**	hacer	**hecho**
cubrir	**cubierto**	morir	**muerto**
decir	**dicho**	romper	**roto**
despertar	**despertado***	poner	**puesto**
devolver	**devuelto**	ver	**visto**
escribir	**escrito**	volver	**vuelto**

*Note the past participle of **despertar** becomes **despertado** when it is used in the present perfect.

3. When using the past participle with **estar,** it must agree in gender and number with the subject because it functions as an adjective. However, when using the participle with **haber,** it is part of the verb, and it does not agree with the subject.

> Ella **ha trabajado** mucho esta semana.
> Ellos **han ido** a la costa.

4. When using direct object, indirect object, or reflexive pronouns, they are placed in front of the conjugated form of **haber.**

> No **se** han despertado todavía.
> Ya **lo** he visto.

5. In Spanish, the present perfect is generally used as it is in English to talk about something that has happened or something that someone has done. It is usually either unimportant when it happened or it has some relation to the present.

> ¿Alguna vez **has ido** a las montañas?
> *Have you ever gone to the mountains?*

> **He perdido** el mapa y no sé dónde estamos.
> *I've lost the map and don't know where we are.*

6. The following expressions are often used with the present perfect:

alguna vez	*ever*
no... todavía	*not . . . yet, still . . . not*
nunca	*never*
recientemente	*recently*
ya	*already*

> **Ya** hemos ido a esa playa.
> *We have **already** been to that beach.*

> **No** han llegado **todavía.**
> *They have **not** arrived **yet.***

> ¿**Alguna vez** has escalado una montaña?
> *Have you **ever** climbed a mountain?*

> **INVESTIGUEMOS LA GRAMÁTICA**
> In Spain it is much more common to use the present perfect rather than the preterite when referring to anything that happened that same day.
>
> **Hemos nadado** en el mar esta mañana.
> *We swam in the sea this morning.*

A practicar

6.14 **¿Son ecologistas?** Lee lo que dice Adela sobre sus actividades y las de sus amigos y familiares. Decide si las diferentes actividades son ecológicas o no. Explica tu respuesta.

1. Yo siempre he comprado agua en botellas de plástico.
2. Mis amigos y yo hemos empezado a reciclar papel.
3. Esta semana mis amigos han ido a la escuela en autobús cada día.
4. Mi hermano siempre se ha bañado por veinte minutos.
5. Este año mis padres han puesto un jardín con verduras al lado de la casa.
6. Mi tío siempre ha preferido tener un coche grande.
7. Mis padres y yo siempre hemos pedido bolsas de plástico en el supermercado.
8. Este verano he abierto las ventanas en vez de encender el aire acondicionado.

6.15 **¿Qué has hecho?** En parejas completen las siguientes oraciones con información sobre sus experiencias personales.

Modelo   Yo he ido a...
>   *Yo he ido a Puerto Rico. / Yo he ido a una isla.*

1. He estado en...
2. He vivido en...
3. He roto...
4. He escrito...
5. He hecho...
6. He visto...
7. He comido...
8. He comprado...

6.16 **De campamento** Martín y su amigo Gerardo están en un campamento en la tundra argentina. Completa su historia con la forma necesaria del presente perfecto para cada verbo entre paréntesis.

Este es nuestro quinto (*fifth*) día de excursión. Hasta ahora, **(1)** _____ (caminar) más de 100 kilómetros, pero no **(2)** _____ (ver) ningún animal salvaje, excepto un grupo de castores (*beavers*) que **(3)** _____ (destruir) muchos árboles. Es una lástima ver tantos árboles destruidos. Hace mucho frío por la noche y por eso yo no **(4)** _____ (dormir) bien y me siento muy cansado. Además, yo tampoco **(5)** _____ (comer) muy bien porque Gerardo trajo una comida enlatada (*canned*) horrible. Sin embargo, debo admitir que todos nosotros **(6)** _____ (divertirse) mucho. A Gerardo le encanta la fotografía y **(7)** _____ (tomar) muchas fotos para compartir a nuestro regreso. ¿Alguna vez **(8)** _____ (hacer) tú este tipo de excursión?

6.17 **¿Quién lo ha hecho?** En parejas túrnense para preguntar y contestar quién ha hecho las siguientes actividades. Si pueden, mencionen otros datos sobre la persona.

Modelo   cantar desde (*since*) su niñez
Estudiante 1: *¿Quién ha cantado desde su niñez?*
Estudiante 2: *Christina Aguilera.*

1. escribir más de quince novelas
2. recibir varios Premios Golden Globe
3. hacerse famoso como comediante
4. jugar para los Red Sox y los Twins
5. tener más de 70 canciones en la posición número uno en *Billboard*
6. vender más de 30 millones de álbumes
7. ganar las elecciones presidenciales dos veces
8. dirigir películas

a. Christina Aguilera
b. Sofía Vergara
c. Carlos Santana
d. Enrique Iglesias
e. Alfonso Cuarón
f. Michelle Bachelet
g. George López
h. Isabel Allende
i. David Ortiz

6.18 **Sondeo** En grupos de tres o cuatro estudiantes hagan un sondeo para saber quién ha hecho las siguientes actividades. Túrnense para hacer las preguntas y después repórtenle sus resultados a la clase.

Modelo   trepar un árbol en un bosque
¿Quién ha trepado un árbol en un bosque?

1. hacer surf en el océano
2. ver una catarata
3. nadar en un lago
4. esquiar en las montañas
5. acampar en un bosque
6. ir de vacaciones a una isla
7. estar en un desierto
8. correr al lado del mar

6.19 **En busca de...** Pregúntales a tus compañeros si alguna vez han hecho las siguientes actividades. Pídeles información adicional para reportársela a la clase.

¿Alguna vez... ?

1. nadar en el mar (¿dónde?)
2. ver un volcán (¿dónde?)
3. ir a una isla (¿cuál?)
4. navegar en un río (¿en cuál?)
5. escalar una montaña (¿cuál?)
6. pescar en un lago (¿dónde?)
7. perderse en un bosque (¿qué hizo?)
8. estar en una selva (¿dónde?)

El volcán Cotopaxi en Ecuador

Steve Herrmann/Shutterstock.com

6.20 Este año Entrevista a un compañero sobre lo que ha hecho este año. Pídele información adicional si da una respuesta positiva.

Modelo leer un libro (¿cuál?)
        Estudiante 1: *¿Has leído un libro este año?*
        Estudiante 2: *Sí, he leído un libro.*
        Estudiante 1: *¿Cuál?*
        Estudiante 2: *Leí* Cien años de soledad.

1. hacer un viaje (¿adónde?)
2. escribir una carta (¿a quién?)
3. visitar a unos amigos o parientes (¿qué hicieron?)
4. mudarse *(to move)* (¿adónde?)
5. tener una fiesta (¿cuándo?)
6. comprar un videojuego (¿qué videojuego?)
7. ir a un concierto (¿de quién?)
8. encontrar un nuevo pasatiempo (¿cuál?)

6.21 Hechos Con un compañero túrnense para hablar de lo que han hecho con respecto a los siguientes temas. Ustedes deciden el último tema.

Modelo trabajos
        Estudiante 1: *Yo he trabajado en un supermercado.*
        Estudiante 2: *¿De veras? Yo nunca he trabajado.*

1. estudios   5. comida
2. compras   6. deportes
3. viajes   7. hazañas *(feats)*
4. relaciones   8. ¿?

6.22 ¿Qué ha pasado? En parejas túrnense para describir los dibujos. Expliquen dónde están las personas y lo que ha pasado. Usen el presente perfecto y den muchos detalles.

Modelo *Ella está en la playa con un amigo. El amigo ha ido a nadar y ella se ha dormido y se ha quemado.*

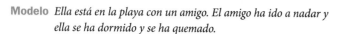

1.

2.

3.

4.

5.

6.

Entrando en materia

El futuro del mundo son los niños, por eso es importante enseñarles a cuidar el planeta. En tu opinión, ¿qué necesitan saber las personas sobre el reciclaje? ¿Hay otras formas de proteger el medio ambiente?

🔊 Programa educativo para niños

Vas a escuchar un segmento de un programa de televisión acerca del reciclaje. Repasa las palabras en **Vocabulario útil** antes de escuchar para ayudar con tu comprensión.

Vocabulario útil

el cartón	*cardboard*	**la pila**	*battery*
el contenedor	*container*	**la regla**	*rule*
el envase	*container*	**los restos**	*leftovers; waste*
la envoltura	*packaging*	**el vidrio**	*glass*

Comprensión

Decide si las oraciones son ciertas o falsas según la información del programa. Corrige las oraciones falsas.

1. El Día Mundial del Reciclaje se celebra el 17 de mayo.
2. Hay tres tipos de contenedores para reciclar.
3. Se usan colores diferentes para distinguir los contenedores.
4. Los restos de comida pueden reciclarse.
5. Una estrategia para "reducir" es comprar en envases de plástico.

Más allá

Los consejos que leíste son para enseñarles a niños pequeños. ¿Qué se debe hacer para informar a más adultos sobre el reciclaje? Escribe cinco ideas y lee las recomendaciones de tus compañeros.

auremar/Shutterstock.com

Lectura

Antes de leer

1. ¿Alguna vez has visitado un parque nacional? ¿Cuál?
2. ¿Puedes nombrar algunos parques nacionales famosos en los Estados Unidos? ¿Por qué es importante mantener los parques nacionales?

A leer

Los parques nacionales de Costa Rica y de Ecuador

Una cascada en La Paz, Costa Rica

recognize
Since

Costa Rica fue uno de los primeros países en Latinoamérica en **reconocer** la importancia de proteger los recursos naturales. **Desde** 1970 casi el 25% de su territorio ha sido declarado parque nacional o zona de protección.

Los habitantes de Costa Rica se distinguen por respetar la ecología y preservar el medio ambiente. Su sistema de parques nacionales refleja la preocupación

> [Los habitantes de Costa Rica se distinguen por respetar la ecología]

environmentalism

fresh water

por conservar la flora y la fauna del país. El éxito de sus parques nacionales ha sido posible porque los costarricenses consideran el **ambientalismo** una responsabilidad nacional. En este pequeño país existen 205 especies de mamíferos, más de 850 especies de aves, 160 especies de anfibios, 218 especies de reptiles y 1013 especies de peces de **agua dulce**.

Los parques nacionales de Costa Rica también son de gran importancia económica porque se han convertido en importantes centros de atracción para los turistas. También han construído muchos hoteles para satisfacer la demanda de los turistas, pero sin dañar el medio ambiente. Costa Rica es un ejemplo a seguir en materia de ecología.

Ecuador es otro país pequeño que también tiene muchas reservas ecológicas y parques nacionales públicos y privados. El parque más conocido es el Parque Nacional Galápagos, establecido en 1959. Se calcula que las islas se formaron **hace** más de ocho millones de **años**. Fueron **descubiertas** en 1535, accidentalmente. Por mucho tiempo los piratas ingleses usaron las Galápagos como **escondite**. Las islas son famosas porque Darwin concibió su teoría de la evolución gracias a sus observaciones en estas islas.

En la actualidad el Parque Nacional Galápagos está **compuesto por** más de 30 islas y tiene una extensión de 693 700 hectáreas. Abundan especies que no existen en ninguna otra parte del mundo, y por eso tiene mucha importancia. Existen normas de **comportamiento** rigurosas para proteger el delicado equilibrio de las islas. Por ejemplo, no es posible visitar las islas sin un **guía** especializado; la gente no se debe **acercar** a ningún animal a menos de dos metros, para no alterar su **comportamiento**; no se debe introducir ningún organismo vivo. **A pesar de** estas rigurosas reglas, las Galápagos están en la lista de Patrimonio Universal en **peligro**, y es posible que eventualmente se prohíba el acceso a los visitantes.

hace... años
*years ago /
discovered*

hideout

made up of

behavior

guide / to approach

behavior

Despite

danger

Pelícanos en las islas Galápagos

Comprensión

1. ¿Qué porcentaje del territorio costarricense ocupan los parques nacionales y las zonas de protección?
2. ¿Cómo protege Costa Rica el medio ambiente?
3. ¿Por qué los parques nacionales tienen una gran importancia económica?
4. ¿Cuándo se estableció el Parque Nacional Galápagos?
5. ¿Por qué son famosas las Galápagos?
6. ¿Cuáles son tres reglas *(rules)* importantes que se deben seguir cuando se visitan las islas?

Después de leer

Costa Rica es uno de los países latinoamericanos que más se esfuerza *(makes an effort)* por proteger el medio ambiente. Escoge otro país hispano e investiga lo que hacen sus habitantes para conservar la naturaleza. Repórtale a la clase el área del parque, sus atracciones y los esfuerzos que se hacen para protegerlo.

La vida en una granja no es fácil. Hay muchos animales que cuidar.

el águila
la jirafa
la ardilla
la granja
las ovejas
los conejos
las vacas
los cerdos
el pavo
las gallinas
el gallo
los pollos
los patos
la tortuga
la rana
el pingüino

INVESTIGUEMOS EL VOCABULARIO

Although a gender (**el** or **la**) is assigned to a species, we cannot assume the gender of the animal by the name. You can specify the gender of a specific animal by saying that it is **macho** (*male*), or **hembra** (*female*). For example, the generic term for *squirrel* is **la ardilla**, but we can talk about **una ardilla macho** or **una ardilla hembra**. For very common domesticated animals such as cats and dogs, it is common to change the ending: **perra, gata,** etc.; however, a few animals have different names, based on their gender:

caballo	→	yegua
toro	→	vaca
gallo	→	gallina

Los animales

la ballena	whale
la cebra	zebra
el cocodrilo	crocodile
el elefante	elephant
el gorila	gorilla
el jaguar	jaguar
el león	lion
la llama	llama
el lobo	wolf
el mono	monkey

el oso	bear
la serpiente	snake
el tiburón	shark
el tigre	tiger
el toro	bull
el venado	deer
el zorro	fox

Clasificaciones

| los anfibios | amphibians |
| las aves | birds |

los mamíferos	mammals
los peces	fish
los reptiles	reptiles

Palabras adicionales

cazar	to hunt
la caza	hunting
la jaula	cage
en peligro de extinción	endangered
salvaje	wild

A practicar

6.23 🔊 **Escucha y responde** Escucharás algunas oraciones sobre el hábitat de los animales. Si piensas que una oración es cierta, levanta la mano. Si es falsa no hagas nada.

1. …   2. …   3. …   4. …   5. …   6. …

6.24 **Identificaciones** Decide a qué grupo corresponden los siguientes animales.

anfibio   ave   mamífero   pez   reptil

Modelo gorila *mamífero*

1. el cocodrilo	**5.** el águila	**9.** la ballena
2. el pingüino	**6.** la serpiente	**10.** la rana
3. el zorro	**7.** la llama	
4. el tiburón	**8.** la gallina	

6.25 **¿Qué animal es?** Con un compañero túrnense para escoger un animal de la ilustración o de la lista en la página anterior y describirlo. No deben decir el nombre del animal.

Modelo Estudiante 1: *Es un ave que vive en granjas y pone huevos.*
Estudiante 2: *Es la gallina.*

6.26 **Asociaciones** ¿Qué sabes de estos animales? En parejas túrnense para relacionar cada animal con una palabra de la lista y explicar la relación.

selva   bosque   mar   pasto   huevos
ratones   domesticado   salvaje   desierto

Modelo pandas – extinción
Los pandas son animales en peligro de extinción. Hay muy pocos en el mundo.

1. osos	**4.** delfines	**7.** coyotes
2. monos	**5.** gallinas	**8.** vacas
3. zorros	**6.** serpientes	

6.27 **Entrevista** Entrevista a un compañero con las siguientes preguntas.

1. Aparte de tus mascotas ¿cuál es tu animal favorito? ¿Por qué?

2. ¿Piensas que los derechos *(rights)* de los animales son importantes? ¿Por qué?

3. ¿Con qué frecuencia vas al zoológico? ¿Qué animales prefieres visitar?

4. ¿Piensas que los safaris son buenos para los animales? ¿Por qué?

5. ¿Qué animales piensas que son los más inteligentes? ¿Por qué?

6. ¿Crees que los animales piensan y sienten? ¿Por qué lo crees?

6.28 **Donaciones** Imagina que tu compañero y tú trabajan para una organización que protege animales. Uno de ustedes va a trabajar con la tabla en esta página y el otro va a completar la tabla en el **Apéndice B.** Compartan la información para completarla y después decidan para qué animal deben hacer la siguiente campaña para recibir más donaciones.

ESPECIE	DONACIONES	PAÍS/ REGIÓN
1. El pingüino imperial	$200.340,00	Argentina/Chile/Antártica
2. El orangután	$1.050.450,00	
3. El jaguar	$503.789,00	
4. El oso frontino		Venezuela
5. El cóndor andino		Zonas montañosas de Sudamérica
6. El oso polar		

NOTE: In Spanish, the numbers are written slightly different. To indicate thousands, use a period or a blank instead of a comma. To indicate decimals in Spanish, use a comma instead of a period.

Conexiones culturales
El reino animal

Cultura

En todas las culturas los animales han sido protagonistas *(main characters)* de cuentos para niños, fábulas y otras historias. El escritor guatemalteco Augusto Monterroso utilizó animales para escribir fábulas modernas, muchas veces llenas *(full)* de crítica social y de un humor cínico. Monterroso (1921–2003) nació *(was born)* en Honduras, pero su familia era de Guatemala, y allí creció *(grew up)*. Por cuestiones políticas tuvo que exiliarse en 1944. Vivió en México la mayor parte de su vida. Es famoso por sus cuentos cortos, y es también el autor del cuento más corto de la historia de la literatura universal.

La siguiente fábula es una de las más conocidas de Monterroso.

Investiga en Internet otras fábulas en español. Comparte una fábula con la clase.

El burro y la flauta

Tirada en el campo *(Lying in the field)* estaba desde hacía tiempo una Flauta que ya nadie tocaba, hasta que un día un Burro que paseaba por ahí resopló *(puffed)* fuerte sobre ella haciéndola producir el sonido más dulce de su vida, es decir, de la vida del Burro y de la Flauta.

Incapaces *(Unable)* de comprender lo que había pasado, pues la racionalidad no era su fuerte *(strong point)* y ambos *(both)* creían en la racionalidad, se separaron presurosos *(quickly)*, avergonzados de lo mejor que el uno y el otro habían hecho durante su triste existencia.

Comunidad

En muchas partes del mundo hispanohablante hay especies que existen solamente en ese lugar. Elige *(Choose)* un país donde se habla español e investiga en Internet una especie que existe solamente en ese país. Prepara un cartel para presentarle a la clase la información sobre la especie que elegiste.

El quetzal vive en las selvas de Centroamérica.

Comparaciones

Se calcula que existen de 5 a 50 millones de especies diversas en nuestro planeta, pero solo se han descrito *(documented)* alrededor de 1,4 millones.

Algunos países son mucho más biodiversos que otros. Por ejemplo, en Colombia hay 1821 especies de aves, más que cualquier otro país del mundo. En Ecuador se encuentra el Parque Nacional Yasuní, la región con más biodiversidad en todo el planeta.

La siguiente tabla muestra cinco países muy ricos por su cantidad *(amount)* de plantas, anfibios, reptiles y mamíferos. Investiga qué lugar ocupan los Estados Unidos en cada una de estas categorías. ¿Te sorprenden los resultados? ¿Por qué? ¿Puedes mencionar algunas especies que vivan solamente en el territorio de los Estados Unidos?

Se calcula que existen entre 5 y 50 millones de especies en nuestro planeta.

Los países con más biodiversidad en el mundo (País y número de especies)

Plantas	Anfibios	Reptiles	Mamíferos
Brasil, 55 000	Brasil, 516	México, 707	Indonesia, 519
Colombia, 45 000	Colombia, 407	Australia, 597	México, 439
China, 30 000	Ecuador, 358	Indonesia, 529	Brasil, 421
México, 26 000	México, 282	Brasil, 462	China, 410
Australia, 25 000	Indonesia, 270	India, 433	Zaire, 409

Source: Instituto Nacional de Ecología, México

Conexiones... a la ecología

De acuerdo a la Unión Internacional para la Conservación de la Naturaleza, un 40% de todos los organismos puede considerarse en peligro de extinción. Según el U.S. Fish and Wildlife Service, hay 1224 especies en peligro de extinción o amenazadas *(threatened)* tan solo en los Estados Unidos (2016).

La siguiente lista es de varias especies de animales que están en peligro de extinción. Elige una e investiga: ¿Dónde vive el animal? ¿Por qué está en peligro? ¿Qué se debe hacer para preservar esta especie? ¿Por qué se debe preservar? Repórtale a la clase lo que aprendiste.

Una iguana de las islas Galápagos

el axolotl	el murciélago gris
la tortuga gigante	el ocelote
el quetzal	el jaguar
la iguana de las islas Galápagos	el oso grizzly
el perico puertorriqueño	la ballena jorobada
la tortuga verde	el puma

Exploraciones **gramaticales**

A analizar

Camila habla con sus alumnos *(students)* sobre algunos animales en peligro de extinción. Después de ver el video, lee parte de su conversación y observa los verbos en negrita.

Camila:	Todos [estos animales] están en peligro de extinción. Quiere decir que es posible que algún día **no existan.**
Estudiante:	Pero no es justo que **se mueran.**
Camila:	Estoy de acuerdo... muchos animales ya no tienen donde vivir.
Estudiante:	No creo que puedan vivir en mi casa.
Camila:	Tienes razón... Es mejor que **estén** en la naturaleza.

1. The verbs in bold are in the subjunctive. What verb form is similar?

2. Look at the expressions that precede the verbs in the subjunctive. What do they all have in common?

A comprobar

Subjunctive with impersonal expressions

Until now, all the verb tenses you have studied (present, preterite, imperfect, future, etc.) have been in the indicative. The indicative is an objective mood that is used to state facts and to talk about things that you are certain have occurred, are occurring, or will occur.

Las águilas están en peligro.　　　*Eagles are endangered.*

In contrast, the subjunctive is a subjective mood that is used to express uncertainty, anticipated or hypothetical events, or the subject's wishes, fears, doubts, and emotional reactions.

Es terrible que las águilas　　　*It is terrible (that) the eagles are*
estén en peligro.　　　　　　　*endangered.*

The present subjunctive

1. You will notice that the subjunctive verb forms are very similar to formal commands. To form the present subjunctive, drop the **-o** from the first person **(yo)** present tense form and add the **-er** endings for **-ar** verbs, and the **-ar** endings for **-er** and **-ir** verbs.

hablar	
hable	hablemos
hables	habléis
hable	hablen

comer	
coma	comamos
comas	comáis
coma	coman

vivir	
viva	vivamos
vivas	viváis
viva	vivan

2. Verbs that are irregular in the first person present indicative have the same stem in the present subjunctive.

> Es importante que **conduzcas** con cuidado porque hay venados.

3. Stem-changing **-ar** and **-er** verbs follow the same pattern as in the present indicative, changing in all forms except the **nosotros** and **vosotros** forms.

> Es bueno que **podamos** hacer algo, pero es necesario que todos **piensen** en el medio ambiente.

4. Stem-changing **-ir** verbs follow the same pattern as in the present indicative, however there is an additional change in the **nosotros** and **vosotros** forms. The additional stem change is similar to that in the third person preterite (**e → i** and **o → u**).

> Es mejor que nosotros **durmamos** en la casa y que los animales **duerman** afuera.

5. You will recall that the formal commands of verbs whose infinitives end in **-car, -gar,** and **-zar** have spelling changes. These same spelling changes occur in the subjunctive as well.

> Es necesario que todos **busquemos** una solución.

> Es malo que el gallo **empiece** a cantar tan temprano.

6. The subjunctive of the following verbs is irregular: **dar (dé), estar (esté), haber (haya), ir (vaya), saber (sepa),** and **ser (sea).**

> Es imposible que **vayas** a la granja mañana.

> Es horrible que **haya** tantos animales en peligro de extinción.

7. Impersonal expressions do not have a specific subject and can include a large number of adjectives: **es bueno, es difícil, es importante, es triste,** etc. They can be negative or affirmative.

The following are impersonal expressions:

es buena/mala idea	es mejor	es recomendable
es horrible	es necesario	es ridículo
es imposible	es posible	es terrible
es increíble	es probable	es una lástima (*it's a shame*)
es justo (*it's fair*)	es raro	es urgente

8. When using an impersonal expression to express an opinion or an emotional reaction, it is necessary to use the subjunctive with it. While in English the conjunction *that* is optional, in Spanish, it is necessary to use the **que** between the clauses.

> **Es importante que protejamos** a los animales.
> *It is important that we protect the animals.*

> **Es una lástima que haya** animales en peligro de extinción.
> *It's a shame (that) there are animals in danger of extinction.*

For complete verb charts of the stem-changing and irregular subjunctive verbs, please see Appendix D.

INVESTIGUEMOS LA GRAMÁTICA
When there is no specific subject, the infinitive can also be used after the impersonal expression.
Es imposible ver a todos los animales.
It is impossible to see all the animals.

A practicar

6.29 **Es lógico** Combina las dos columnas para crear oraciones lógicas.

1. No es necesario que yo...
2. Es importante que todos nosotros...
3. Es urgente que los políticos...
4. Es mejor que tú...
5. Es increíble que unos animales...

a. hagan leyes (*laws*) para proteger la ecología.
b. se extingan rápidamente.
c. compre ropa o zapatos de piel.
d. pensemos en las otras criaturas que también viven en la tierra.
e. sigas las regulaciones de la caza.

6.30 **¿Es buena idea?** Tu familia vive en un apartamento y quieres adoptar una nueva mascota. Lee las siguientes afirmaciones y decide si son buenas ideas o no. Después completa las oraciones con la forma necesaria del subjuntivo del verbo entre paréntesis.

(No) Es buena idea que yo...

1. _____ (buscar) un animal de un refugio *(shelter)*.
2. _____ (decidir) si quiero un perro o un gato.
3. _____ (adoptar) un perro grande.
4. _____ (consultar) con mis padres.
5. _____ (tener) prisa al tomar su decisión.

INVESTIGUEMOS LA MÚSICA

Joaquín Sabina is one of the more famous contemporary Spanish composers and musicians. Listen to his song "Es mentira." What are the lies mentioned in the song? Why does the person lie?

6.31 **En un zoológico loco** En parejas miren el dibujo y túrnense para hablar sobre sus reacciones/recomendaciones usando expresiones impersonales y el subjuntivo.

Modelo *Es raro que no haya hielo en la jaula de los pingüinos.*

6.32 **El safari** Un amigo va a hacer un safari en Guinea Ecuatorial. En parejas túrnense para completar las siguientes ideas con sus recomendaciones. **¡OJO!** Recuerden que deben usar el subjuntivo.

1. Es buena idea que...
2. Es necesario que...
3. Es importante que...
4. Es recomendable que...
5. Es mala idea que...
6. Es probable que...
7. Es imposible que...
8. Es increíble que...

6.33 **Consejos para un amigo** Trabaja con un compañero para darle al menos seis consejos a una persona que va a estudiar español. Usen expresiones impersonales diferentes y el subjuntivo. Después compartan los consejos con la clase.

Modelo *Es buena idea que estudies todas las noches.*

A analizar ▶

Camila habla con sus alumnos sobre algunos animales en peligro de extinción. Mira el video otra vez. Después lee parte de su conversación y observa los verbos en negrita.

Camila:	Es cierto que todos **son** animales, pero tienen algo más en común. Todos están en peligro de extinción... muchos animales ya no tienen donde vivir.
Estudiante:	Y no creo que **puedan** vivir en mi casa.
Camila:	Tienes razón. Dudo que **estén** felices viviendo en casas.
Estudiante:	Pues yo creo que **puedo** tener un gorila en el jardín de mi casa.
Camila:	No pienso que tu jardín **sea** el lugar adecuado para un gorila.

1. Which of the verbs in bold are in the subjunctive? Which are in the indicative?
2. What expressions precede the verbs in the subjunctive? And in the indicative? How can you explain this difference?

A comprobar

Subjunctive with expressions of doubt

1. When expressing doubt or uncertainty about an action or a condition, you must use the subjunctive. The following are some common expressions of doubt that require the use of the subjunctive:

Dudar (*to doubt*) que	No estar seguro(a) que
No creer que	No ser cierto/verdad/
No pensar que	obvio/evidente que
No suponer (*to suppose*) que	

Dudo que la cebra **corra** más rápido que el león.
I doubt that the zebra runs faster than the lion.

No pensamos que los elefantes **duerman**.
We don't think that the elephants are sleeping.

2. When using the expressions below to affirm a belief or express certainty, you must use the indicative.

Creer que
Pensar que
Suponer que
Estar seguro(a) que
Ser cierto/verdad/obvio/evidente que

Creo que la preservación de la ecología **es** importante.
I believe that the conservation of the ecology is important.

Es obvio que necesitamos hacer algo.
It is obvious that we need to do something.

3. When using the verbs **pensar** and **creer** in a question, it is possible to use the subjunctive in the dependent clause as you are not affirming a belief.

¿Crees que **haya** suficiente comida para los animales?
Do you think there is enough food for the animals?

> **INVESTIGUEMOS LA GRAMÁTICA**
>
> While the expression **dudar** always require the subjunctive, there is variation in its use with **no dudar**. Some speakers will use the subjunctive (*doubt*) or the indicative (*certainty*), depending on the speaker's intention. You might prefer to use an expression of certainty like **estoy seguro(a)** or **es cierto** if you mean that you are completely sure about something.

A practicar

6.34 **¿Qué animal es?** Lee los comentarios de los alumnos de Camila y decide a cuál de los animales se refiere cada uno.

el águila	el oso polar	la serpiente
el toro	la tortuga	la vaca

1. Creo que vive en el desierto.
2. Es obvio que produce leche.
3. Dudo que sea muy rápida.
4. No creo que le gusten las temperaturas muy altas.
5. No es cierto que le moleste el color rojo.
6. Pienso que es el símbolo de los Estados Unidos.

6.35 **Oraciones incompletas** Completa las oraciones con la frase apropiada. ¡OJO! Algunas oraciones necesitan el subjuntivo y otras no.

1. Creo que el caballo...
   a. es un animal fuerte *(strong).* **b.** sea un animal fuerte.
2. Dudo que la tortuga...
   a. corre rápido. **b.** corra rápido.
3. Supongo que las gallinas...
   a. tienen miedo del zorro. **b.** tengan miedo del zorro.
4. Estoy seguro que el camello...
   a. no necesita agua. **b.** no necesite agua.
5. No pienso que la oveja...
   a. come carne. **b.** coma carne.
6. No es cierto que los pingüinos...
   a. saben volar *(to fly).* **b.** sepan volar.
7. No creo que el elefante...
   a. salta. **b.** salte.
8. Es obvio que el cocodrilo...
   a. no puede sacar la lengua *(tongue).* **b.** no pueda sacar la lengua.

6.36 **En clase** Completa el siguiente párrafo con la forma apropiada del verbo entre paréntesis. ¡OJO! Algunos verbos requieren el subjuntivo y otros el indicativo.

Miguel: Maestro, ¿es verdad que **(1)** _____ (haber) muchos animales en peligro de extinción?

Maestro: Sí, es cierto. Es obvio que muchas personas no **(2)** _____ (pensar) en el medio ambiente y no creen que sus acciones **(3)** _____ (afectar) el mundo mucho. Yo creo que todos **(4)** _____ (deber) hacer nuestra parte.

Miguel: Dudo que yo **(5)** _____ (poder) cambiar las cosas *(make a difference).*

Maestro: No creo que **(6)** _____ (saber) todo lo que *(that)* puedes hacer. Es cierto que tú **(7)** _____ (ser) solo una persona, pero hay muchas organizaciones que buscan voluntarios.

6.37 **En el reino de los animales** Trabaja con un compañero para decidir si son ciertas las siguientes oraciones. Luego usen las expresiones de duda para expresarle sus creencias (beliefs) a la clase. ¡OJO! Usa el subjuntivo solo si tienes duda.

Modelo La cebra es blanca y negra.
Es obvio que la cebra es blanca y negra.
El pez puede vivir fuera del agua.
No creo que el pez pueda vivir fuera del agua.

1. El hipopótamo es carnívoro.
2. Se escucha a un león rugir (to roar) a cinco millas.
3. La boa vive en África.
4. Una tortuga puede vivir más de cien años.
5. A los gorilas les gusta tomar una siesta por la tarde.
6. Todos los osos duermen en el invierno.
7. El tigre es el más grande de los felinos.
8. Las rayas de cada cebra son únicas.
9. El gallo canta para despertar a las gallinas.
10. Algunas ardillas pueden medir (measure) hasta un metro.

6.38 **¿Qué piensas?** Expresa tus opiniones acerca de las circunstancias en los dibujos.

Modelo *Es obvio que la niña quiere comprar el perro.*
Dudo que la madre le compre el perro.

1.

2.

3.

4.

5.

6.

6.39 **En mi opinión** En grupos de tres expresen sus opiniones sobre los siguientes temas usando el subjuntivo o el indicativo con las expresiones **(no) creer, (no) dudar, (no) pensar, (no) suponer, (no) estar seguro que** y **(no) ser cierto / evidente / verdad / obvio que.**

Modelo la crueldad con los animales
Pienso que el abuso de los animales es un crimen. Ellos no pueden protegerse.
No creo que las personas que son crueles con animales sean buenas personas.

1. ser vegetariano
2. la caza
3. la extinción de algunos animales
4. usar pieles de animales
5. la corrida de toros
6. los zoológicos
7. el problema de los gatos y perros callejeros (stray)
8. las peleas de gallos o de perros

Lectura

Antes de leer

1. ¿Conoces alguna historia sobre animales fantásticos? ¿Cuál?
2. ¿Cuáles son otros animales fantásticos de los que has oído?
3. ¿Por qué crees que hay historias sobre animales fantásticos?
4. ¿Piensas que existen o existieron? Explica por qué.

A leer

Animales fantásticos

Los animales siempre han inspirado la creatividad y la imaginación de los seres humanos pero muchas veces la realidad es más increíble que los productos de la imaginación. Cada año se descubren animales que **parecen** sacados de libros de ciencia ficción, en especial algunos organismos que viven en las **profundidades** de los océanos.

seem

depths

Por otra parte, se ha hablado de animales que nadie ha podido **comprobar** que existan. Algunos ejemplos conocidos son el monstruo del lago Ness, un tipo de dinosaurio que supuestamente vive en Escocia, el Yeti (el abominable hombre de las nieves), Sasquash y el Chupacabras.

to prove

Memo Angeles/Shutterstock.com

Una interpretación artística del Chupacabras

[Los animales han inspirado la imaginación de los seres humanos]

La historia del Chupacabras se inicia en los años 90, cuando se encontraron varios animales muertos sin **sangre,** como caballos, ovejas, **cabras,** gallinas y perros. El primer **avistamiento** del Chupacabras se reportó en Puerto Rico, pero hoy en día hay personas que dicen que vieron al Chupacabras en lugares tan **alejados** como Argentina, Colombia y Chile. Sin embargo, la mayoría de los reportes siguen siendo de Puerto Rico, la República Dominicana, México y los Estados Unidos.

blood

goats / sighting

far away

Según las personas que creen que lo vieron, el Chupacabras es una **mezcla** de animales diferentes. Se dice que es una mezcla de coyote o perro sin pelo, de rata, y hasta de **canguro**. Algunos dicen que es similar a las **gárgolas** de la mitología europea. Sin embargo, todos dicen que el Chupacabras tiene forma humanoide y **mide** aproximadamente un metro de altura. El interés en el Chupacabras ha resultado en una gran cantidad de publicidad y de artículos para el mercado: es fácil encontrar camisetas, tazas, libros y sombreros con la imagen del Chupacabras. Quizás el Chupacabras no exista en el mundo real, pero su presencia en el cine, en la televisión, en los cómics, en los videojuegos, en las leyendas urbanas y hasta en la música, no es ficticia.

mix

kangaroo

gargoyles

measures

Comprensión

Contesta las preguntas según la lectura.

1. ¿Cuáles son algunos animales fantásticos?
2. ¿Cuándo y dónde comenzó la historia del Chupacabras? ¿Por qué?
3. ¿En qué países hay reportes de un animal como el Chupacabras?
4. ¿En qué productos se puede ver el Chupacabras hoy en día *(today)*?

Después de leer

En parejas escriban una lista de otros animales que han despertado la imaginación de los humanos, y algunas películas o programas de televisión famosos que se inspiran en animales. Luego, escriban una idea para una película en la que un nuevo animal sea el protagonista de la historia. ¿Qué ocurre en la película? ¿Cómo termina?

Ruslan Kudrin/Shutterstock.com

▶ Video-viaje a...
Ecuador

Antes de ver

Las Islas Galápagos se formaron por erupciones volcánicas. Esos volcanes siguen activos hoy. Las Islas Galápagos son famosas por su fauna y flora extraordinarias donde se encuentran especies que no existen en ningún otro sitio en el planeta.

6.40 **¿Ya sabes?**

1. Ecuador está en _____.
   - ☐ El Caribe
   - ☐ Centroamérica
   - ☐ Sudamérica
   - ☐ Norteamérica

2. ¿Cierto o falso?
   a. Parte de las Islas Galápagos se encuentra en Ecuador y la otra parte se encuentra en Perú.
   b. La línea ecuatorial que divide al planeta en dos hemisferios pasa por Ecuador.

3. ¿Qué tradición, imagen o persona asocias con Ecuador?

6.41 **Estrategia**

A way to prepare yourself to watch a video segment is to familiarize yourself with the questions you will answer about segment. Before you watch the video, use the questions in 6.43 to come up with a short list of information you will want to listen for as you watch the video.

Al ver

6.42 **Escoge** Mira el video y escoge la respuesta correcta.

1. Las iguanas marinas pueden pasar _____ sin respirar.

   a. cinco minutos   **b.** diez minutos   **c.** quince minutos

2. Es posible encontrar _____ en el oéano.

   a. salmones   **b.** camarones   **c.** leones marinos.

3. Las serpientes y los halcones son depredadores *(predators)* que se comen a _____.

   a. las iguanitas   **b.** las sardinas   **c.** los pelícanos

4. Las iguanas terrestres ponen huevos en _____ caliente.

   a. las rocas   **b.** la ceniza volcánica   **c.** el mar

6.43 **Escribe** Completa las oraciones con la respuesta correcta.

1. Varias erupciones volcánicas formaron un grupo de islas hace _____ de años.

2. Las Islas Galápagos están a 600 millas al oeste de _____.

3. Charles Darwin viajó a las Islas Galápagos en los años _____.

4. La famosa teoría de Charles Darwin es la teoría de la _____ por selección natural.

5. Las iguanas _____ son los únicos lagartos en el mundo que viajan por mar.

Vocabulario útil

añadir *to add*

la ceniza volcánica *volcanic ash*

concebir *to conceive*

dispersar *to disperse*

las erupciones volcánicas *volcanic eruptions*

la flora y fauna *wildlife*

el lagarto *lizard*

marino(a) *marine, seafaring*

los rayos del sol *sun's rays*

respirar *to breathe*

sorprendentemente *surprisingly*

terrestre *terrestrial, of the land*

la tierra alta *highland*

Después de ver

6.44 **Expansión**

Paso 1. Mira la sección sobre Ecuador en **Exploraciones del mundo hispano** y lee **Investiga en Internet**. Escoge uno de los temas que te interese.

Paso 2 Busca información en Internet. Debes usar una fuente *(source)* relevante.

Paso 3 Usando la información que encontraste en Internet, escribe un resumen de 3–5 oraciones en español. Comparte la información con tus compañeros.

6.45 **Hablemos de mascotas** Completa la conversación con el presente perfecto del verbo entre paréntesis.

Viviana: ¿Qué animales (**1**) _____ (tener) tú de mascota?

Magda: Yo nunca (**2**) _____ (adoptar) animales. Mi familia

siempre (**3**) _____ (vivir) en apartamentos, así que no había

espacio para mascotas, ¿y tú?

Viviana: Yo (**4**) _____ (tener) ratones, pollos, conejos, gatos,

perros y un pájaro, pero desde que mi familia y yo nos mudamos a esta ciudad, no

(**5**) _____ (volver) a adoptar mascotas. No tenemos tiempo para

cuidarlas, así que nosotros (**6**) _____ (decidir) esperar. Yo siempre

(**7**) _____ (decir) que no es justo tener una mascota si no tienes

tiempo para ella.

6.46 **En el zoológico** Eric y sus amigos van a ir al zoológico mañana. Completa las oraciones usando los verbos entre paréntesis en el futuro y da una conclusión lógica.

Modelo Yo (comprar)...
   Compraré comida para los animales.

1. Mis amigos y yo (ir)...
2. Francisca (hacer)...
3. Francisca y yo (poder)...
4. Roberto (ver)...
5. Yo (tener)...
6. Todos (estar)...
7. Los animales (dormir)...
8. El zoológico (cerrarse)...

Muellek Josef/Shutterstock.com

Les daré de comer a los monos.

6.47 **Viaje a Costa Rica** Fabricio va a hacer un viaje a Costa Rica con su amigo Marcelo. Usa los elementos para completar sus comentarios. Debes decidir entre el indicativo y el subjuntivo del verbo subrayado (*underlined*).
¡OJO! No olvides usar **que** en las oraciones.

Modelo no creo / Costa Rica / <u>tener</u> / desierto
   No creo que Costa Rica tenga desierto.

1. es buena idea / yo / <u>llevar</u> / un traje de baño / para ir a la costa
2. supongo / <u>haber</u> / volcanes activos
3. es verdad / los costarricenses / <u>cuidar</u> / la naturaleza de su país
4. es posible / nosotros / <u>navegar</u> / en kayak / en el río Sarapiquí
5. no pienso / Marcelo / <u>conocer</u> / el Valle Central
6. no creo / Marcelo y yo / <u>viajar</u> / a la selva
7. es probable / yo / <u>ver</u> / muchos animales
8. es cierto / Costa Rica / <u>ofrecer</u> / muchas oportunidades para divertirse

6.48 **En contacto con la naturaleza** Habla con un compañero sobre sus experiencias con la naturaleza.

1. ¿Te gusta pasar tiempo en contacto con la naturaleza? ¿Por qué?

2. ¿Cuándo fue la última vez que estuviste en contacto con la naturaleza? ¿Dónde? ¿Qué hiciste?

3. ¿Alguna vez has visitado un parque nacional? ¿Cuál? ¿Qué viste en el parque?

4. ¿Adónde irás en el futuro para disfrutar de la naturaleza?

5. En tu opinión, ¿es importante que hagamos algo para preservar la naturaleza? ¿Por qué?

6. ¿Crees que el esfuerzo (*effort*) de una persona es suficiente para lograr (*achieve*) un cambio? ¿Por qué?

6.49 **La granja** Mira el dibujo de abajo mientras tu compañero mira el dibujo en el **Apéndice B.** Túrnense para describir las granjas y encontrar las cinco diferencias.

6.50 **¿Somos ambientalistas?** Hablen con sus compañeros para descubrir quién es el más ecológico.

Paso 1 En grupos de tres escriban una lista de 5–7 actividades que se pueden hacer para preservar el medio ambiente.

Paso 2 Compartan su lista con el resto de la clase y decidan entre todos cuáles son las seis actividades más importantes.

Paso 3 En los grupos de tres, pregúntense para saber quiénes hacen las seis actividades. Descubran quién es la persona que hace más para preservar el medio ambiente de su grupo y repórtenle a la clase sus resultados.

CAPÍTULO 6

🔊 Vocabulario 1

El medio ambiente *The environment*

el árbol	*tree*	la ecología	*ecology*
la arena	*sand*	el esmog	*smog*
el cactus	*cactus*	la naturaleza	*nature*
la cascada	*cascade, small waterfall*	la nube	*cloud*
		la ola	*wave*
la catarata	*large waterfall*	la palmera	*palm tree*
el cielo	*sky*	el pasto	*grass; pasture*
la contaminación	*contamination; pollution*	el petróleo	*oil*
		el reciclaje	*recycling*
la deforestación	*deforestation*	los recursos naturales	*natural resources*
los desechos industriales	*industrial waste*	el volcán	*volcano*

Lugares

la bahía	*bay*	la montaña	*mountain*
el bosque	*forest*	la pampa	*grasslands*
la colina	*hill*	la península	*peninsula*
la costa	*coast*	el río	*river*
el desierto	*desert*	la selva	*jungle*
la isla	*island*	la Tierra	*Earth*
el llano	*plains*	el valle	*valley*
el mar	*sea*		

Verbos

destruir	*to destroy*	proteger	*to protect*
preservar	*to preserve*		

◀) Vocabulario 2

Los animales

el águila (f.)	eagle	el mono	monkey
la ardilla	squirrel	el oso	bear
la ballena	whale	la oveja	sheep
la cebra	zebra	el pato	duck
el cerdo	pig	el pavo	turkey
el cocodrilo	crocodile	el pingüino	penguin
el conejo	rabbit	el pollo	chick
el elefante	elephant	la rana	frog
la gallina	hen	la serpiente	snake
el gallo	rooster	el tiburón	shark
el gorila	gorilla	el tigre	tiger
el jaguar	jaguar	el toro	bull
la jirafa	giraffe	la tortuga	turtle
el león	lion	la vaca	cow
la llama	llama	el venado	deer
el lobo	wolf	el zorro	fox

Clasificaciones

los anfibios	amphibians	los peces	fish
las aves	birds	los reptiles	reptiles
los mamíferos	mammals		

Palabras adicionales

cazar	to hunt	el macho	male
la caza	hunting	el peligro (de extinción)	danger (of extinction)
la granja	farm	salvaje	wild
la hembra	female		
la jaula	cage		

Literatura

Mario Benedetti
Biografía
Mario Benedetti (1920–2009) nació *(was born)* en Paso de los Toros, Uruguay. A los cuatro años su familia se fue a vivir a Montevideo, donde asistió al Colegio Alemán de Montevideo y comenzó a escribir poemas y cuentos. A causa de problemas económicos tuvo que dejar la escuela y trabajar para ayudar a su familia, pero terminó sus estudios por su cuenta *(on his own)*. En 1949 publicó su primer libro de cuentos, por el cual *(for which)* recibió el Premio del Ministerio de Instrucción Pública. Así comenzó una larga carrera como escritor. Benedetti publicó más de 80 libros, incluyendo poemas, cuentos, novelas, ensayos y dramas. Por motivos políticos, tuvo que salir de su país y vivió en el exilio doce años en Argentina, Perú, Cuba y España. En 1983 regresó al Uruguay, donde continuó escribiendo. Mario Benedetti recibió numerosos premios internacionales por su trabajo. Murió el 19 de mayo del 2009 y este día fue declarado luto *(mourning)* nacional en Uruguay.

Investiguemos la literatura: La metáfora

A metaphor is a figure of speech in which an object or an idea is used in place of another, implying that there is a similarity between the two. For example, *The snake took every last thing I had*. The implication is that the person that took the things is like a snake. An extended metaphor is a metaphor that continues beyond the initial sentence; it can sometimes be an entire work.

Antes de leer

1. ¿Crees que es importante aprender otros idiomas? ¿Por qué?
2. ¿Qué es lo más difícil de aprender otros idiomas?

El hombre que aprendió a ladrar

difficult / practical
discouragement / to give up / bark / often
funny
but rather
training
beat himself up
true
Franciscan[1]

Lo cierto es que fueron años de **arduo** y **pragmático** aprendizaje, con lapsos de **desaliento** en los que estuvo a punto de **desistir.** Pero al fin triunfó la perseverancia y Raimundo aprendió a **ladrar.** No a imitar ladridos, como **suelen** hacer los **chistosos** o se creen tales,

5 **sino** verdaderamente a ladrar. ¿Qué lo había impulsado a ese **adiestramiento**? Ante sus amigos **se autoflagelaba** con humor: "La verdad es que ladro por no

10 llorar". Sin embargo, la razón más **valedera** era su amor casi **franciscano** hacia sus hermanos perros. Amor es comunicación.

[1]St. Francis had a great love for nature and animals

¿Cómo amar entonces sin comunicarse?

15   Para Raimundo representó un día de gloria cuando su ladrido fue por fin

still   comprendido por Leo, su hermano perro, y (algo más extraordinario **aún**) él

lay down   comprendió el ladrido de Leo. A partir de ese día, Raimundo y Leo **se tendían** por lo

gazebo   general en los atardeceres, bajo la **glorieta**, y dialogaban sobre temas generales.

Despite   **A pesar de** su amor por los hermanos perros, Raimundo nunca había imaginado que

astute 20 Leo tuviera una tan **sagaz** visión de mundo.

serious   Por fin, una tarde se animó a preguntarle, en varios **sobrios** ladridos: Dime Leo,

con toda franqueza: ¿qué opinas de mi forma de ladrar? La respuesta de Leo fue

simple / somewhat **escueta** y sincera: Yo diría que lo haces **bastante** bien, pero tendrás que mejorar.

Cuando ladras, todavía se te nota el acento humano.

Después de leer

A. Comprensión

1. ¿Por qué quiso aprender a ladrar Raimundo?

2. ¿Cuál fue el momento de gloria para Raimundo?

3. Según Leo, ¿por qué todavía tiene que mejorar Raimundo?

4. Este cuento es una metáfora extendida. ¿Cuál es la comparación?

B. Conversemos

1. En el cuento se dice "Amor es comunicación". Explica la importancia de esta cita.
¿Estás de acuerdo? ¿Por qué?

2. ¿Piensas que tener un acento extranjero *(foreign)* es malo? ¿Por qué?

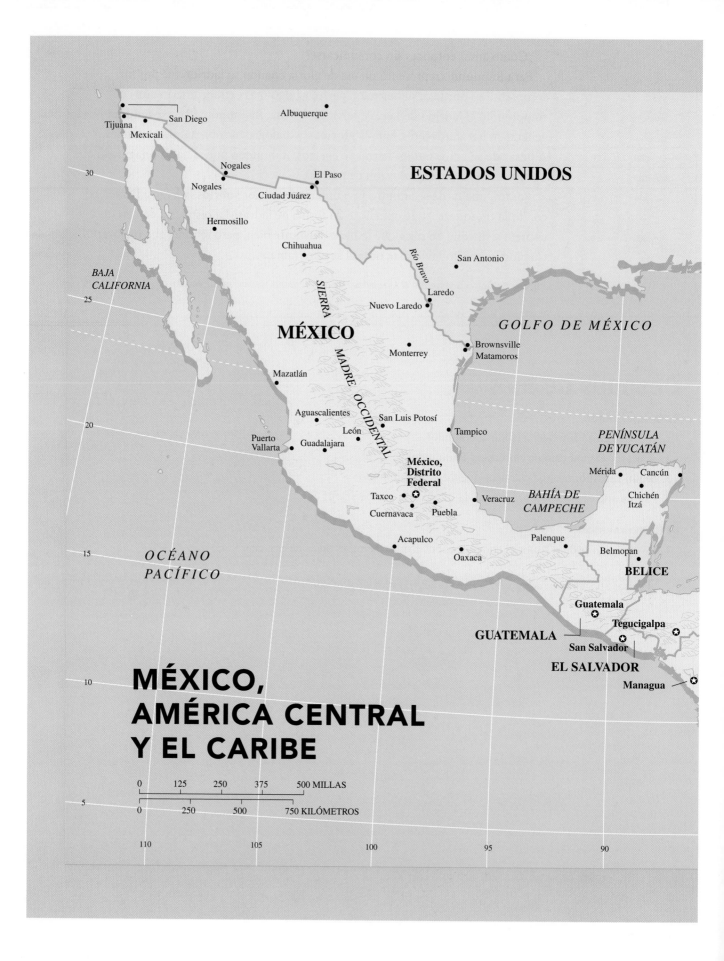

Albuquerque

Tijuana
San Diego
Mexicali

Nogales

Nogales

El Paso

ESTADOS UNIDOS

Ciudad Juárez

Hermosillo

Chihuahua

30

*BAJA
CALIFORNIA*

25

Río Bravo

San Antonio

Laredo

Nuevo Laredo

MÉXICO

GOLFO DE MÉXICO

Monterrey

Brownsville
Matamoros

SIERRA

MADRE OCCIDENTAL

Mazatlán

20

Aguascalientes

San Luis Potosí

León

Tampico

*PENÍNSULA
DE YUCATÁN*

Puerto
Vallarta

Guadalajara

Mérida

Cancún

**México,
Distrito
Federal**

Chichén
Itzá

Taxco

Veracruz

*BAHÍA DE
CAMPECHE*

Cuernavaca

Puebla

15

*OCÉANO
PACÍFICO*

Acapulco

Oaxaca

Palenque

Belmopan

BELICE

Guatemala

Tegucigalpa

10

GUATEMALA

San Salvador

EL SALVADOR

Managua

MÉXICO,
AMÉRICA CENTRAL
Y EL CARIBE

| 0 | 125 | 250 | 375 | 500 MILLAS |

| 0 | 250 | 500 | 750 KILÓMETROS |

5

110

105

100

95

90

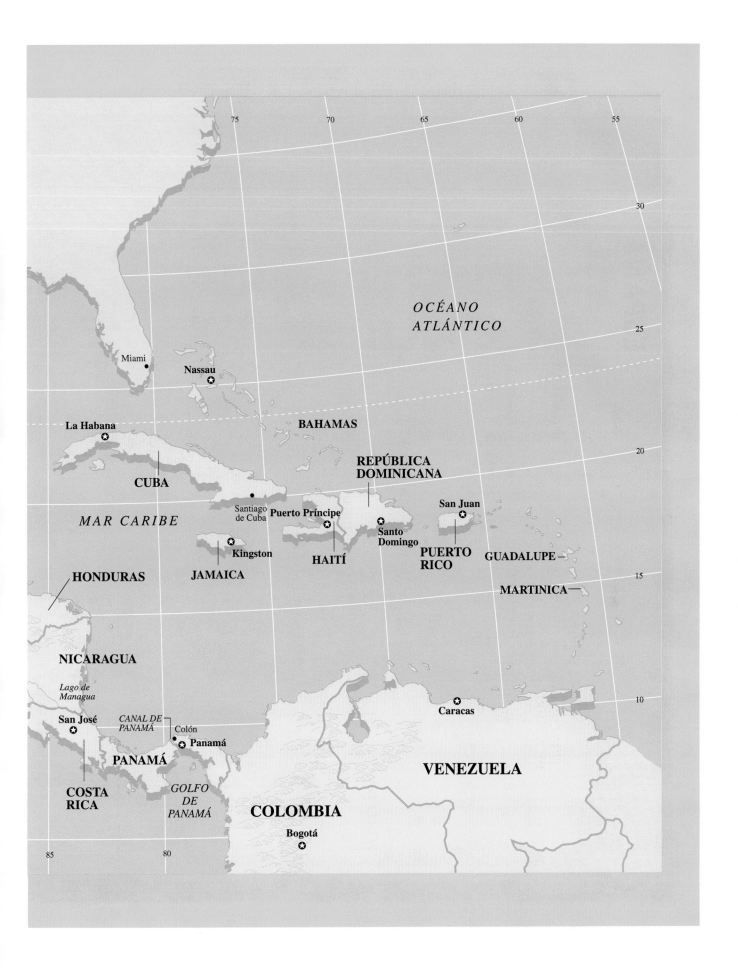

OCÉANO
ATLÁNTICO

Miami

Nassau

La Habana

BAHAMAS

REPÚBLICA
DOMINICANA

CUBA

Santiago
de Cuba

Puerto Príncipe

San Juan

MAR CARIBE

Santo
Domingo

PUERTO
RICO

GUADALUPE

Kingston

HONDURAS

JAMAICA

HAITÍ

MARTINICA

NICARAGUA

Lago de
Managua

Caracas

San José

CANAL DE
PANAMÁ

Colón

Panamá

PANAMÁ

VENEZUELA

COSTA
RICA

GOLFO
DE
PANAMÁ

COLOMBIA

Bogotá

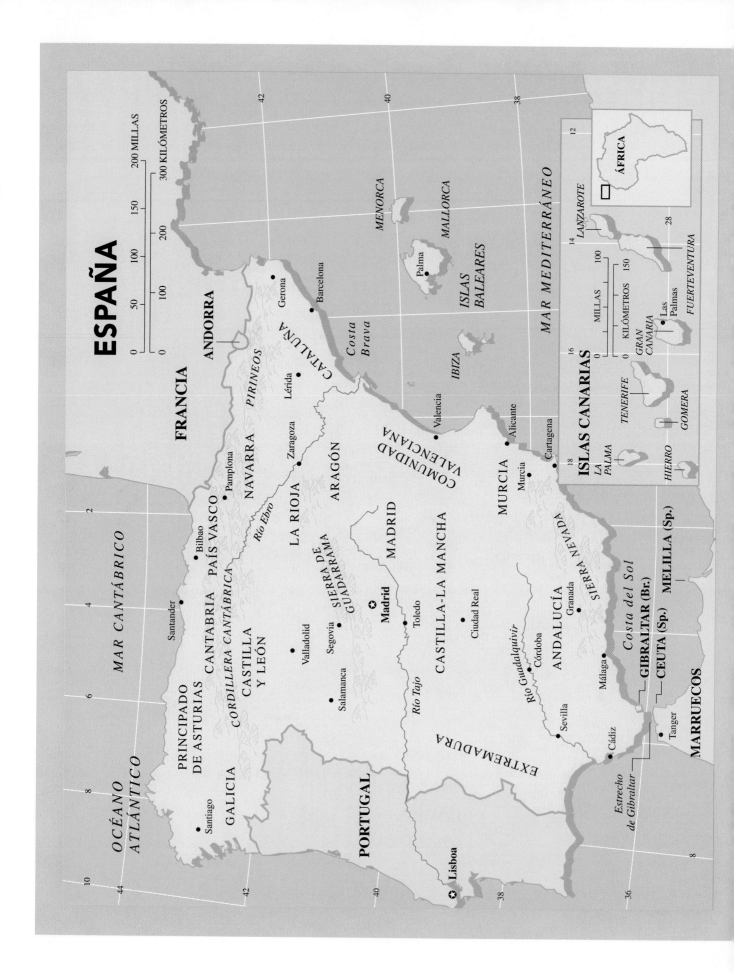

ESPAÑA

FRANCIA

ANDORRA

OCÉANO ATLÁNTICO

MAR CANTÁBRICO

Santander

Bilbao

PRINCIPADO DE ASTURIAS

CANTABRIA PAÍS VASCO

Santiago

GALICIA

CORDILLERA CANTÁBRICA

Pamplona

NAVARRA

PIRINEOS

CATALUÑA

Gerona

Barcelona

Costa Brava

Lérida

Zaragoza

Río Ebro

LA RIOJA

ARAGÓN

CASTILLA Y LEÓN

Valladolid

Segovia

Salamanca

SIERRA DE GUADARRAMA

☉ Madrid

MADRID

Toledo

CASTILLA-LA MANCHA

Ciudad Real

COMUNIDAD VALENCIANA

Valencia

Alicante

Cartagena

MURCIA

Murcia

SIERRA NEVADA

Granada

ANDALUCÍA

Córdoba

Río Guadalquivir

Sevilla

Río Tajo

EXTREMADURA

PORTUGAL

Lisboa ✪

Cádiz

Málaga

Costa del Sol

GIBRALTAR (Br.)

CEUTA (Sp.)

MELILLA (Sp.)

Tanger

MARRUECOS

Estrecho de Gibraltar

MAR MEDITERRÁNEO

MENORCA

MALLORCA

Palma

ISLAS BALEARES

IBIZA

ÁFRICA

LANZAROTE

FUERTEVENTURA

ISLAS CANARIAS

LA PALMA

TENERIFE

GRAN CANARIA

Las Palmas

GOMERA

HIERRO

MILLAS

KILÓMETROS

200 MILLAS

300 KILÓMETROS

MAR CARIBE

OCÉANO
ATLÁNTICO

BELICE
HONDURAS
NICARAGUA
Lago de
Managua
Maracaibo
Caracas
Barranquilla
Cartagena
Lago de
Maracaibo
Río Orinoco
San Cristóbal
Georgetown
Paramaribo
EL
SALVADOR
GUATEMALA
PANAMÁ
Medellín
VENEZUELA
GUAYANA
SURINAM
Cayena
COSTA RICA
Bogotá
Boa Vista
Cali
COLOMBIA
GUAYANA
FRANCESA
ECUADOR
ISLAS
GALÁPAGOS
Quito
ECUADOR
Río Amazonas
Guayaquil
Cuenca
Iquitos
AMAZONAS
LOS ANDES
PERÚ
BRASIL
Machu
Picchu
Lima
Ayacucho
Cuzco
BOLIVIA
Brasilia
Lago
Titicaca
La Paz
Santa Cruz
Sucre
Potosí
Río Paraná
OCÉANO
PACÍFICO
LOS ANDES
CHILE
PARAGUAY
Asunción
Río de Janeiro
São Paulo
Iguazú
OCÉANO
ATLÁNTICO
Córdoba
Río Uruguay
URUGUAY
Viña del Mar
Valparaíso
Santiago
Buenos Aires
Montevideo
Concepción
ARGENTINA
Bahía Blanca
Río de
la Plata
Viedma

AMÉRICA
DEL SUR

| 0 | 250 | 500 | 750 | 1,000 MILLAS |
| 0 | 500 | 1,000 | 1,500 KILÓMETROS |

ISLAS
MALVINAS (Br.)
Estrecho
de Magallanes
TIERRA DEL FUEGO

NIGERIA
ÁFRICA
CAMERÚN
GUINEA
ECUATORIAL
GABÓN
Malabo
ÁFRICA

| 0 | MILLAS | 500 |
| 0 | KILÓMETROS | 750 |

110   100   90   80   70   60   50

Argentina ▶

INFORMACIÓN GENERAL

Nombre oficial: República Argentina

Nacionalidad: argentino(a)

Área: 2 780 400 km² (el país de habla hispana más grande del mundo, aproximadamente 2 veces el tamaño de Alaska)

Población: 43 432 000

Capital: Buenos Aires (f. 1580) (15 180 000 hab.)

Otras ciudades importantes: Córdoba, Rosario, Mendoza, Mar del Plata, San Miguel de Tucumán

Moneda: peso (argentino)

Idiomas: español (oficial), árabe, italiano, alemán

DEMOGRAFÍA

Alfabetismo: 97,2%

Religiones: católicos (92%), protestantes (2%), judíos (2%), otros (4%)

ARGENTINOS CÉLEBRES

Jorge Luis Borges
escritor, poeta (1899–1986)

Julio Cortázar
escritor (1914–1984)

Charly García
músico (1951–)

Ernesto "Che" Guevara
revolucionario (1928–1967)

Cristina Fernández
primera mujer presidente (1953–)

Lionel Messi
futbolista (1987–)

Adolfo Pérez Esquivel
activista, Premio Nobel de la Paz (1931–)

Eva Perón
primera dama (1919–1952)

Joaquín "Quino" Salvador Lavado
caricaturista (1932–)

© Pablo H Caridad/Shutterstock

Puerto Madero es el antiguo puerto de Buenos Aires. Fue remodelado y ahora es un barrio (*neighborhood*) moderno y popular entre los porteños (los habitantes de Buenos Aires).

Investiga en Internet

La geografía: las cataratas del Iguazú, Parque Nacional Los Glaciares, la Patagonia, las islas Malvinas, las pampas

La historia: la inmigración, los gauchos, la Guerra Sucia, la Guerra de las Islas Malvinas, José de San Martín

Películas: *Valentín, La historia oficial, Golpes a mi puerta, El secreto de sus ojos, Cinco amigas*

Música: el tango, la milonga, la zamba, la chacarera, Fito Páez, Soda Stereo, Carlos Gardel, Mercedes Sosa

Comidas y bebidas: el asado, los alfajores, las empanadas, el mate, los vinos cuyanos

Fiestas: Día de la Revolución (25 de mayo), Día de la Independencia (9 de julio)

El Obelisco, símbolo de la ciudad de Buenos Aires

El Glaciar Perito Moreno, en la Patagonia argentina, es el más visitado del país.

CURIOSIDADES

- Argentina es un país (*country*) de inmigrantes europeos. A finales del siglo (*century*) XIX hubo una fuerte inmigración, especialmente de Italia, España e Inglaterra. Estas culturas se mezclaron (*mixed*) y ayudaron a crear la identidad argentina.

- Argentina se caracteriza por la calidad de su carne vacuna (*beef*) y por ser uno de los principales exportadores de carne en el mundo (*world*).

- El instrumento musical característico del tango, la música tradicional argentina, se llama *bandoneón* y es de origen alemán.

Bolivia ▶

INFORMACIÓN GENERAL

Nombre oficial: Estado Plurinacional de Bolivia

Nacionalidad: boliviano(a)

Área: 1 098 581 km² (aproximadamente 4 veces el área de Wyoming, o la mitad de México)

Población: 10 800 000

Capital: Sucre (poder judicial) (372 000 hab.) y La Paz (sede del gobierno) (f. 1548) (1 816 000 hab.)

Otras ciudades importantes: Santa Cruz de la Sierra, Cochabamba, El Alto

Moneda: peso (boliviano)

Idiomas: español, quechua, aymará (El español y las 36 lenguas indígenas son oficiales en Bolivia, según la Constitución de 2009.)

DEMOGRAFÍA

Alfabetismo: 86,7%

Religiones: católicos (95%), protestantes (5%)

BOLIVIANOS CÉLEBRES

Jaime Escalante
ingeniero, profesor de
matemáticas (1930–2010)

Evo Morales
primer indígena elegido
presidente de Bolivia (1959–)

María Luisa Pacheco
pintora (1919–1982)

Edmundo Paz Soldán
escritor (1967–)

© MP cz/Shutterstock

El Altiplano de Bolivia

La ciudad de La Paz, una de las dos capitales

El Salar de Uyuni

CURIOSIDADES

- Bolivia tiene dos capitales. Una de ellas, La Paz, es la más alta del mundo a 3640 metros (11 900 pies) sobre el nivel del mar (*sea*).

- El lago Titicaca es el lago (*lake*) navegable más alto del mundo con una altura de más de 3800 metros (12 500 pies) sobre el nivel del mar.

- El Salar de Uyuni es el desierto de sal más grande del mundo.

- En Bolivia se consumen las hojas secas (*dried leaves*) de la coca para soportar mejor los efectos de la altura extrema.

- Bolivia es uno de los dos países de Sudamérica que no tienen costa marina.

Chile ▶

INFORMACIÓN GENERAL

Nombre oficial: República de Chile

Nacionalidad: chileno(a)

Área: 756 102 km² (un poco más grande que Texas)

Población: 17 508 000

Capital: Santiago (f. 1541) (6 507 000 hab.)

Otras ciudades importantes: Valparaíso, Viña del Mar, Concepción

Moneda: peso (chileno)

Idiomas: español (oficial), mapuche, mapudungun, inglés

DEMOGRAFÍA

Alfabetismo: 95,7%

Religiones: católicos (70%), evangélicos (15%), testigos de Jehová (1%), otros (14%)

CHILENOS CÉLEBRES

Isabel Allende
escritora (1942–)

Michelle Bachelet
primera mujer presidente de Chile
(1951–)

Gabriela Mistral
poetisa, Premio Nobel de Literatura
(1889–1957)

Pablo Neruda
poeta, Premio Nobel de Literatura
(1904–1973)

Violeta Parra
poetisa, cantautora (1917–1967)

Ana Tijoux
cantante (1977–)

Santiago está situada muy cerca de los Andes.

© Tifonimages/Shutterstock

La pintoresca ciudad de Valparaíso es Patrimonio de la Humanidad.

 Investiga en Internet

La geografía: Antofagasta, el desierto de Atacama, la isla de Pascua, Parque Nacional Torres del Paine, Tierra del Fuego, el estrecho de Magallanes, los pasos andinos

La historia: los indígenas mapuches, Salvador Allende, Augusto Pinochet, Bernardo O'Higgins, Pedro de Valdivia

Películas: *Obstinate Memory, La nana*

Música: el Festival de Viña del Mar, Víctor Jara, Quilapayún, La Ley, Inti Illimani, Francisca Valenzuela

Comidas y bebidas: las empanadas, los pescados y mariscos, el pastel de choclo, los vinos chilenos

Fiestas: Día de la Independencia (18 de septiembre), Carnaval andino con la fuerza del sol (enero o febrero)

Los famosos moais de la isla de Pascua

CURIOSIDADES

- Chile es uno de los países más largos del mundo, pero también es muy angosto *(narrow)*. Gracias a su longitud, en el sur de Chile hay glaciares y fiordos, mientras que en el norte está el desierto más seco *(dry)* del mundo: el desierto de Atacama. La cordillera *(mountain range)* de los Andes también contribuye a la gran variedad de zonas climáticas y geográficas de este país.

- Es un país muy rico en minerales, en particular el cobre *(copper)*, que se exporta a nivel mundial.

- En febrero del 2010 Chile sufrió uno de los terremotos *(earthquakes)* más fuertes registrados en el mundo, con una magnitud de 8,8. En 1960 Chile también sufrió el terremoto más violento en la historia del planeta, con una magnitud de 9,4.

INFORMACIÓN GENERAL

Nombre oficial: República de Colombia

Nacionalidad: colombiano(a)

Área: 1 139 914 km² (aproximadamente 4 veces el área de Arizona)

Población: 46 737 700

Capital: Bogotá D.C. (f. 1538) (9 765 000 hab.)

Otras ciudades importantes: Medellín, Cali, Barranquilla, Bucaramanga

Moneda: peso (colombiano)

Idiomas: español (oficial), chibcha, guajiro y aproximadamente 90 lenguas indígenas

DEMOGRAFÍA

Alfabetismo: 90,4%

Religiones: católicos (90%), otros (10%)

COLOMBIANOS CÉLEBRES

Fernando Botero
pintor, escultor (1932–)

Tatiana Calderón Noguera
automovilista (1994–)

Gabriel García Márquez
escritor, Premio Nobel de Literatura
(1928–2014)

Lucho Herrera
ciclista, ganador del Tour de Francia y la
Vuelta de España (1961–)

Shakira
cantante, benefactora (1977–)

Sofía Vergara
actriz (1972–)

Colombia tiene playas en el Caribe y en el océano Pacífico.

Investiga en Internet

La geografía: los Andes, el Amazonas, Parque Nacional el Cocuy, las playas de Santa Marta y Cartagena

La historia: los araucanos, Simón Bolívar, la leyenda de El Dorado, el Museo del Oro, las FARC

Películas: *Mi abuelo, mi papá y yo*

Música: la cumbia, el vallenato, Juanes, Carlos Vives, Aterciopelados

Comidas y bebidas: el ajiaco, las arepas, la picada, el arequipe, las cocadas, el café

Fiestas: Día de la Independencia (20 de julio), Carnaval de Blancos y Negros en Pasto (enero), Carnaval del Diablo en Riosucio (enero, cada año impar)

Cartagena es una de las ciudades con más historia en Colombia.

Bogotá, capital de Colombia

CURIOSIDADES

- El 95% de la producción mundial de esmeraldas viene del subsuelo *(subsoil)* colombiano. Sin embargo *(However)*, la mayor riqueza *(wealth)* del país es su diversidad, ya que incluye culturas del Caribe, del Pacífico, del Amazonas y de los Andes.
- Colombia, junto con Costa Rica y Brasil, es uno de los principales productores de café en Latinoamérica.
- Colombia tiene una gran diversidad de especies de flores. Es el primer *(first)* productor de claveles *(carnations)* y el segundo exportador mundial de flores después de Holanda.
- Colombia es uno de los países con mayor biodiversidad del mundo.

INFORMACIÓN GENERAL

Nombre oficial: República de Costa Rica

Nacionalidad: costarricense

Área: 51 100 km² (aproximadamente 2 veces el área de Vermont)

Población: 4 814 100

Capital: San José (f. 1521) (1 170 000 hab.)

Otras ciudades importantes: Alajuela, Cartago

Moneda: colón

Idiomas: español (oficial)

DEMOGRAFÍA

Alfabetismo: 96,3%

Religiones: católicos (76,3%), evangélicos y otros protestantes (15,7%), otros (4,8%), ninguna (3,2%)

COSTARRICENCES CÉLEBRES

Óscar Arias
político y presidente, Premio Nobel
de la Paz (1949–)

Franklin Chang Díaz
astronauta (1950–)

Laura Chinchilla
primera mujer presidente (1959–)

Carmen Naranjo
escritora (1928–2012)

Claudia Poll
atleta olímpica (1972–)

El Teatro Nacional en San José es uno de los edificios más famosos de la capital.

Investiga en Internet

La geografía: Monteverde, Tortuguero, el Bosque de los Niños, el volcán Poás, los Parques Nacionales

La historia: las plantaciones de café, Juan Mora Fernández, Juan Santamaría

Música: El Café Chorale, Escats, Akasha

Comidas y bebidas: el gallo pinto, el casado, el café

Fiestas: Día de la Independencia (15 de septiembre), Fiesta de los Diablitos (febrero)

Costa Rica se conoce por su biodiversidad y respeto al medio ambiente.

El Volcán Poás es un volcán activo de fácil acceso para el visitante.

CURIOSIDADES

- Costa Rica es uno de los pocos países del mundo que no tiene ejército *(army)*. En noviembre de 1949, 18 meses después de la Guerra *(War)* Civil, abolieron el ejército en la nueva constitución.

- Se conoce como un país progresista gracias a su apoyo *(support)* a la democracia, el alto nivel de vida de los costarricenses y la protección de su medio ambiente *(environment)*.

- Costa Rica posee una fauna y flora sumamente ricas. Aproximadamente una cuarta parte del territorio costarricense está protegido como reserva o parque natural.

- Costa Rica produce y exporta cantidades importantes de café, por lo que este producto es muy importante para su economía. Además, el café costarricense es de calidad reconocida *(recognized)* en todo el mundo.

Cuba ▶

INFORMACIÓN GENERAL

Nombre oficial: República de Cuba

Nacionalidad: cubano(a)

Área: 110 860 km² (aproximadamente el área de Tennessee)

Población: 11 031 400

Capital: La Habana (f. 1511) (2 137 000 hab.)

Otras ciudades importantes: Santiago, Camagüey

Moneda: peso (cubano)

Idiomas: español (oficial)

DEMOGRAFÍA

Alfabetismo: 99,8%

Religiones: católicos (85%), santería y otras religiones (15%)

CUBANOS CÉLEBRES

Alicia Alonso
bailarina, fundadora del Ballet
Nacional de Cuba (1920–)

Alejo Carpentier
escritor (1904–1980)

Nicolás Guillén
poeta (1902–1989)

Wifredo Lam
pintor (1902–1982)

José Martí
político, periodista, poeta (1853–1895)

Silvio Rodríguez
poeta, cantautor (1946–)

Juan Carlos Tabío
director de cine (1942–)

Catedral de la Habana

Investiga en Internet

La geografía: las cavernas de Bellamar, la Ciénaga de Zapata, la península de Guanahacabibes

La historia: los taínos, los ciboneyes, Fulgencio Batista, Bahía de Cochinos, la Revolución cubana, Fidel Castro

Películas: *Vampiros en La Habana, Fresa y chocolate, La última espera, Azúcar amargo*

Música: el son, Buena Vista Social Club, Celia Cruz, Pablo Milanés, Santiago Feliú, Alex Cuba

Comidas y bebidas: la ropa vieja, los moros y cristianos, el congrí, el café cubano

Fiestas: Día de la Independencia (10 de diciembre), Día de la Revolución (1º de enero)

Los autos viejos son una vista típica en toda la isla.

El Morro, construído en 1589, para proteger la isla de invasores

CURIOSIDADES

- Cuba se distingue por tener uno de los mejores sistemas de educación del mundo, por su sistema de salud *(health)* y por su apoyo *(support)* a las artes.

- La población de la isla es una mezcla *(mix)* de los habitantes nativos (taínos), de descendientes de esclavos africanos y de europeos, mezcla que produce una cultura única.

- A principios *(beginning)* de la década de 1980, la nueva trova cubana (un movimiento musical) presentó al mundo entero la música testimonial.

- La santería es una religión que se originó en las islas del Caribe, especialmente en Cuba, y mezcla elementos de la religión yorubá de los esclavos de África, y elementos de la religión católica. El nombre de "santería" viene de un truco *(trick)* que los esclavos usaron para continuar adorando a los dioses *(gods)* en los que creían, burlando *(outsmarting)* la prohibición de los españoles. Así los esclavos fingían *(pretended)* que adoraban a los santos *(saints)* católicos, pero en realidad les rezaban *(prayed)* a los dioses africanos.

Ecuador ▶

INFORMACIÓN GENERAL

Nombre oficial: República del Ecuador

Nacionalidad: ecuatoriano(a)

Área: 283 561 km² (aproximadamente el área de Colorado)

Población: 15 868 400

Capital: Quito (f. 1556) (1 726 000 hab.)

Otras ciudades importantes: Guayaquil, Cuenca

Moneda: dólar (estadounidense)

Idiomas: español (oficial), quechua y otros idiomas indígenas

DEMOGRAFÍA

Alfabetismo: 91%

Religiones: católicos (95%), otros (5%)

ECUATORIANOS CÉLEBRES

Rosalía Arteaga
abogada, política, ex vicepresidenta (1956–)

Jorge Carrera Andrade
escritor (1903–1978)

Sebastián Cordero
cineasta (1972–)

Oswaldo Guayasamín
pintor (1919–1999)

Jorge Icaza
escritor (1906–1978)

Iván Vallejo
escalador (1959–)

© Marcos Aspiazu/Shutterstock

Las Peñas es un barrio muy conocido (*well-known*) de la ciudad de Guayaquil.

El parque nacional más famoso de Ecuador es el de las Islas Galápagos.

La Basílica en Quito

CURIOSIDADES

- Este país tiene una gran diversidad de zonas geográficas como costas, montañas y selva *(jungle)*. Las famosas islas Galápagos son parte de Ecuador y presentan una gran diversidad biológica. A principios *(At the beginning)* del siglo XX, estas islas fueron usadas como prisión.

- Ecuador toma su nombre de la línea ecuatorial que divide el planeta en dos hemisferios: norte y sur.

- La música andina es tradicional en Ecuador, con instrumentos indígenas como el charango, el rondador y el bombo.

- Ecuador es famoso por sus tejidos *(weavings)* de lana *(wool)* de llama y alpaca, dos animales de la región andina.

El Salvador ▶

INFORMACIÓN GENERAL

Nombre oficial: República de El Salvador

Nacionalidad: salvadoreño(a)

Área: 21 041 km² (un poco más grande que Nueva Jersey)

Población: 6 141 400

Capital: San Salvador (f. 1524) (1 098 000 hab.)

Otras ciudades importantes: San Miguel, Santa Ana

Moneda: dólar (estadounidense)

Idiomas: español (oficial)

DEMOGRAFÍA

Alfabetismo: 84,5%

Religiones: católicos (57,1%), protestantes (21%), otros (22%)

SALVADOREÑOS CÉLEBRES

Claribel Alegría
escritora (nació en Nicaragua pero se considera salvadoreña) (1924–)

Óscar Arnulfo Romero
arzobispo, defensor de los derechos humanos (1917–1980)

Alfredo Espino
poeta (1900–1928)

Cristina López
atleta, medallista olímpica (1982–)

Salvador Salazar Arrué
artista, escritor (1899–1975)

El volcán de San Vicente

© moxelotle/iStockphoto

Investiga en Internet

La geografía: el bosque lluvioso (Parque Nacional Montecristo), el puerto de Acajutla, el volcán Izalco, los planes de Renderos

La historia: Tazumal, Acuerdos de Paz de Chapultepec, José Matías Delgado, FMLN, Ana María

Películas: *Romero, Voces inocentes*

Música: Taltipac, la salsa y la cumbia (fusión), Shaka y Dres

Comidas y bebidas: las pupusas, los tamales, la semita, el atole, la quesadilla

Fiestas: Día del Divino Salvador del Mundo (6 de agosto), Día de la Independencia (15 de septiembre)

Una de las numerosas cascadas en el área de Juayua

La catedral en San Salvador

CURIOSIDADES

- El Salvador es el país más pequeño de Centroamérica pero el más denso en población.

- Hay más de veinte volcanes y algunos están activos.

- El Salvador está en una zona sísmica, por eso ocurren terremotos *(earthquakes)* con frecuencia. Varios sismos han causado *(have caused)* muchos daños *(damage)* al país.

- Entre 1979 y 1992 El Salvador vivió una guerra *(war)* civil. Durante esos años muchos salvadoreños emigraron a los Estados Unidos.

- La canción de U2 "Bullet the Blue Sky" fue inspirada por el viaje a El Salvador que hizo el cantante Bono en los tiempos de la Guerra Civil.

España ▶

INFORMACIÓN GENERAL

Nombre oficial: Reino de España

Nacionalidad: español(a)

Área: 505 992 km² (aproximadamente 2 veces el área de Oregón)

Población: 48 146 100

Capital: Madrid (f. siglo X) (6 199 000 hab.)

Otras ciudades importantes: Barcelona, Valencia, Sevilla, Toledo, Zaragoza

Moneda: euro

Idiomas: español (oficial), catalán, vasco, gallego

DEMOGRAFÍA

Alfabetismo: 97,7%

Religiones: católicos (94%), otros (6%)

ESPAÑOLES CÉLEBRES

Pedro Almodóvar
director de cine (1949–)

Rosalía de Castro
escritora (1837–1885)

Miguel de Cervantes Saavedra
escritor (1547–1616)

Penélope Cruz
actriz (1974–)

Lola Flores
cantante, bailarina de flamenco (1923–1995)

Federico García Lorca
poeta (1898–1936)

Antonio Gaudí
arquitecto (1852–1926)

Rafael Nadal
tenista (1986–)

Pablo Picasso
pintor, escultor (1881–1973)

La Plaza Mayor es un lugar con mucha historia en el centro de Madrid.

Vinicius Tupinamba/Shutterstock.com

Investiga en Internet

La geografía: las islas Canarias, las islas Baleares, Ceuta y Melilla (África)

La historia: la conquista de América, la Guerra Civil, el rey Fernando y la reina Isabel, la Guerra de la Independencia Española, Carlos V, Francisco Franco

Películas: *Ay, Carmela, Mala educación, Hable con ella, Mar adentro, Volver, El orfanato*

Música: las tunas, el flamenco, Paco de Lucía, Mecano, David Bisbal, Joaquín Sabina, Ana Belén, La Oreja de Van Gogh, Plácido Domingo

Comidas y bebidas: la paella valenciana, las tapas, la tortilla española, la crema catalana, la horchata

Fiestas: Festival de la Tomatina (agosto), San Fermín (7 de julio), Semana Santa (marzo o abril)

Arquitectura gótica en Barcelona

El Alcázar en la ciudad de Toledo

CURIOSIDADES

- España se distingue por tener una gran cantidad de pintores y escritores. En el siglo XX se destacaron *(stood out)* los pintores Pablo Picasso, Salvador Dalí y Joan Miró. Entre los clásicos figuran Velázquez, El Greco y Goya.

- El Palacio Real de Madrid presenta una arquitectura hermosa *(beautiful)*. Contiene pinturas de algunos de los artistas mencionados arriba. Originalmente fue un fuerte *(fort)* construido por los musulmanes en el siglo IX. Más tarde los reyes de Castilla construyeron allí el Alcázar *(Castle)*. En 1738 el rey Felipe V ordenó la construcción del Palacio Real, que fue la residencia de la familia real hasta 1941.

- En Andalucía, una región al sur de España, se ve una gran influencia árabe porque los moros la habitaron de 711 a 1492, año en el que los reyes Católicos los expulsaron durante la Reconquista.

- Aunque *(Although)* el español se habla en todo el país, varias regiones de España mantienen viva su propia *(own)* lengua. De todos, el más interesante quizás sea el vasco, que es la única lengua de España que no deriva del latín y cuyo *(whose)* origen no se conoce.

- En la ciudad de Toledo se fundó la primera escuela de traductores *(translators)* en el año 1126.

INFORMACIÓN GENERAL

Nombre oficial: República de Guatemala

Nacionalidad: guatemalteco(a)

Área: 108 890 km² (un poco más grande que el área de Ohio)

Población: 14 919 000

Capital: Ciudad de Guatemala (f. 1524) (2 918 000 hab.)

Otras ciudades importantes: Mixco, Villa Nueva Quetzaltenango, Puerto Barrios

Moneda: quetzal

Idiomas: español (oficial), K'iche', Mam, Q'eqchi' (idiomas mayas)

DEMOGRAFÍA

Alfabetismo: 75,9%

Religiones: católicos (94%), protestantes (2%), otros (4%)

GUATEMALTECOS CÉLEBRES

Ricardo Arjona
cantautor (1964–)

Miguel Ángel Asturias
escritor (1899–1974)

Rigoberta Menchú
activista por los derechos humanos,
Premio Nobel de la Paz (1959–)

Carlos Mérida
pintor (1891–1984)

Augusto Monterroso
escritor (1921–2003)

Mujer tejiendo (weaving) en la región del departamento de Sololá

© SUETONE Emilio/age fotostock

Investiga en Internet

La geografía: el lago Atitlán, Antigua

La historia: los mayas, Efraín Ríos Mont, la matanza de indígenas durante la dictadura, quiché, el Popul Vuh, Tecun Uman

Películas: *El norte*

Música: punta, Gaby Moreno

Comida: los tamales, la sopa de pepino, el fiambre, pipián

Fiestas: Día de la Independencia (15 de septiembre), Semana Santa (marzo o abril), Día de los Muertos (1ero de noviembre)

Tikal, ciudad construida por los mayas

Vista del lago Atitlán

CURIOSIDADES

- Guatemala es famosa por la gran cantidad de ruinas mayas y por las tradiciones indígenas, especialmente los tejidos *(weavings)* de vivos colores.
- Guatemala es el quinto exportador de plátanos en el mundo.
- Antigua es una famosa ciudad que sirvió como la tercera capital de Guatemala. Es reconocida *(recognized)* mundialmente por su bien preservada arquitectura renacentista *(Renaissance)* y barroca. También es reconocida como un lugar excelente para ir a estudiar español.
- En Guatemala se encuentra Tikal, uno de los más importantes conjuntos *(ensembles)* arqueológicos mayas.

INFORMACIÓN GENERAL

Nombre oficial: República de Guinea Ecuatorial

Nacionalidad: ecuatoguineano(a)

Área: 28 051 km² (aproximadamente el área de Maryland)

Población: 740 740

Capital: Malabo (f. 1827) (145 000 hab.)

Otras ciudades importantes: Bata, Ebebiyín

Moneda: franco CFA

Idiomas: español y francés (oficiales), fang, bubi

DEMOGRAFÍA

Alfabetismo: 94,2

Religiones: católicos y otros cristianos (95%), prácticas paganas (5%)

ECUATOGUINEANOS CÉLEBRES

Leoncio Evita
escritor (1929–1996)

Leandro Mbomio Nsue
escultor (1938–2012)

Eric Moussambani
nadador olímpico (1978–)

Donato Ndongo-Bidyogo
escritor (1950–)

María Nsué Angüe
escritora (1945–)

© Christine Nesbitt/AP Images

Niños jugando frente a una iglesia en Malabo

Investiga en Internet

La geografía: la isla de Bioko, el río Muni

La historia: los bantúes, los igbo, los fang

Música: Las Hijas del Sol, Betty Akna, Anfibio

Comidas y bebidas: la sopa banga, el pescado a la plancha, el puercoespín, el antílope, la malamba

Fiestas: Día de la Independencia (12 de octubre)

Niños en una escuela de Guinea Ecuatorial

El bosque *(forest)* de la isla de Bioko

CURIOSIDADES

- Se cree que los primeros habitantes de esta región fueron pigmeos.
- Guinea Ecuatorial obtuvo su independencia de España en 1968 y es el único país en África en donde el español es un idioma oficial.
- Parte de su territorio fue colonizado por los portugueses y por los ingleses.
- Macías Nguema fue dictador de Guinea Ecuatorial hasta 1979.
- El país tiene una universidad, la Universidad Nacional de Guinea Ecuatorial, situada en la capital.
- Con el descubrimiento de reservas de petróleo y gas en la década de los años 90 se fortaleció *(strengthened)* considerablemente la economía.
- Guinea Ecuatorial tiene el más alto ingreso per cápita en África: 19,998 dólares. Sin embargo *(However)*, la distribución del dinero se concentra en unas pocas familias.

Honduras ▶

INFORMACIÓN GENERAL

Nombre oficial: República de Honduras

Nacionalidad: hondureño(a)

Área: 112 090 km² (aproximadamente el área de Pennsylvania)

Población: 8 746 700

Capital: Tegucigalpa (f. 1762) (1 123 000 hab.)

Otras ciudades importantes: San Pedro Sula, El Progreso

Moneda: lempira

Idiomas: español (oficial), garífuna

DEMOGRAFÍA

Alfabetismo: 85,1%

Religiones: católicos (97%), protestantes (3%)

HONDUREÑOS CÉLEBRES

Ramón Amaya Amador
escritor (1916–1966)

Lempira
héroe indígena (1499–1537)

Maribel Lieberman
empresaria

Carlos Mencia
comediante (1967–)

David Suazo
futbolista (1979–)

José Antonio Velásquez
pintor (1906–1983)

© Dave Rock/Shutterstock

Copán, declarado Patrimonio de la Humanidad *(World Heritage)* por la UNESCO

Investiga en Internet

La geografía: islas de la Bahía, Copán

La historia: los mayas, los garífunas, los misquitos, Ramón Villedas Morales, José Trinidad Cabañas

Música: punta, Café Guancasco, Delirium, Yerbaklan

Comidas y bebidas: el arroz con leche, los tamales, las pupusas, el atol de elote, la chicha, el ponche de leche

Fiestas: Día de la Independencia (15 de septiembre)

El esnórquel es popular en Honduras.

Vista aérea de la isla Roatán en el Caribe hondureño

CURIOSIDADES

- Los hondureños reciben el apodo (*nickname*) de "catrachos", palabra derivada del apellido Xatruch, un famoso general que combatió en Nicaragua contra el filibustero William Walker.

- El nombre original del país fue Comayagua, el mismo nombre que su capital. A mediados del siglo XIX adoptó el nombre República de Honduras, y en 1880 la capital se trasladó (*moved*) a Tegucigalpa.

- Honduras basa su economía en la agricultura, especialmente en las plantaciones de banana, cuya comercialización empezó en 1889 con la fundación de la Standard Fruit Company.

- Se dice que (*It is said that*) en la región de Yoro ocurre el fenómeno de la lluvia (*rain*) de peces, es decir que, literalmente, los peces caen del cielo (*fall from the sky*). Por esta razón, desde 1998 se celebra en el Yoro el Festival de Lluvia de Peces.

- En 1998 el huracán Mitch golpeó (*hit*) severamente la economía nacional, destruyendo gran parte de la infraestructura del país y de los cultivos. Se calcula que el país retrocedió 25 años a causa del huracán.

México ▶

INFORMACIÓN GENERAL

Nombre oficial: Estados Unidos Mexicanos

Nacionalidad: mexicano(a)

Área: 1 964 375 km² (aproximadamente 4 1/2 veces el área de California)

Población: 121 736 800

Capital: Ciudad de México (f. 1521) (20 999 000 hab.)

Otras ciudades importantes: Guadalajara, Monterrey, Puebla, Tijuana

Moneda: peso (mexicano)

Idiomas: español (oficial), aproximadamente 280 otras lenguas amerindias

DEMOGRAFÍA

Alfabetismo: 93,5%

Religiones: católicos (90,4%), protestantes (3,8%), otros (5,8%)

MEXICANOS CÉLEBRES

Carmen Aristegui
periodista (1964–)

Gael García Bernal
actor (1978–)

Alejandro González Iñarritu
director de cine (1963–)

Frida Kahlo
pintora (1907–1954)

Armando Manzanero
cantautor (1935–)

Rafa Márquez
futbolista (1979–)

Octavio Paz
escritor, Premio Nobel de
Literatura (1914–1998)

Elena Poniatowska
periodista, escritora (1932–)

Diego Rivera
pintor (1886–1957)

Guillermo del Toro
cineasta (1964–)

Emiliano Zapata
revolucionario (1879–1919)

© f9photos/Shutterstock

Teotihuacán, ciudad precolombina declarada Patrimonio de la Humanidad (*World Heritage*) por la UNESCO.

Investiga en Internet

La geografía: el cañón del Cobre, el volcán Popocatépetl, las lagunas de Montebello, Parque Nacional Cañón del Sumidero, la sierra Tarahumara, Acapulco

La historia: los mayas, los aztecas, los toltecas, la Conquista, la Colonia, Pancho Villa, Porfirio Díaz, Hernán Cortés, Miguel Hidalgo, los zapatistas

Películas: *Amores perros, Frida, Y tu mamá también, Babel, El laberinto del fauno, La misma luna*

Música: los mariachis, música ranchera, Pedro Infante, Vicente Fernández, Luis Miguel, Maná, Jaguares, Juan Gabriel, Thalía, Lucero, Julieta Venegas, Antonio Aguilar

Comidas y bebidas: los chiles en nogada, el mole poblano, el pozole, los huevos rancheros, (alimentos originarios de México: chocolate, tomate, vainilla)

Fiestas: Día de la Independencia (16 de septiembre), Día de los Muertos (1ero y 2 de noviembre)

© Colman Lerner Gerardo/Shutterstock

La Torre Latinoamericana, en la Ciudad de México, fue el primer rascacielos *(skyscraper)* del mundo construído exitosamente en una zona sísmica.

© karamysh/Shutterstock

Puerto Vallarta

CURIOSIDADES

- La Ciudad de México es una de las ciudades más pobladas *(populated)* del mundo. Los predecesores de los aztecas fundaron la Ciudad sobre el lago *(lake)* de Texcoco. La ciudad recibió el nombre de Tenochtitlán, y era más grande que cualquier *(any)* capital europea cuando ocurrió la Conquista.

- Millones de mariposas *(butterflies)* monarcas migran todos los años a los estados de Michoacán y México de los Estados Unidos y Canadá.

- La Pirámide de Chichén Itzá fue nombrada una de las siete maravillas del mundo moderno.

- Los olmecas (1200 a.C–400 a.C) desarrollaron *(developed)* el primer sistema de escritura en las Américas.

Nicaragua ▶

INFORMACIÓN GENERAL

Nombre oficial: República de Nicaragua

Nacionalidad: nicaragüense

Área: 130 370 km² (aproximadamente el área del estado de Nueva York)

Población: 5 907 900

Capital: Managua (f. 1522) (1 480 000 hab.)

Otras ciudades importantes: León, Chinandega

Moneda: córdoba

Idiomas: español (oficial), misquito

DEMOGRAFÍA

Alfabetismo: 78%

Religiones: católicos (58%), evangélicos (22%), otros (20%)

NICARAGÜENSES CÉLEBRES

Ernesto Cardenal
sacerdote, poeta (1925–)

Rubén Darío
poeta, padre del Modernismo (1867–1916)

Violeta Chamorro
periodista, presidente (1929–)

Bianca Jagger
activista de derechos humanos (1945–)

Ometepe, isla formada por dos volcanes

Investiga en Internet

La geografía: el lago Nicaragua, la isla Ometepe

La historia: los misquitos, Anastasio Somoza, Augusto Sandino, Revolución sandinista, José Dolores Estrada

Películas: *Ernesto Cardenal*

Música: la polca, la mazurca, Camilo Zapata, Carlos Mejía Godoy, Salvador Cardenal, Luis Enrique Mejía Godoy, Perrozompopo

Comidas y bebidas: los tamales, la sopa de pepino, el triste, el tibio, la chicha

Fiestas: Día de la Independencia (15 de septiembre)

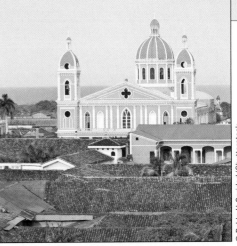

Catedral de Granada

Isla del Maíz

CURIOSIDADES

- Nicaragua se conoce como tierra *(land)* de poetas y volcanes.
- La capital, Managua, fue destruida por un terremoto *(earthquake)* en 1972. A causa de la actividad sísmica no se construyen edificios altos.
- Las ruinas de León Viejo fueron declaradas Patrimonio de la Humanidad *(World Heritage)* en el año 2000. Es la ciudad más antigua de América Central.
- Es el país más grande de Centroamérica y tiene el lago más grande de la región, el lago Nicaragua, con más de 370 islas. La isla más grande, Ometepe, tiene dos volcanes.

Panamá ▶

INFORMACIÓN GENERAL

Nombre oficial: República de Panamá

Nacionalidad: panameño(a)

Área: 75 420 km² (aproximadamente la mitad del área de Florida)

Población: 3 657 000

Capital: Panamá (f. 1519) (1 673 000 hab.)

Otras ciudades importantes: San Miguelito, David

Moneda: balboa, dólar (estadounidense)

Idiomas: español (oficial), inglés

DEMOGRAFÍA

Alfabetismo: 94,1%

Religiones: católicos (85%), protestantes (15%)

PANAMEÑOS CÉLEBRES

Joaquín Beleño
escritor y periodista (1922–1988)

Rubén Blades
cantautor, actor, abogado, político (1948–)

Ana María Britton
novelista (1936–)

Ricardo Miró
escritor (1883–1940)

Olga Sinclair
pintora (1957–)

Omar Torrijos
militar, presidente (1929–1981)

El canal de Panamá es una de las principales fuentes *(sources)* de ingresos para el país.

Investiga en Internet

La geografía: el canal de Panamá

La historia: los Kuna Yala, la construcción del canal de Panamá, la dictadura de Manuel Noriega, Parque Nacional Soberanía, Victoriano Lorenzo

Películas: *El plomero, Los puños de una nación*

Música: salsa, Danilo Pérez, Edgardo Franco "El General", Nando Boom

Comidas y bebidas: el chocao panameño, el sancocho de gallina, las carimaolas, la ropa vieja, los jugos de fruta, el chicheme

Fiestas: Día de la Independencia (3 de noviembre)

Una isla en el archipiélago de San Blas, lugar donde habitan los Kuna Yala

La Ciudad de Panamá es famosa por sus rascacielos (*skyscrapers*).

CURIOSIDADES

- El canal de Panamá se construyó entre 1904 y 1914. Mide (*It measures*) 84 kilómetros de longitud y funciona con un sistema de esclusas (*locks*) que elevan y bajan los barcos (*boats*) porque los océanos Atlántico y Pacífico tienen diferentes elevaciones. Cada año cruzan unos 14 000 barcos o botes por el canal, el cual estuvo bajo control de los Estados Unidos hasta el 31 de diciembre de 1999. En promedio (*On average*), cada embarcación paga 54 000 dólares por cruzar el canal. La tarifa más baja la pagó un aventurero estadounidense, quien pagó 36 centavos por cruzar nadando en 1928.

- En junio del 2016 se inauguró una ampliación al canal que permite que transiten por él barcos hasta tres veces más grandes que la máxima capacidad del canal original.

- El territorio de los Kuna Yala se considera independiente. Para entrar a su territorio es necesario pagar una cuota (*fee*) y mostrar su pasaporte.

INFORMACIÓN GENERAL

Nombre oficial: República del Paraguay

Nacionalidad: paraguayo(a)

Área: 406 750 km² (aproximadamente el área de California)

Población: 6 783 300

Capital: Asunción (f. 1537) (2 356 000 hab.)

Otras ciudades importantes: Ciudad del Este, San Lorenzo

Moneda: guaraní

Idiomas: español y guaraní (oficiales)

DEMOGRAFÍA

Alfabetismo: 93,9%

Religiones: católicos (90%), protestantes (6%), otros (4%)

PARAGUAYOS CÉLEBRES

Olga Blinder
pintora (1921–2008)

Arsenio Erico
futbolista (1915–1977)

Augusto Roa Bastos
escritor, Premio Cervantes de Literatura (1917–2005)

Berta Rojas
guitarrista (1966–)

Ruinas de Misiones Jesuitas en Trinidad

© Lukasz Kurbiel/Shutterstock

Investiga en Internet

La geografía: los ríos Paraguay y Paraná, Parque Nacional Cerro Corá, la presa Itaipú, el Chaco

La historia: guaraníes, misiones jesuitas, la Guerra de la Triple Alianza, Alfredo Stroessner, Carlos Antonio López, José Félix Estigarribia

Películas: *Nosotros, Hamacas paraguayas, 7 cajas*

Música: la polca, el baile de la botella, el arpa paraguaya, Perla, Celso Duarte

Comidas y bebidas: el chipá paraguayo, el surubí, las empanadas, la sopa paraguaya, el mate, el tereré

Fiestas: Día de la Independencia (14 de mayo), Verbena de San Juan (24 de junio)

© Gunter Fischer/iStockphoto

El palacio presidencial en Asunción

Mykola Gomeniuk/Shutterstock.com

La presa de Itaipú es la central hidroeléctrica más grande del mundo.

CURIOSIDADES

- Por diversas razones históricas, Paraguay es un país bilingüe. Se calcula que el 90% de sus habitantes hablan español y guaraní, el idioma de sus habitantes antes de la llegada de los españoles. En particular, la llegada de los jesuitas tuvo importancia en la preservación del idioma guaraní. Actualmente se producen novelas y programas de radio en guaraní. Por otra parte, el guaraní ha influenciado notablemente el español de la región.

- Paraguay, igual que Bolivia, no tiene salida al mar *(sea)*.

- La presa *(dam)* de Itaipú es la mayor del mundo en cuanto a producción de energía. Está sobre el río Paraná y abastace *(provides)* el 90% del consumo de energía eléctrica de Paraguay y el 19% de Brasil.

Perú ▶

INFORMACIÓN GENERAL

Nombre oficial: República del Perú

Nacionalidad: peruano(a)

Área: 1 285 216 km² (aproximadamente 2 veces el área de Texas)

Población: 30 445 000

Capital: Lima (f. 1535) (9 897 000 hab.)

Otras ciudades importantes: Callao, Arequipa, Trujillo

Moneda: nuevo sol

Idiomas: español, quechua y aymará (oficiales), otras lenguas indígenas

DEMOGRAFÍA

Alfabetismo: 92,9%

Religiones: católicos (81,3%), evangélicos (12,5%), otros (3,3%)

PERUANOS CÉLEBRES

Gastón Acurio
chef (1967–)

Alberto Fujimori
político y presidente (1938–)

Tania Libertad
cantante (1952–)

Claudia Llosa
directora de cine (1976–)

María Julia Mantilla
empresaria y presentadora de
TV, ex Miss Universo (1984–)

Javier Pérez de Cuellar
secretario general de las
Naciones Unidas (1920–)

Fernando de Szyszlo
pintor (1925–)

Mario Testino
fotógrafo (1954–)

César Vallejo
poeta (1892–1938)

Mario Vargas Llosa
escritor, político, Premio
Nobel de Literatura (1936–)

Machu Picchu

© Mark Skalny/Shutterstock

Las calles de Cuzco

La Plaza de Armas en Lima

CURIOSIDADES

- En Perú vivieron muchas civilizaciones diferentes que se desarrollaron *(developed)* entre el año 4000 a.C hasta principios *(beginning)* del siglo XVI. La más importante fue la civilización de los incas, que dominaba la región a la llegada de los españoles.

- Otra civilización importante fueron los nazcas, quienes trazaron figuras de animales que solo se pueden ver desde el aire. Hay más de 2000 km de líneas. Su origen es un misterio y no se sabe por qué las hicieron *(made)*.

- Probablemente la canción folclórica más famosa del Perú es "El Cóndor Pasa".

Puerto Rico ▶

INFORMACIÓN GENERAL

Nombre oficial: Estado Libre Asociado de Puerto Rico (*Commonwealth of Puerto Rico*)

Nacionalidad: puertorriqueño(a)

Área: 13.790 km² (un poco menos que el área de Connecticut)

Población: 3 598 400

Capital: San Juan (f. 1521) (2 463 000 hab.)

Otras ciudades importantes: Ponce, Caguas

Moneda: dólar (estadounidense)

Idiomas: español, inglés (oficiales)

DEMOGRAFÍA

Alfabetismo: 94,1%

Religiones: católicos (85%), protestantes y otros (15%)

PUERTORRIQUEÑOS CÉLEBRES

Roberto Clemente
beisbolista (1934–1972)

Rosario Ferré
escritora (1938–2016)

Raúl Juliá
actor (1940–1994)

Ricky Martin
cantante, benefactor (1971–)

Rita Moreno
actriz (1931–)

Francisco Oller y Cestero
pintor (1833–1917)

Esmeralda Santiago
escritora (1948–)

Una calle en el Viejo San Juan

Investiga en Internet

La geografía: el Yunque, Vieques, El Morro, Parque Nacional Cavernas del Río Camuy

La historia: los taínos, Juan Ponce de León, la Guerra Hispanoamericana, Pedro Albizu Campos

Películas: *Lo que le pasó a Santiago, 12 horas, Talento de barrio*

Música: la salsa, la bomba y plena, Gilberto Santa Rosa, Olga Tañón, Daddy Yankee, Tito Puente, Calle 13, Carlos Ponce, Ivy Queen

Comidas y bebidas: el lechón asado, el arroz con gandules, el mofongo, los bacalaítos, la champola de guayaba, el coquito, la horchata de ajonjolí

Fiestas: Día de la Independencia de EE.UU. (4 de julio), Día de la Constitución de Puerto Rico (25 de julio)

La cascada de La Mina en el Bosque Nacional El Yunque

Una playa en Fajardo

CURIOSIDADES

- A los puertorriqueños también se los conoce como *(known as)* "boricuas", ya que antes de *(before)* la llegada de los europeos la isla se llamaba Borinquen.

- A diferencia de otros países, los puertorriqueños también son ciudadanos *(citizens)* estadounidenses, pero no pueden votar en elecciones presidenciales de los Estados Unidos si no son residentes de un estado.

- El gobierno de Puerto Rico está encabezado por *(headed by)* un gobernador.

- El fuerte *(fort)* de El Morro fue construido en el siglo XVI para defender el puerto de los piratas. Gracias a esta construcción, San Juan fue el lugar mejor defendido del Caribe.

República Dominicana ▶

INFORMACIÓN GENERAL

Nombre oficial: República Dominicana

Nacionalidad: dominicano(a)

Área: 48 670 km² (aproximadamente 2 veces el área de Vermont)

Población: 10 478 800

Capital: Santo Domingo (f. 1492) (2 945 000 hab.)

Otras ciudades importantes: Santiago de los Caballeros, La Romana

Moneda: peso (dominicano)

Idiomas: español

DEMOGRAFÍA

Alfabetismo: 90,1%

Religiones: católicos (95%), otros (5%)

DOMINICANOS CÉLEBRES

Juan Bosch
escritor (1909–2001)

Charytín
cantante y presentadora (1949–)

Juan Pablo Duarte
héroe de la independencia (1808–1876)

Juan Luis Guerra
músico (1957–)

Óscar de la Renta
diseñador (1932–2014)

David Ortiz
beisbolista (1975–)

© e2dan/Shutterstock

La plaza principal en Santo Domingo

La geografía: Puerto Plata, Pico Duarte, Sierra de Samaná

La historia: los taínos, los arawak, la dictadura de Trujillo, las hermanas Mirabal, Juan Pablo Duarte

Películas: *Nueba Yol, Cuatro hombres y un ataúd*

Música: el merengue, la bachata, Wilfrido Vargas, Johnny Ventura, Milly Quezada

Comidas y bebidas: el mangú, el sancocho, el asopao, el refresco rojo

Fiestas: Día de la Independencia (27 de febrero), Día de la Señora de la Altagracia (21 de enero)

Un vendedor de cocos en Boca Chica

Construido en 1976, Altos de Chavón es una recreación de un pueblo medieval de Europa.

CURIOSIDADES

- La isla que comparten *(share)* la República Dominicana y Haití, La Española, estuvo bajo control español hasta 1697, cuando la parte oeste *(western)* pasó a ser territorio francés.

- La República Dominicana tiene algunas de las construcciones más antiguas dejadas *(left)* por los españoles.

- Se cree que los restos de Cristóbal Colón están enterrados *(buried)* en Santo Domingo, pero Colón también tiene una tumba en Sevilla, España.

- En Santo Domingo se construyeron la primera catedral, el primer hospital, la primera aduana *(customs office)* y la primera universidad del Nuevo Mundo.

- Santo Domingo fue declarada Patrimonio de la Humanidad *(World Heritage)* por la UNESCO.

Uruguay ▶

INFORMACIÓN GENERAL

Nombre oficial: República Oriental del Uruguay

Nacionalidad: uruguayo(a)

Área: 176 215 km² (casi exactamente igual al estado de Washington)

Población: 3 341 900

Capital: Montevideo (f. 1726) (1 703 000 hab.)

Otras ciudades importantes: Salto, Paysandú, Punta del Este

Moneda: peso (uruguayo)

Idiomas: español (oficial)

DEMOGRAFÍA

Alfabetismo: 98%

Religiones: católicos (47,1%), protestantes (11%), otros (42%)

URUGUAYOS CÉLEBRES

Delmira Agustini
poetisa (1886–1914)

Mario Benedetti
escritor (1920–2009)

Jorge Drexler
músico, actor, médico (1964–)

Amalia Dutra
científica (1958–)

Diego Forlán
futbolista (1979–)

José "Pepe" Mujica
presidente (1935–)

Julio Sosa
cantor de tango (1926–1964)

Horacio Quiroga
escritor (1878–1937)

Alfredo Zitarrosa
compositor (1936–1989)

Plaza Independencia, Montevideo (Palacio Salvo)

© VojtechVlk/Shutterstock

Investiga en Internet

La geografía: Punta del Este, Colonia

La historia: el Carnaval de Montevideo, los tablados, José Artigas

Películas: *Whisky, 25 Watts, Una forma de bailar, Joya, El baño del Papa, El Chevrolé, El viaje hacia el mar*

Música: el tango, la milonga, el candombe, Jorge Drexler, Rubén Rada, La vela puerca

Comidas y bebidas: el asado, el dulce de leche, la faina, el chivito, el mate

Fiestas: Día de la Independencia (25 de agosto), Carnaval (febrero)

Carnaval de Montevideo

© Kobby Dagan/Shutterstock

© Bertrandb/Dreamstime.com

Colonia del Sacramento

CURIOSIDADES

- En guaraní, "Uruguay" significa "río *(river)* de las gallinetas". La gallineta es un pájaro de esta región.

- La industria ganadera *(cattle)* es una de las más importantes del país. La bebida más popular es el mate. Es muy común ver a los uruguayos caminando con el termo *(thermos)* bajo el brazo, listo para tomar mate en cualquier lugar *(anywhere)*.

- Los descendientes de esclavos africanos que vivieron en esa zona dieron origen a *(gave rise to)* la música típica de Uruguay: el candombe.

- Uruguay fue el anfitrión *(host)* y el primer campeón de la Copa Mundial de Fútbol en 1930.

Venezuela ▶

INFORMACIÓN GENERAL

Nombre oficial: República Bolivariana de Venezuela

Nacionalidad: venezolano(a)

Área: 912 050 km² (2800 km de costas) (aproximadamente 6 veces el área de Florida)

Población: 29 275 500

Capital: Caracas (f. 1567) (2 916 000 hab.)

Otras ciudades importantes: Maracaibo, Valencia, Maracay Barquisimeto

Moneda: bolívar

Idiomas: español (oficial), guajiro, wayuu y otras lenguas amerindias

DEMOGRAFÍA

Alfabetismo: 95,5%

Religiones: católicos (96%), protestantes (2%), otros (2%)

VENEZOLANOS CÉLEBRES

Andrés Eloy Blanco
escritor (1897–1955)

Simón Bolívar
libertador (1783–1830)

Hugo Chávez
militar, presidente (1954–2013)

María Conchita Alonso
actriz, cantante (1957–)

Gustavo Dudamel
músico, director de
orquesta (1981–)

Lupita Ferrer
actriz (1947–)

Rómulo Gallegos
escritor (1884–1969)

Carolina Herrera
diseñadora (1939–)

© Vadim Petrakov/Shutterstock

El Salto Ángel, la catarata *(waterfall)* más alta del mundo

Investiga en Internet

La geografía: El Salto Ángel, la isla Margarita, el Amazonas, Parque Nacional Canaima

La historia: los yanomami, el petróleo, Simón Bolívar, Francisco de la Miranda

Películas: *Punto y Raya*, *Secuestro Express*

Música: el joropo, Ricardo Montaner, Franco de Vita, Chino y Nacho, Carlos Baute, Óscar de León

Comidas y bebidas: el ceviche, las hallacas, las arepas, el carato de guanábana, el guarapo de papelón

Fiestas: Día de la Independencia (5 de julio), Nuestra Señora de la Candelaria (2 de febrero)

El Obelisco, en el centro de Plaza Francia en la ciudad de Caracas, fue en su momento la construcción más alta de la ciudad.

Isla Margarita, popular destino turístico

CURIOSIDADES

- El nombre de Venezuela ("pequeña Venecia") se debe al descubridor italiano Alonso de Ojeda, quien llamó así a una de las islas costeras *(coastal islands)* en 1499, debido a su aspecto veneciano.

- La isla Margarita es un lugar turístico muy popular. Cuando los españoles llegaron hace más de 500 años *(more than 500 years ago)*, los indígenas de la isla, los guaiqueríes, pensaron *(thought)* que eran dioses *(gods)* y les dieron *(gave)* regalos y una ceremonia de bienvenida. Gracias a esto, los guaiqueríes fueron los únicos indígenas del Caribe que tuvieron el estatus de "vasallos libres" *(free vassals)*.

- En la época moderna Venezuela se destaca *(stands out)* por sus concursos *(contests)* de belleza y por su producción internacional de telenovelas.

- En Venezuela hay tres sitios considerados Patrimonio de la Humanidad *(World Heritage)* por la UNESCO: Coro y su puerto, el Parque Nacional de Canaima, y la Ciudad Universitaria de Caracas.

- En Venezuela habita un roedor *(rodent)* llamado chigüire que llega a pesar hasta 60 kilos.

INFORMACIÓN GENERAL

Nombre oficial: Estados Unidos de América

Nacionalidad: estadounidense

Área: 9 826 675 km² (aproximadamente el área de China o 3,5 veces el área de Argentina)

Población: 321 368 900 (aproximadamente el 15% se consideran de origen hispano)

Capital: Washington, D.C. (f. 1791) (4 955 000 hab.)

Otras ciudades importantes: Nueva York, Los Ángeles, Chicago, Miami

Moneda: dólar (estadounidense)

Idiomas: inglés (oficial), español y más de otras 200 lenguas

DEMOGRAFÍA

Alfabetismo: 99%

Religiones: protestantes (51,3%), católicos (23,9%), mormones (1,7%), judíos (1,7%) y otros

HISPANOS CÉLEBRES DE ESTADOS UNIDOS

Christina Aguilera
cantante (1980–)

Julia Álvarez
escritora (1950–)

Marc Anthony
cantante (1969–)

César Chávez
activista (1927–1993)

Sandra Cisneros
escritora (1954–)

Junot Díaz
escritor (1968–)

Eva Longoria
actriz (1975–)

Soledad O'Brien
periodista, presentadora
(1966–)

Ellen Ochoa
astronauta (1958–)

Edward James Olmos
actor (1947–)

Sonia Sotomayor
Juez Asociada de la Corte Suprema
de Justicia de EE.UU. (1954–)

La Pequeña Habana en Miami, Florida

© Jeff Greenberg/The Image Works

Investiga en Internet

La geografía: regiones que pertenecieron a México, lugares con arquitectura de estilo español, Plaza Olvera, Calle 8, La Pequeña Habana

La historia: el Álamo, la Guerra Mexicoamericana, la Guerra Hispanoamericana, Antonio López de Santa Anna

Películas: *A Day without Mexicans, My Family, Stand and Deliver, Tortilla Soup*

Música: la salsa, tejano (Tex-Mex), el merengue, el hip hop en español, Jennifer López, Selena

Comidas y bebidas: los tacos, las enchiladas, los burritos, los plátanos fritos, los frijoles, el arroz con gandules

Fiestas: Día de la Batalla de Puebla (5 de mayo)

Un mural de Benito Juárez en Chicago, Illinois

El Álamo, donde Santa Anna derrotó *(defeated)* a los tejanos en una batalla de la Revolución de Texas.

CURIOSIDADES

- Los latinos son la minoría más grande de los Estados Unidos (más de 46 millones). Este grupo incluye personas que provienen de los veintiún países de habla hispana y a los hijos y nietos de estas que nacieron *(were born)* en los Estados Unidos. Muchos hablan español perfectamente y otros no lo hablan. El grupo más grande de hispanos es el de mexicanoamericanos, ya que territorios como Texas, Nuevo México, Utah, Nevada, California, Colorado y Oregón eran parte de México.

- Actualmente todas las culturas latinoamericanas están representadas en los Estados Unidos.

Apéndice B

Partner Activities

Capítulo 1

1.9 **¿Cuánto cuesta?** Trabajen en parejas. Uno de ustedes va a usar la información en esta página y el otro debe usar la página 7. Imagínense que están en dos supermercados diferentes en Chile y se llaman por teléfono. Tu compañero va a preguntarte cuánto cuestan los productos de su ilustración y debes preguntarle cuánto cuestan los productos de tu ilustración. Contesta sus preguntas usando los precios en la lista abajo. Tomen notas y sumen los precios. ¿Quién va a pagar más?

Tu compañero quiere comprar...

Un ananás (piña) $1650
choclo (maíz), un kilo $1432
mantequilla ($522)
queso, un kilo $1725

plátanos, un kilo $439
uvas, un kilo, $811
crema, 200 gramos, $715
pan, $1150

Tú quieres comprar...

1 kilo
500 gramos
500 gramos
250 gramos
3 kilos

1.27 **Comparemos** Trabajen en parejas. Uno de ustedes va a mirar el dibujo en esta página y el otro va a mirar el dibujo en la página 21. Túrnense para describir los dibujos y encontrar cinco diferencias.

1.49 **La fiesta** En parejas imaginen que están planeando una cena para unos amigos, pero algunos tienen restricciones en su dieta. Uno de ustedes mira la información en esta página y el otro mira la información en la página 35. Compartan la información sobre las restricciones en las dietas y luego decidan qué van a servir del menú abajo.

aperitivo: queso, totopos con salsa

primer plato: ensalada con vinagreta, sopa de fideos (*noodles*)

segundo plato: carne asada con papas fritas, fajitas con tortillas de maíz y verduras asadas

postre: ensalada de frutas, pastel de chocolate

bebida: té helado, limonada

Invitado	Restricción
Angélica	Es vegetariana.
Lucas	
Mateo	No puede consumir cafeína.
Regina	
Javier	Es intolerante a la lactosa.
Gisa	

2.9 **Compañeros de casa** Javier, Marcos y Emanuel son hermanos y quieren organizarse para hacer los quehaceres que les gustan. Trabaja con un compañero para completar la tabla. Uno de ustedes va a ver la información en esta página y el otro debe ver la información en la página 45. Primero completen el gráfico y después decidan quién va a hacer cada quehacer. Cada persona debe tener dos obligaciones.

Quehacer	Javier	Marcos	Emanuel	¿Quién va a hacerlo?
Lavar los platos	Le gusta.		No le gusta.	
Limpiar los baños		No le gusta.		
Trapear la cocina			No le gusta.	
Pasar la aspiradora	Le gusta.	No le gusta.	No le gusta.	
Cortar el césped	No le gusta.			
Regar las plantas		Le gusta.		

2.28 **Las actividades favoritas** Irma y Mario tienen que cuidar a varios niños el sábado. Irma quiere salir con la mitad *(half)* de los niños, pero Mario quiere quedarse en casa. Pregúntense para saber qué actividades les gustan a los niños. Después decidan quiénes son los niños que van a ir con Irma y quiénes se van a quedar con Mario. Uno de ustedes debe mirar la tabla en la página 59.

Modelo *¿Cuál es la actividad favorita de Manuela?*
          ¿A quién le gusta volar cometas?

Niño	Actividad favorita	¿Con quién debe pasar el sábado?
Manuela	volar cometas	
	ir de paseo	
Nadia	nadar	
Alejandro	navegar por Internet	
	dibujar	
Edmundo		
Humberto	jugar juegos de mesa	

2.49 **Regalos** Tu compañero necesita comprar regalos para el cumpleaños de sus primos gemelos *(twins)* (un niño y una niña). Encontró buenos regalos en un sitio web, pero no dan los precios. Tu compañero llama y pregunta cuánto cuestan los juguetes para decidir qué les va a comprar. Mira la lista de precios y contesta sus preguntas.

Modelo *¿Cuánto cuesta el muñeco azul?*
          Cuesta $32.

3.8 **Las tradiciones** Hay muchas tradiciones interesantes para recibir el año nuevo. Trabaja con un compañero. Uno de ustedes va a ver la ilustración en esta página y el otro va a describir la ilustración en la página 83. Describan sus ilustraciones para encontrar las seis diferencias.

3.25 **Contradicciones** Tu compañero y tú son testigos de un accidente, pero hay diferencias entre sus dos versiones. Uno de ustedes va a observar la ilustración en esta página y el otro va a observar la ilustración en la página 97. Encuentren las cinco diferencias.

3.47 **El periodista** Trabaja con un compañero. Un periodista habla con un testigo sobre el accidente que vio. Uno de ustedes es el periodista y hace las preguntas en la página 111. El otro es el testigo y mira los dibujos en esta página para responder las preguntas. Atención al uso del pretérito y del imperfecto.

Capítulo 4

4.9 **¿Vamos por tren o por avión?** Tu compañero y tú están estudiando en Quito, Ecuador, y quieren viajar este fin de semana. Deben decidir si van a viajar por avión a Cuenca, o por tren a Latacunga. Uno de ustedes puede ver la información para viajar por tren en esta página y el otro va a ver la información para viajar por avión en la página 121. Intercambien la información y decidan cómo van a viajar y a qué hora. Compartan *(Share)* toda la información antes de decidir.

TREN ECUADOR.COM

Ruta "Avenida de los volcanes", Quito–Machachi–El Boliche–Latacunga–Quito

Salida	Llegada	Regreso*	Precio por pasajero
4:20 AM	12:00 PM	3:30 PM	$38,00
8:00 AM	1:00 PM	3:30 PM	$40,00
10:00 AM	2:45 PM	5:45 PM	$44,95

*Regreso el mismo día

4.27 **¿Qué hotel elegir?** Tu compañero y tú están planeando unas vacaciones en Costa Rica y hablan por teléfono para elegir *(choose)* un hotel. Hay solamente dos hoteles que tienen habitaciones disponibles. Uno de ustedes va a mirar la información en esta página y el otro debe mirar la página 135. Pregúntense sobre los servicios y decidan al final en qué hotel van a quedarse.

Hotel Bellavista Monteverde

Descripción: 40 habitaciones, localizado en el centro de Monteverde, cerca de bancos y restaurantes.

Servicios: baño privado, televisor, Internet inalámbrico, cafetería abierta de 6:00 AM a 10:00 PM.

Precio: 115.000 colones (habitación doble/triple).

4.49 **En la agencia de viajes** Trabaja con un compañero. Uno de ustedes es el agente de viajes y mira la información en la página 149. El otro es el cliente y mira la información en esta página. El cliente llama al agente de viajes para comprar un boleto. El agente de viajes debe intentar encontrar el mejor boleto para el cliente.

> **El cliente**
> Necesitas viajar a Santiago, Chile, para una reunión con amigos el viernes por la mañana.
>
> - Quieres viajar el jueves.
> - Prefieres viajar por la tarde.
> - No quieres tener escalas.
>
> - Te gusta sentarte al lado de la ventanilla.
> - No quieres pagar más de $750.

Capítulo 5

5.8 **Diferencias** Trabajen en parejas para encontrar las ocho diferencias. Uno de ustedes va a mirar la ilustración en esta página y el otro va a mirar el dibujo en la página 159. Túrnense para describir la escena y encontrar las diferencias.

5.26 **Una exhibición de arte** Un museo local quiere seleccionar a tres artistas hispanos diferentes para una exhibición. Hazle preguntas a tu compañero para completar la información sobre los artistas. Tu compañero va a usar la información en la página 173. Después decidan qué artistas deben presentar. Estén preparados para explicar sus selecciones.

Artista	Medio	País	Año	Nombre del cuadro y estilo
1. Oswaldo Guayasamín		Ecuador		*El Presidente,* cubista
2. Mario Carreño			1981	*Mascarón de Proa,* surrealista
3. Joan Miró	pintura, escultura			
4. Marisol Escobar	escultura		2006	*El Padre Damian,* ecléctico
5. Diego Rivera		México	1928	
6. Roberto Matta	pintura	Chile		

5.46 **Un pedido** Trabaja con un compañero. Uno de ustedes es el vendedor y el otro es el cliente. El cliente debe ver la información del catálogo en la página 187 y comprar tres prendas. El vendedor necesita ver la información del inventario en esta página para contestar las preguntas del cliente. También debe conseguir su información (nombre, teléfono, etcétera) y su tarjeta de crédito.

Modelo   Estudiante 1: *Buenas tardes.*

               Estudiante 2: *Buenas tardes. Necesito una camiseta de algodón azul en talla extra grande.*

               Estudiante 1: *Lo siento. No la tenemos en talla extra grande.*

               Estudiante 2: *¿Qué colores tienen en talla extra grande?*

INFORMACIÓN DEL INVENTARIO:

C1050 Camiseta de algodón
Colores: azul (P, M, G), amarillo (P, M, G, XG), negro (agotado *sold out*   ), beige (M, G, XG)
Precio: 25 € (Rebajado a 20 €)

C4325 Camisa con estampado hawaiano
Colores: azul (agotado), verde (M, G, XG), rojo (P, XG)
Precio: 35 €

B2219 Blusa de lunares
Colores: blanco/negro (P, G, XG); negro/rosado (P, M, XG), rojo/blanco (P, M, G, XG)
Precio: 42 €

P6750 Pantalones cortos a rayas
Colores: blanco/azul (P, M, G), blanco/verde (P, M, G, XG), gris/negro (agotado), café/beige (M, G)
Precio: 55 €

P7382 Pantalones cortos a cuadros
Colores: azul/verde (P, M, G, XG), negro/rojo (P, G, XG), rosado/gris (P, M)
Precio: 48 €

F9124 Falda con estampado de flores
Colores: blanco/rosado (P, G, XG), azul marino/rojo (P, M, G), anaranjado/amarillo (P, M, G, XG)
Tallas: P, M, G, XG
Precio: 57 €

S5320 Sandalias de cuero
Colores: café (35, 37, 39, 41, 43), negro (36, 38, 40, 42)
Precio: 70 €

Capítulo 6

6.8 **Las descripciones** Trabajen en parejas. Uno de ustedes (Estudiante 1) va a describirle el dibujo en la página 197 a su compañero (Estudiante 2) quien debe dibujar lo que escucha sin mirar la ilustración. Al terminar comparen el original y el nuevo dibujo. Después el Estudiante 2 debe describir el dibujo en esta página y el Estudiante 1 va a dibujarlo.

6.28 **Donaciones** Imagina que un compañero y tú trabajan para una organización que protege animales. Uno de ustedes va a trabajar con la tabla en esta página y el otro va a completar la tabla en la página 211. Compartan la información para completarla y después decidan para qué animal deben hacer la siguiente campaña para recibir más donaciones.

ESPECIE	DONACIONES	PAÍS/ REGIÓN
1. Pingüino imperial		
2. El orangután		Indonesia
3. El jaguar		Latinoamérica
4. El oso frontino	$129.467,00	
5. El cóndor andino	$871.034,00	
6. El oso polar	$1.209.654,00	El ártico

6.49 **La granja** Mira el dibujo de abajo y tu compañero va a mirar el otro en la página 225. Túrnense para describir las granjas y encontrar las cinco diferencias.

Acentuación

In Spanish, as in English, all words of two or more syllables have one syllable that is stressed more forcibly than the others. In Spanish, written accents are frequently used to show which syllable in a word is the stressed one.

Words without written accents

Words without written accents are pronounced according to the following rules:

A. Words that end in a vowel (**a, e, i, o, u**) or the consonants **n** or **s** are stressed on the next to last syllable.

    tardes   capi**ta**les   **gran**de   es**tu**dia   **no**ches   **co**men

B. Words that end in a consonant other than **n** or **s** are stressed on the last syllable.

    bus**car**   ac**triz**   espa**ñol**   liber**tad**   ani**mal**   come**dor**

Words with written accents

C. Words that do not follow the two preceding rules require a written accent to indicate where the stress is placed.

    ca**fé**   sim**pá**tico   fran**cés**   na**ción**   Jo**sé Pé**rez

Words with a strong vowel (a, o, u) next to a weak vowel (e, i)

D. Diphthongs, the combination of a weak vowel (**i, u**) and a strong vowel (**e, o, a**), or two weak vowels, next to each other, form a single syllable. A written accent is required to separate diphthongs into two syllables. Note that the written accent is placed on the weak vowel.

seis	estu**dia**	inter**ior**	**ai**re	**au**to	**ciu**dad
re**ír**	**dí**a	**rí**o	ma**íz**	ba**úl**	veinti**ún**

Monosyllable words

E. Words with only one syllable never have a written accent unless there is a need to differentiate it from another word spelled exactly the same. The following are some of the most common words in this category.

Unaccented	Accented	Unaccented	Accented
como *(like, as)*	cómo *(how)*	que *(that)*	qué *(what)*
de *(of)*	dé *(give)*	si *(if)*	sí *(yes)*
el *(the)*	él *(he)*	te *(you D.O., to you)*	té *(tea)*
mas *(but)*	más *(more)*	tu *(your)*	tú *(you informal)*
mi *(my)*	mí *(me)*		

F. Keep in mind that in Spanish, the written accents are an extremely important part of spelling since they not only change the pronunciation of a word, but may change its meaning and/or its tense.

    publico *(I publish)*   **público** *(public)*   **publicó** *(he/she/you published)*

Los verbos regulares

Simple tenses

	Present Indicative	Imperfect	Preterite	Future	Conditional	Present Subjunctive	Past Subjunctive	Commands
hablar (to speak)	hablo	hablaba	hablé	hablaré	hablaría	hable	hablara	
	hablas	hablabas	hablaste	hablarás	hablarías	hables	hablaras	habla (no hables)
	habla	hablaba	habló	hablará	hablaría	hable	hablara	hable
	hablamos	hablábamos	hablamos	hablaremos	hablaríamos	hablemos	habláramos	hablemos
	habláis	hablabais	hablasteis	hablaréis	hablaríais	habléis	hablarais	hablad (no habléis)
	hablan	hablaban	hablaron	hablarán	hablarían	hablen	hablaran	hablen
aprender (to learn)	aprendo	aprendía	aprendí	aprenderé	aprendería	aprenda	aprendiera	
	aprendes	aprendías	aprendiste	aprenderás	aprenderías	aprendas	aprendieras	aprende (no aprendas)
	aprende	aprendía	aprendió	aprenderá	aprendería	aprenda	aprendiera	aprenda
	aprendemos	aprendíamos	aprendimos	aprenderemos	aprenderíamos	aprendamos	aprendiéramos	aprendamos
	aprendéis	aprendíais	aprendisteis	aprenderéis	aprenderíais	aprendáis	aprendierais	aprended (no aprendáis)
	aprenden	aprendían	aprendieron	aprenderán	aprenderían	aprendan	aprendieran	aprendan
vivir (to live)	vivo	vivía	viví	viviré	viviría	viva	viviera	
	vives	vivías	viviste	vivirás	vivirías	vivas	vivieras	vive (no vivas)
	vive	vivía	vivió	vivirá	viviría	viva	viviera	viva
	vivimos	vivíamos	vivimos	viviremos	viviríamos	vivamos	viviéramos	vivamos
	vivís	vivíais	vivisteis	viviréis	viviríais	viváis	vivierais	vivid (no viváis)
	viven	vivían	vivieron	vivirán	vivirían	vivan	vivieran	vivan

Compound tenses

Present progressive	estoy / estás / está / estamos / estáis / están	hablando	aprendiendo	viviendo
Present perfect indicative	he / has / ha / hemos / habéis / han	hablado	aprendido	vivido
Past perfect indicative	había / habías / había / habíamos / habíais / habían	hablado	aprendido	vivido

Los verbos con cambios en la raíz

Infinitive Present Participle Past Participle	Present Indicative	Imperfect	Preterite	Future	Conditional	Present Subjunctive	Past Subjunctive	Commands
pensar *to think* **e → ie** pensando pensado	**pienso** **piensas** **piensa** pensamos pensáis **piensan**	pensaba pensabas pensaba pensábamos pensabais pensaban	pensé pensaste pensó pensamos pensasteis pensaron	pensaré pensarás pensará pensaremos pensaréis pensarán	pensaría pensarías pensaría pensaríamos pensaríais pensarían	**piense** **pienses** **piense** pensemos penséis **piensen**	pensara pensaras pensara pensáramos pensarais pensaran	**piensa (no pienses)** **piense** pensemos pensad (no penséis) **piensen**
acostarse *to go to bed* **o → ue** acostándose acostado	me **acuesto** te **acuestas** se **acuesta** nos acostamos os acostáis se **acuestan**	me acostaba te acostabas se acostaba nos acostábamos os acostabais se acostaban	me acosté te acostaste se acostó nos acostamos os acostasteis se acostaron	me acostaré te acostarás se acostará nos acostaremos os acostaréis se acostarán	me acostaría te acostarías se acostaría nos acostaríamos os acostaríais se acostarían	me **acueste** te **acuestes** se **acueste** nos acostemos os acostéis se **acuesten**	me acostara te acostaras se acostara nos acostáramos os acostarais se acostaran	acuéstate (no te acuestes) acuéstese acostémonos acostaos (no os acostéis) acuéstense
sentir *to feel* **e → ie, i** **sintiendo** sentido	**siento** **sientes** **siente** sentimos sentís **sienten**	sentía sentías sentía sentíamos sentíais sentían	sentí sentiste **sintió** sentimos sentisteis **sintieron**	sentiré sentirás sentirá sentiremos sentiréis sentirán	sentiría sentirías sentiría sentiríamos sentiríais sentirían	**sienta** **sientas** **sienta** **sintamos** **sintáis** **sientan**	**sintiera** **sintieras** **sintiera** **sintiéramos** **sintierais** **sintieran**	**siente (no sientas)** **sienta** **sintamos (no sintáis)** sentid **sientan**
pedir *to ask for* **e → i, i** **pidiendo** pedido	**pido** **pides** **pide** pedimos pedís **piden**	pedía pedías pedía pedíamos pedíais pedían	pedí pediste **pidió** pedimos pedisteis **pidieron**	pediré pedirás pedirá pediremos pediréis pedirán	pediría pedirías pediría pediríamos pediríais pedirían	**pida** **pidas** **pida** **pidamos** **pidáis** **pidan**	**pidiera** **pidieras** **pidiera** **pidiéramos** **pidierais** **pidieran**	**pide (no pidas)** **pida** **pidamos** pedid (no pidáis) **pidan**
dormir *to sleep* **o → ue, u** **durmiendo** dormido	**duermo** **duermes** **duerme** dormimos dormís **duermen**	dormía dormías dormía dormíamos dormíais dormían	dormí dormiste **durmió** dormimos dormisteis **durmieron**	dormiré dormirás dormirá dormiremos dormiréis dormirán	dormiría dormirías dormiría dormiríamos dormiríais dormirían	**duerma** **duermas** **duerma** **durmamos** **durmáis** **duerman**	**durmiera** **durmieras** **durmiera** **durmiéramos** **durmierais** **durmieran**	**duerme (no duermas)** **duerma** **durmamos** dormid (no durmáis) **duerman**

Los verbos con cambios de ortografía

Infinitive / Present Participle / Past Participle	Present Indicative	Imperfect	Preterite	Future	Conditional	Present Subjunctive	Past Subjunctive	Commands
comenzar (e → ie) *to begin* **z → c** before e	comienzo	comenzaba	**comencé**	comenzaré	comenzaría	**comience**	comenzara	
	comienzas	comenzabas	comenzaste	comenzarás	comenzarías	**comiences**	comenzaras	comienza (**no comiences**)
	comienza	comenzaba	comenzó	comenzará	comenzaría	**comience**	comenzara	**comience**
comenzando	comenzamos	comenzábamos	comenzamos	comenzaremos	comenzaríamos	**comencemos**	comenzáramos	**comencemos**
comenzado	comenzáis	comenzabais	comenzasteis	comenzaréis	comenzaríais	**comencéis**	comenzarais	comenzad (**no comencéis**)
	comienzan	comenzaban	comenzaron	comenzarán	comenzarían	**comiencen**	comenzaran	**comiencen**
conocer *to know* **c → zc** before a, o	**conozco**	conocía	conocí	conoceré	conocería	**conozca**	conociera	
	conoces	conocías	conociste	conocerás	conocerías	**conozcas**	conocieras	conoce (**no conozcas**)
	conoce	conocía	conoció	conocerá	conocería	**conozca**	conociera	**conozca**
conociendo	conocemos	conocíamos	conocimos	conoceremos	conoceríamos	**conozcamos**	conociéramos	**conozcamos**
conocido	conocéis	conocíais	conocisteis	conoceréis	conoceríais	**conozcáis**	conocierais	conoced (**no conozcáis**)
	conocen	conocían	conocieron	conocerán	conocerían	**conozcan**	conocieran	**conozcan**
pagar *to pay* **g → gu** before e	pago	pagaba	**pagué**	pagaré	pagaría	**pague**	pagara	
	pagas	pagabas	pagaste	pagarás	pagarías	**pagues**	pagaras	paga (**no pagues**)
	paga	pagaba	pagó	pagará	pagaría	**pague**	pagara	**pague**
pagando	pagamos	pagábamos	pagamos	pagaremos	pagaríamos	**paguemos**	pagáramos	**paguemos**
pagado	pagáis	pagabais	pagasteis	pagaréis	pagaríais	**paguéis**	pagarais	pagad (**no paguéis**)
	pagan	pagaban	pagaron	pagarán	pagarían	**paguen**	pagaran	**paguen**
seguir (e → i, i) *to follow* **gu → g** before a, o	**sigo**	seguía	seguí	seguiré	seguiría	**siga**	siguiera	
	sigues	seguías	seguiste	seguirás	seguirías	**sigas**	siguieras	sigue (**no sigas**)
	sigue	seguía	siguió	seguirá	seguiría	**siga**	siguiera	**siga**
siguiendo	seguimos	seguíamos	seguimos	seguiremos	seguiríamos	**sigamos**	siguiéramos	**sigamos**
seguido	seguís	seguíais	seguisteis	seguiréis	seguiríais	**sigáis**	siguierais	seguid (**no sigáis**)
	siguen	seguían	siguieron	seguirán	seguirían	**sigan**	siguieran	**sigan**
tocar *to play, to touch* **c → qu** before e	toco	tocaba	**toqué**	tocaré	tocaría	**toque**	tocara	
	tocas	tocabas	tocaste	tocarás	tocarías	**toques**	tocaras	toca (**no toques**)
	toca	tocaba	tocó	tocará	tocaría	**toque**	tocara	**toque**
tocando	tocamos	tocábamos	tocamos	tocaremos	tocaríamos	**toquemos**	tocáramos	**toquemos**
tocado	tocáis	tocabais	tocasteis	tocaréis	tocaríais	**toquéis**	tocarais	tocad (**no toquéis**)
	tocan	tocaban	tocaron	tocarán	tocarían	**toquen**	tocaran	**toquen**

Los verbos irregulares

Infinitive / Present Participle / Past Participle	Present Indicative	Imperfect	Preterite	Future	Conditional	Present Subjunctive	Past Subjunctive	Commands
andar to walk andando andado	ando andas anda andamos andáis andan	andaba andabas andaba andábamos andabais andaban	anduve anduviste anduvo anduvimos anduvisteis anduvieron	andaré andarás andará andaremos andaréis andarán	andaría andarías andaría andaríamos andaríais andarían	ande andes ande andemos andéis anden	anduviera anduvieras anduviera anduviéramos anduvierais anduvieran	anda (no andes) ande andemos andad (no andéis) anden
*dar to give dando dado	doy das da damos dais dan	daba dabas daba dábamos dabais daban	di diste dio dimos disteis dieron	daré darás dará daremos daréis darán	daría darías daría daríamos daríais darían	dé des dé demos deis den	diera dieras diera diéramos dierais dieran	da (no des) dé demos dad (no deis) den
*decir to say, tell diciendo dicho	digo dices dice decimos decís dicen	decía decías decía decíamos decíais decían	dije dijiste dijo dijimos dijisteis dijeron	diré dirás dirá diremos diréis dirán	diría dirías diría diríamos diríais dirían	diga digas diga digamos digáis digan	dijera dijeras dijera dijéramos dijerais dijeran	di (no digas) diga digamos decid (no digáis) digan
*estar to be estando estado	estoy estás está estamos estáis están	estaba estabas estaba estábamos estabais estaban	estuve estuviste estuvo estuvimos estuvisteis estuvieron	estaré estarás estará estaremos estaréis estarán	estaría estarías estaría estaríamos estaríais estarían	esté estés esté estemos estéis estén	estuviera estuvieras estuviera estuviéramos estuvierais estuvieran	está (no estés) esté estemos estad (no estéis) estén
haber to have habiendo habido	he has ha [hay] hemos habéis han	había habías había habíamos habíais habían	hube hubiste hubo hubimos hubisteis hubieron	habré habrás habrá habremos habréis habrán	habría habrías habría habríamos habríais habrían	haya hayas haya hayamos hayáis hayan	hubiera hubieras hubiera hubiéramos hubierais hubieran	he (no hayas) haya hayamos habed (no hayáis) hayan
*hacer to make, to do haciendo hecho	hago haces hace hacemos hacéis hacen	hacía hacías hacía hacíamos hacíais hacían	hice hiciste hizo hicimos hicisteis hicieron	haré harás hará haremos haréis harán	haría harías haría haríamos haríais harían	haga hagas haga hagamos hagáis hagan	hiciera hicieras hiciera hiciéramos hicierais hicieran	haz (no hagas) haga hagamos haced (no hagáis) hagan

*Verbs with irregular **yo** forms in the present indicative

(continued)

Infinitive Present Participle Past Participle	Present Indicative	Imperfect	Preterite	Future	Conditional	Present Subjunctive	Past Subjunctive	Commands
ir *to go* yendo ido	voy vas va vamos vais van	iba ibas iba íbamos ibais iban	fui fuiste fue fuimos fuisteis fueron	iré irás irá iremos iréis irán	iría irías iría iríamos iríais irían	vaya vayas vaya vayamos vayáis vayan	fuera fueras fuera fuéramos fuerais fueran	ve (no vayas) vaya vamos (no vayamos) id (no vayáis) vayan
*oír *to hear* oyendo oído	oigo oyes oye oímos oís oyen	oía oías oía oíamos oíais oían	oí oíste oyó oímos oísteis oyeron	oiré oirás oirá oiremos oiréis oirán	oiría oirías oiría oiríamos oiríais oirían	oiga oigas oiga oigamos oigáis oigan	oyera oyeras oyera oyéramos oyerais oyeran	oye (no oigas) oiga oigamos oíd (no oigáis) oigan
poder (o → ue) *can, to be able* pudiendo podido	puedo puedes puede podemos podéis pueden	podía podías podía podíamos podíais podían	pude pudiste pudo pudimos pudisteis pudieron	podré podrás podrá podremos podréis podrán	podría podrías podría podríamos podríais podrían	pueda puedas pueda podamos podáis puedan	pudiera pudieras pudiera pudiéramos pudierais pudieran	puede (no puedas) pueda podamos poded (no podáis) puedan
*poner *to place, to put* poniendo puesto	pongo pones pone ponemos ponéis ponen	ponía ponías ponía poníamos poníais ponían	puse pusiste puso pusimos pusisteis pusieron	pondré pondrás pondrá pondremos pondréis pondrán	pondría pondrías pondría pondríamos pondríais pondrían	ponga pongas ponga pongamos pongáis pongan	pusiera pusieras pusiera pusiéramos pusierais pusieran	pon (no pongas) ponga pongamos poned (no pongáis) pongan
querer (e → ie) *to like* queriendo querido	quiero quieres quiere queremos queréis quieren	quería querías quería queríamos queríais querían	quise quisiste quiso quisimos quisisteis quisieron	querré querrás querrá querremos querréis querrán	querría querrías querría querríamos querríais querrían	quiera quieras quiera queramos queráis quieran	quisiera quisieras quisiera quisiéramos quisierais quisieran	quiere (no quieras) quiera queramos quered (no queráis) quieran
*saber *to know* sabiendo sabido	sé sabes sabe sabemos sabéis saben	sabía sabías sabía sabíamos sabíais sabían	supe supiste supo supimos supisteis supieron	sabré sabrás sabrá sabremos sabréis sabrán	sabría sabrías sabría sabríamos sabríais sabrían	sepa sepas sepa sepamos sepáis sepan	supiera supieras supiera supiéramos supierais supieran	sabe (no sepas) sepa sepamos sabed (no sepáis) sepan

*Verbs with irregular *yo* forms in the present indicative

(continued)

Infinitive / Present Participle / Past Participle	Present Indicative	Imperfect	Preterite	Future	Conditional	Present Subjunctive	Past Subjunctive	Commands
*salir (to go out) saliendo salido	salgo	salía	salí	saldré	saldría	salga	saliera	
	sales	salías	saliste	saldrás	saldrías	salgas	salieras	sal (no salgas)
	sale	salía	salió	saldrá	saldría	salga	saliera	salga
	salimos	salíamos	salimos	saldremos	saldríamos	salgamos	saliéramos	salgamos
	salís	salíais	salisteis	saldréis	saldríais	salgáis	salierais	salid (no salgáis)
	salen	salían	salieron	saldrán	saldrían	salgan	salieran	salgan
ser (to be) siendo sido	soy	era	fui	seré	sería	sea	fuera	
	eres	eras	fuiste	serás	serías	seas	fueras	sé (no seas)
	es	era	fue	será	sería	sea	fuera	sea
	somos	éramos	fuimos	seremos	seríamos	seamos	fuéramos	seamos
	sois	erais	fuisteis	seréis	seríais	seáis	fuerais	sed (no seáis)
	son	eran	fueron	serán	serían	sean	fueran	sean
*tener (e → ie) (to have) teniendo tenido	tengo	tenía	tuve	tendré	tendría	tenga	tuviera	
	tienes	tenías	tuviste	tendrás	tendrías	tengas	tuvieras	ten (no tengas)
	tiene	tenía	tuvo	tendrá	tendría	tenga	tuviera	tenga
	tenemos	teníamos	tuvimos	tendremos	tendríamos	tengamos	tuviéramos	tengamos
	tenéis	teníais	tuvisteis	tendréis	tendríais	tengáis	tuvierais	tened (no tengáis)
	tienen	tenían	tuvieron	tendrán	tendrían	tengan	tuvieran	tengan
*traer (to bring) trayendo traído	traigo	traía	traje	traeré	traería	traiga	trajera	
	traes	traías	trajiste	traerás	traerías	traigas	trajeras	trae (no traigas)
	trae	traía	trajo	traerá	traería	traiga	trajera	traiga
	traemos	traíamos	trajimos	traeremos	traeríamos	traigamos	trajéramos	traigamos
	traéis	traíais	trajisteis	traeréis	traeríais	traigáis	trajerais	traed (no traigáis)
	traen	traían	trajeron	traerán	traerían	traigan	trajeran	traigan
*venir (e → ie, i) (to come) viniendo venido	vengo	venía	vine	vendré	vendría	venga	viniera	
	vienes	venías	viniste	vendrás	vendrías	vengas	vinieras	ven (no vengas)
	viene	venía	vino	vendrá	vendría	venga	viniera	venga
	venimos	veníamos	vinimos	vendremos	vendríamos	vengamos	viniéramos	vengamos
	venís	veníais	vinisteis	vendréis	vendríais	vengáis	vinierais	venid (no vengáis)
	vienen	venían	vinieron	vendrán	vendrían	vengan	vinieran	vengan
ver (to see) viendo visto	veo	veía	vi	veré	vería	vea	viera	
	ves	veías	viste	verás	verías	veas	vieras	ve (no veas)
	ve	veía	vio	verá	vería	vea	viera	vea
	vemos	veíamos	vimos	veremos	veríamos	veamos	viéramos	veamos
	veis	veíais	visteis	veréis	veríais	veáis	vierais	ved (no veáis)
	ven	veían	vieron	verán	verían	vean	vieran	vean

*Verbs with irregular *yo* forms in the present indicative

Grammar reference

1. Past progressive tense

In **Exploremos 1** you learned that the present progressive tense is formed with the present indicative of **estar** and a present participle. The past progressive tense is formed with the imperfect of **estar** and a present participle.

The past progressive tense is used to express or describe an action that was in progress at a particular moment in the past.

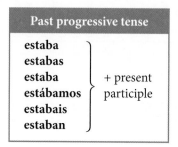

Past progressive tense	
estaba	
estabas	
estaba	+ present
estábamos	participle
estabais	
estaban	

Estábamos comiendo cuando llamaste.	*We were eating when you called.*
¿Quién **estaba hablando** por teléfono?	*Who was talking on the phone?*

Another past progressive tense can also be formed with the preterite of **estar** and the present participle. However, its use is of much lower frequency in Spanish.

2. Present subjunctive of stem-changing verbs

A. Stem-changing **-ar** and **-er** verbs follow the same stem changes in the present subjunctive as in the present indicative. Note that the stems of the **nosotros** and **vosotros** forms do not change.

contar (ue)	
cuente	contemos
cuentes	contéis
cuente	cuenten

perder (ie)	
pierda	perdamos
pierdas	perdáis
pierda	pierdan

B. Stem-changing **-ir** verbs follow the same pattern in the present subjunctive, except for the **nosotros** and **vosotros** forms. These change e → i or o → u.

morir (ue)	
muera	muramos
mueras	muráis
muera	mueran

preferir (ie)	
prefiera	prefiramos
prefieras	prefiráis
prefiera	prefieran

pedir (i)	
pida	pidamos
pidas	pidáis
pida	pidan

3. Present subjunctive of verbs with spelling changes

As in the preterite, verbs that end in **-car, -gar,** and **-zar** undergo a spelling change in the present subjunctive in order to maintain the consonant sound of the infinitive.

A. **-car:**   **c** changes to **qu** in front of **e**

   buscar: bus**que,** bus**ques,** bus**que...**

B. **-zar:**   **z** changes to **c** in front of **e**

   almorzar: almuer**ce,** almuer**ces,** almuer**ce...**

C. **-gar:**   **g** changes to **gu** in front of **e**

   jugar: jue**gue,** jue**gues,** jue**gue...**

D. **-ger:**   **g** changes to **j** in front of **a**

   proteger: prote**ja,** prote**jas,** prote**ja...**

4. Irregular verbs in the present subjunctive

The following verbs are irregular in the present subjunctive:

dar	dé, des, dé, demos, deis, den
haber	haya, hayas, haya, hayamos, hayáis, hayan
ir	vaya, vayas, vaya, vayamos, vayáis, vayan
saber	sepa, sepas, sepa, sepamos, sepáis, sepan
ser	sea, seas, sea, seamos, seáis, sean

Grammar Guide

For more detailed explanations of these grammar points, consult the Index on pages I-1–I-4 to find the places where these concepts are presented.

ACTIVE VOICE (La voz activa) A sentence written in the active voice identifies a subject that performs the action of the verb.

Juan	cantó	la canción.
Juan	*sang*	*the song.*
subject	**verb**	**direct object**

In the sentence above Juan is the performer of the verb **cantar**.

(*See also* **Passive Voice.**)

ADJECTIVES (Los adjetivos) are words that modify or describe **nouns** or **pronouns** and agree in **number** and generally in **gender** with the nouns they modify.

Las casas **azules** son **bonitas.**
*The **blue** houses are **pretty.***

Esas mujeres **mexicanas** son mis **nuevas** amigas.
*Those **Mexican** women are my **new** friends.*

- **Demonstrative adjectives (Los adjetivos demostrativos)** point out persons, places, or things relative to the position of the speaker. They always agree in **number** and **gender** with the **noun** they modify. The forms are: **este, esta, estos, estas / ese, esa, esos, esas / aquel, aquella, aquellos, aquellas.** There are also neuter forms that refer to generic ideas or things, and hence have no gender: **esto, eso, aquello.**

Este libro es fácil.	***This** book is easy.*
Esos libros son difíciles.	***Those** books are hard.*
Aquellos libros son pesados.	***Those** books (**over there**) are boring.*
Eso es importante.	***That** is important.*

Demonstratives may also function as **pronouns,** replacing the **noun** but still agreeing with it in **number** and **gender:**

Me gustan esas blusas verdes.	*I like those green blouses.*
¿Cuáles? **¿Estas?**	*Which ones, **these?***
No. Me gustan **esas.**	*No. I like **those.***

- **Stressed possessive adjectives (Los adjetivos posesivos tónicos)** are used for emphasis and follow the noun that they modifiy. These adjectives may also function as pronouns and always agree in **number** and in **gender.** The forms are: **mío, tuyo, suyo, nuestro, vuestro, suyo.** Unless they are directly preceded by the verb **ser,** stressed possessives must be preceded by the **definite article.**

Ese perro pequeño es **mío.**	*That little dog is **mine.***
Dame el **tuyo;** el **nuestro** no funciona.	*Give me **yours; ours** doesn't work.*

- **Possessive adjectives (Los adjetivos posesivos)** demonstrate ownership and always precede the **noun** that they modify.

La señora Elman es **mi** profesora.	*Mrs. Elman is **my** professor.*
Debemos llevar **nuestros** libros a clase.	*We should take **our** books to class.*

ADVERBS (Los adverbios) are words that modify **verbs, adjectives,** or other adverbs and, unlike **adjectives,** do not have **gender** or **number.** Here are examples of different classes of adverbs:

Practicamos **diariamente.**	*We practice **daily.** (adverb of frequency)*
Ellos van a salir **pronto.**	*They will leave **soon.** (adverb of time)*
Jennifer está **afuera.**	*Jennifer is **outside.** (adverb of place)*
No quiero ir **tampoco.**	*I don't want to go **either.** (adverb of negation)*
Paco habla **demasiado.**	*Paco talks **too much.** (adverb of quantity)*
Esta clase es **extremadamente** difícil.	*This class is **extremely** difficult. (modifies adjective)*
Ella habla **muy** poco.	*She speaks **very** little. (modifies adverb)*

AGREEMENT (La concordancia) refers to the correspondence between parts of speech in terms of **number, gender,** and **person.** Subjects agree with their verbs; articles and adjectives agree with the nouns they modify, etc.

Todas las lenguas son interesantes.	*All languages are interesting.* (number)
Ella es bonita.	*She is pretty.* (gender)
Nosotros somos de España.	*We are from Spain.* (person)

ARTICLES (Los artículos) precede nouns and indicate whether they are definite or indefinite persons, places, or things.

- **Definite articles (Los artículos definidos)** refer to particular members of a group and are the equivalent of *the* in English. The definite articles are: **el, la, los, las.**

El hombre guapo es mi padre.	*The handsome man is my father.*
Las chicas de esta clase son inteligentes.	*The girls in this class are intelligent.*

- **Indefinite articles (Los artículos indefinidos)** refer to any unspecified member(s) of a group and are the equivalent of *a(n)* and *some*. The indefinite articles are: **un, una, unos, unas.**

Un hombre vino a nuestra casa anoche.	*A man came to our house last night.*
Unas niñas jugaban en el parque.	*Some girls were playing in the park.*

CLAUSES (Las cláusulas) are subject and verb combinations; for a sentence to be complete it must have at least one main clause.

- **Main clauses** (Independent clauses) **(Las cláusulas principales)** communicate a complete idea or thought.

Mi hermana va al hospital.	*My sister goes to the hospital.*

- **Subordinate clauses** (Dependent clauses) **(Las cláusulas subordinadas)** depend upon a main clause for their meaning to be complete.

main clause	**subordinate clause**
Mi hermana va al hospital	cuando está enferma.
My sister goes to the hospital	*when she is ill.*

In the sentence above, *when she is ill* is not a complete idea without the information supplied by the main clause.

COMMANDS (Los mandatos) (*See* **Imperatives.**)

COMPARISONS (Las comparaciones) are statements that describe one person, place, or thing relative to another in terms of quantity, quality, or manner.

- **Comparisons of equality (Las formas comparativas de igualdad)** demonstrate an equal share of a quantity or degree of a particular characteristic. These statements use a form of **tan** or **tanto(a)(s)** and **como.**

Ella tiene **tanto** dinero **como** Elena.	*She has **as much** money as Elena.*
Fernando trabaja **tanto como** Felipe.	*Fernando works **as much as** Felipe.*
Jim baila **tan** bien **como** Anne.	*Jim dances **as well as** Anne.*

- **Comparisons of inequality (Las formas comparativas de desigualdad)** indicate a difference in quantity, quality, or manner between the compared subjects. These statements use **más/menos... que** or comparative **adjectives** such as **mejor / peor, mayor / menor.**

México tiene **más** playas **que** España.	*Mexico has **more** beaches **than** Spain.*
Tú hablas español **mejor que** yo.	*You speak Spanish **better than** I.*

(*See also* **Superlative statements.**)

CONJUGATIONS (Las conjugaciones) are the forms of the verb as they agree with a particular subject or person.

Yo bailo los sábados.	*I dance on Saturdays.* (1st-person singular)
Tú bailas los sábados.	*You dance on Saturdays.* (2nd-person singular)
Ella baila los sábados.	*She dances on Saturdays.* (3rd-person singular)
Nosotros bailamos los sábados.	*We dance on Saturdays.* (1st-person plural)
Vosotros bailáis los sábados.	*You dance on Saturdays.* (2nd-person plural)
Ellos bailan los sábados.	*They dance on Saturdays.* (3rd-person plural)

CONJUNCTIONS (**Las conjunciones**) are linking words that join two independent clauses together.

Fuimos al centro **y** mis amigos compraron muchas cosas.
*We went downtown, **and** my friends bought a lot of things.*

Yo quiero ir a la fiesta, **pero** tengo que estudiar.
*I want to go to the party, **but** I have to study.*

CONTRACTIONS (**Las contracciones**) in Spanish are limited to preposition/article combinations, such as **de** + **el** = **del** and **a** + **el** = **al**, or preposition/pronoun combinations such as **con** + **mí** = **conmigo** and **con** + **ti** = **contigo**.

DIRECT OBJECTS (**Los objetos directos**) in sentences are the direct recipients of the action of the verb. Direct objects answer the questions *What?* or *Whom?*

Ella hizo **la tarea.**   *She did her **homework.***
Después llamó **a su amiga.**   *Afterwards called **her friend.***

(*See also* **Pronoun, Indirect Object, Personal** *a*.)

EXCLAMATORY WORDS (**Las palabras exclamativas**) communicate surprise or strong emotion. Like interrogative words, exclamatory words also carry accents.

¡**Qué** sorpresa!   ***What** a surprise!*
¡**Cuántas** personas hay en la fiesta!   *There are a lot of people at the party! (Literally: How many people there are at the party!)*

(*See also* **Interrogatives.**)

GERUNDS (**El gerundio**) in Spanish refer to the present participle. In English gerunds are verbals (based on a verb and expressing an action or a state of being) that function as nouns. In most instances where the gerund is used in English, the infinitive is used in Spanish.

(El) **Ser** cortés no cuesta nada.   ***Being** polite is not hard.*
Mi pasatiempo favorito es **viajar.**   *My favorite pasttime is **traveling.***
Después de **desayunar** salió de la casa.   *After **eating** breakfast, he left the house.*

(*See also* **Present Participle.**)

IDIOMATIC EXPRESSIONS (**Las frases idiomáticas**) are phrases in Spanish that do not have a literal English equivalent.

Cuesta un ojo de la cara.   *It costs a lot. (It costs an arm and a leg.)*

IMPERATIVES (**Los imperativos**) represent the mood used to express requests or commands. It is more direct than the **subjunctive** mood. Imperatives are commonly called commands and fall into two categories: affirmative and negative. Spanish speakers must also choose between using formal commands and informal commands based upon whether one is addressed as **usted** (formal) or **tú** (informal).

Habla conmigo.   **Talk** to me. (informal, singular, affirmative)
No me hables.   **Don't talk** to me. (informal, singular, negative)
Hable con la policía.   **Talk** to the police. (formal, singular, affirmative)
No hable con la policía.   **Don't talk** to the police. (formal, singular, negative)
Hablen con la policía.   **Talk** to the police. (formal, plural, affirmative)
No hablen con la policía   **Don't talk** to the police. (formal, plural, negative)
Hablad con la policía.   **Talk** to the police. (informal [Spain], plural, affirmative)
No habléis con la policía.   **Don't talk** to the police. (informal [Spain], plural, negative)

(*See also* **Mood.**)

IMPERFECT (**El imperfecto**) The imperfect tense is used to make statements about the past when the speaker wants to convey the idea of 1) habitual or repeated action, 2) two actions in progress simultaneously, or 3) an event that was in progress when another action interrupted. The imperfect tense is also used to emphasize the ongoing nature of the middle of the event, as opposed to its beginning or end. Age and clock time are always expressed using the imperfect.

Cuando María **era** joven **cantaba** en el coro.
*When María **was** young, she **used to sing** in the choir.*

Aquel día **llovía** mucho y el cielo **estaba** oscuro.
*That day **it was raining** a lot and the sky **was** dark.*

Juan **dormía** cuando sonó el teléfono.
*Juan **was sleeping** when the phone rang.*

(*See also* **Preterite.**)

IMPERSONAL EXPRESSIONS (Las expresiones impersonales) are statements that contain the impersonal subjects of *it* or *one*.

Es necesario estudiar.	*It is necessary to study.*
Se necesita estudiar.	*One needs to study.*

(*See also* **Passive Voice.**)

INDEFINITE WORDS (Las palabras indefinidas) are **articles, adjectives, nouns** or **pronouns** that refer to unspecified members of a group.

Un hombre vino.	*A man came.* (indefinite article)
Alguien vino.	*Someone came.* (indefinite noun)
Algunas personas vinieron.	*Some people came.* (indefinite adjective)
Algunos vinieron.	*Some came.* (indefinite pronoun)

(*See also* **Articles.**)

INDICATIVE (El indicativo) The indicative is a mood, rather than a tense. The indicative is used to express ideas that are considered factual or certain and, therefore, not subject to speculation, doubt, or negation.

Josefina **es** española.	*Josefina **is** Spanish.*
(present indicative)	
Ella **vivió** en Argentina.	*She lived in Argentina.*
(preterite indicative)	

(*See also* **Mood.**)

INDIRECT OBJECTS (Los objetos indirectos) are the indirect recipients of an action in a sentence and answer the questions *To whom?* or *For whom?* In Spanish it is common to include an indirect object **pronoun** along with the indirect object.

Yo **le** di el libro **a Sofía**.	*I gave the book **to Sofía**.*
Sofía **les** guardó el libro **a sus padres**.	*Sofía kept the book **for her parents**.*

(*See also* **Direct Objects** *and* **Pronouns.**)

INFINITIVES (Los infinitivos) are verb forms that are uninflected or **not conjugated** according to a specific **person**. In English, infinitives are preceded by *to: to talk, to eat, to live.* Infinitives in Spanish end in **-ar (hablar), -er (comer),** and **-ir (vivir).**

INTERROGATIVES (Las formas interrogativas) are used to pose questions and carry accent marks to distinguish them from other uses. Basic interrogative words include: **quién(es), qué, cómo, cuánto(a)(s), cuándo, por qué, dónde, cuál(es).**

¿**Qué** quieres?	*What do you want?*
¿**Cuándo** llegó ella?	*When did she arrive?*
¿De **dónde** eres?	*Where are you from?*

(*See also* **Exclamatory Words.**)

MOOD (El modo) is like the word *mode*, meaning *manner* or *way*. It indicates the way in which the speaker views an action, or his/her attitude toward the action. Besides the **imperative** mood, which is simply giving commands, there are two moods in Spanish: the **subjunctive** and the **indicative.** Basically, the subjunctive mood communicates an attitude of uncertainty toward the action, while the indicative indicates that the action is certain or factual. Within each of these moods there are many **tenses.** Hence you have the present indicative and the present subjunctive, the present perfect indicative and the present perfect subjunctive, etc.

- **Indicative mood (El indicativo)** is used to talk about actions that are regarded as certain or as facts: things that happen all the time, have happened, or will happen. It is used in contrast to situations where the speaker is voicing an opinion, doubts, or desires.

(Yo) **Quiero** ir a la fiesta.	*I want to go to the party.*
¿**Quieres** ir conmigo?	*Do you want to go with me?*

- **Subjunctive mood (El subjuntivo)** indicates a recommendation, a statement of uncertainty, or an expression of opinion, desire or emotion.

Recomiendo que tú **vayas** a la fiesta.	*I recommend that **you go** to the party.*
Dudo que **vayas** a la fiesta.	*I doubt that **you'll go** to the party.*
Me alegra que **vayas** a la fiesta.	*I am happy that **you'll go** to the party.*
Si **fueras** a la fiesta, te divertirías.	*If **you were to go** to the party, you would have a good time.*

- **Imperative mood (El imperativo)** is used to make a command or request.

¡**Ven** conmigo a la fiesta!	***Come** with me to the party!*

(*See also* **Mood, Indicative, Imperative,** *and* **Subjunctive.**)

NEGATION (La negación) takes place when a negative word, such as **no,** is placed before an affirmative sentence. In Spanish, double negatives are common.

Yolanda va a cantar esta noche.	*Yolanda will sing tonight.* (affirmative)
Yolanda **no** va a cantar esta noche.	*Yolanda will **not** sing tonight.* (negative)
Ramón quiere algo.	*Ramón wants something.* (affirmative)
Ramón **no** quiere **nada.**	*Ramón **doesn't** want **anything.*** (negative)

NOUNS (Los sustantivos) are persons, places, things, or ideas. Names of people, countries, and cities are proper nouns and are capitalized.

Alberto	*Albert* (person)
la amistad	*friendship* (idea, concept)
el pueblo	*town* (place)
el diccionario	*dictionary* (thing)

ORTHOGRAPHY (La ortografía) refers to the spelling of a word or anything related to spelling, such as accentuation.

PASSIVE VOICE (La voz pasiva), as compared to **active voice (la voz activa),** places emphasis on the action itself rather than the subject (the person or thing that is responsible for doing the action). The passive **se** is used when there is no apparent subject.

Luis vende los coches.	*Luis sells the cars.* (active voice)
Los coches **son vendidos por** Luis.	*The cars **are sold by** Luis.* (passive voice)
Se venden los coches.	*The cars **are sold.*** (passive voice)

(*See also* **Active Voice.**)

PAST PARTICIPLES (Los participios pasados) are verb forms used in compound tenses such as the **present perfect.** Regular past participles are formed by dropping the **-ar** or **-er/-ir** from the **infinitive** and adding **-ado** or **-ido.** Past participles are generally the equivalent of verb forms ending in *-ed* in English. They may also be used as **adjectives,** in which case they agree in **number** and **gender** with their nouns. Irregular past participles include: **escrito, roto, dicho, hecho, puesto, vuelto, muerto, cubierto.**

Marta ha **subido** la montaña.	*Marta has **climbed** the mountain.*
Los vasos están **rotos.**	*The glasses are **broken.***
La novela **publicada** en 1995 es su mejor novela.	*The novel **published** in 1995 is her best novel.*

PERFECT TENSES (Los tiempos perfectos) communicate the idea that an action has taken place before now or began in the past and continues into the present (present perfect) or before a particular moment in the past (past perfect). The perfect tenses are compound tenses consisting of the auxiliary verb **haber** plus the **past participle** of a second verb.

Yo ya **he comido.**	*I **have** already **eaten.*** (present perfect indicative)
Antes de la fiesta, yo ya **había comido.**	*Before the party I **had** already **eaten.*** (past perfect indicative)
Yo espero que **hayas comido.**	*I hope that **you have eaten.*** (present perfect subjunctive)
Yo esperaba que **hubieras comido.**	*I hoped that **you had eaten.*** (past perfect subjunctive)

PERSON (La persona) refers to changes in the subject pronouns that indicate if one is speaking (first person), if one is spoken to (second person), or if one is spoken about (third person).

Yo hablo.	*I speak.* (1st-person singular)
Tú hablas.	*You speak.* (2nd-person singular)
Ud./Él/Ella habla.	*You/He/She speak(s).* (3rd-person singular)
Nosotros(as) hablamos.	*We speak.* (1st-person plural)
Vosotros(as) habláis.	*You speak.* (2nd-person plural)
Uds./Ellos/Ellas hablan.	*They speak.* (3rd-person plural)

PERSONAL A (La *a* personal) The personal **a** refers to the placement of the preposition **a** before a person or a pet when it is the **direct object** of the sentence.

Voy a llamar **a** María.	*I'm going to call María.*
El veterinario curó **al** perro.	*The veterinarian treated the dog.*

PREPOSITIONS (Las preposiciones) are linking words indicating spatial or temporal relations between two words.

Ella nadaba **en** la piscina.	*She was swimming **in** the pool.*
Yo llamé **antes de** las nueve.	*I called **before** nine o'clock.*
El libro es **para** ti.	*The book is **for** you.*
Voy **a** la oficina.	*I'm going **to** the office.*
Jorge es **de** Paraguay.	*Jorge is **from** Paraguay.*

PRESENT PARTICIPLE (El participio del presente) is the Spanish equivalent of the *-ing* verb form in English. Regular participles are created by replacing the infinitive endings (**-ar, -er/-ir**) with **-ando** or **-iendo.** They are often used with the verb **estar** to form the present progressive tense. The present progressive tense places emphasis on the continuing or progressive nature of an action. In Spanish, the participle form is referred to as a gerund.

Miguel está **cantando** en la ducha.	*Miguel is **singing** in the shower.*
Los niños están **durmiendo** ahora.	*The children are **sleeping** now.*

(*See also* **Gerunds**)

PRETERITE (El pretérito) The preterite tense, as compared to the **imperfect tense,** is used to talk about past events with specific emphasis on the beginning or the end of the action, or emphasis on the completed nature of the action as a whole.

Anoche yo **empecé** a estudiar a las once y **terminé** a la una.
*Last night I **began** to study at eleven o'clock and **finished** at one o'clock.*

Esta mañana **me desperté** a las siete, **desayuné, me duché** y **llegué** a la escuela a las ocho.
*This morning **I woke up** at seven, **I ate breakfast, I showered,** and **I arrived** at school at eight.*

PRONOUNS (Los pronombres) are words that substitute for **nouns** in a sentence.

Yo quiero **este.**	*I want **this one.** (demonstrative—points out a specific person, place, or thing)*
¿Quién es tu amigo?	***Who** is your friend? (interrogative—used to ask questions)*
Yo voy a llamar**la.**	*I'm going to call **her.** (direct object—replaces the direct object of the sentence)*
Ella va a dar**le** el reloj.	*She is going to give **him** the watch. (indirect object—replaces the indirect object of the sentence)*
Juan **se** baña por la mañana.	*Juan bathes **himself** in the morning. (reflexive—used with reflexive verbs to show that the agent of the action is also the recipient)*
Es la mujer **que** conozco.	*She is the woman **that** I know. (relative—used to introduce a clause that describes a noun)*
Nosotros somos listos.	***We** are clever. (subject—replaces the noun that performs the action or state of a verb)*

SUBJECTS (Los sujetos) are the persons, places, or things which perform the action of a verb, or which are connected to a description by a verb. The **conjugated** verb always agrees with its subject.

Carlos siempre baila solo.	***Carlos** always dances alone.*
Colorado y **California** son mis estados preferidos.	***Colorado** and **California** are my favorite states.*
La cafetera hace el café.	*The **coffee maker** makes the coffee.*

(*See also* **Active Voice.**)

SUBJUNCTIVE (El subjuntivo) The subjunctive mood is used to express speculative, doubtful, or hypothetical situations. It also communicates a degree of subjectivity or influence of the main clause over the subordinate clause.

No creo que **tengas** razón.	*I don't think that **you're** right.*
Si yo **fuera** el jefe les pagaría más a mis empleados.	*If I **were** the boss, I would pay my employees more.*
Quiero que **estudies** más.	*I want **you to study** more.*

(*See also* **Mood, Indicative.**)

SUPERLATIVE STATEMENTS (Las frases superlativas) are formed by adjectives or adverbs to make comparisons among three or more members of a group. To form superlatives, add a definite article **(el, la, los, las)** before the comparative form.

Juan es **el más alto** de los tres.	*Juan is **the tallest** of the three.*
Este coche es **el más rápido** de todos.	*This car is **the fastest** of them all.*
En mi opinión, ella es **la mejor** cantante.	*In my opinion, she is **the best** singer.*

(*See also* **Comparisons.**)

TENSES (Los tiempos) refer to the manner in which time is expressed through the verb of a sentence.

Yo estudio.	*I study.* (present tense)
Yo estoy estudiando.	*I am studying.* (present progressive)
Yo he estudiado.	*I have studied.* (present perfect)
Yo había estudiado.	*I had studied.* (past perfect)
Yo estudié.	*I studied.* (preterite tense)
Yo estudiaba.	*I was studying.* (imperfect tense)
Yo estudiaré.	*I will study.* (future tense)

VERBS (Los verbos) are the words in a sentence that communicate an action or state of being.

Helen **es** mi amiga y ella **lee** muchas novelas.	*Helen **is** my friend and she **reads** a lot of novels.*

- **Auxiliary verbs (Los verbos auxiliares)** or helping verbs **haber, ser,** and **estar** are used to form the passive voice, compound tenses, and verbal periphrases.

Estamos estudiando mucho para el examen mañana.	*We **are** studying a lot for the exam tomorrow. (verbal periphrases)*
Helen **ha** trabajado mucho en este proyecto.	*Helen **has** worked a lot on this project. (compound tense)*
La ropa **fue** hecha en Guatemala.	*The clothing **was** made in Guatemala. (passive voice)*

- **Reflexive verbs (Los verbos reflexivos)** use reflexive **pronouns** to indicate that the person initiating the action is also the recipient of the action.

Yo **me afeito** por la mañana.	*I **shave (myself)** in the morning.*

- **Stem-changing verbs (Los verbos con cambios de raíz)** undergo a change in the main part of the verb when conjugated. To find the stem, drop the **-ar, -er,** or **-ir** from the **infinitive: dorm-, empez-, ped-.** There are three types of stem-changing verbs in the present indicative: **o** to **ue, e** to **ie** and **e** to **i.**

dormir: Yo d**ue**rmo en un hotel.	*I sleep in an hotel.* (**o** to **ue**)
empezar: Ella siempre emp**ie**za a trabajar temprano.	*She always starts working early.* (**e** to **ie**)
pedir: ¿Por qué no p**i**des ayuda?	*Why don't you ask for help?* (**e** to **i**)

Asking questions
Question words

¿Adónde? To where?
¿Cómo? How?
¿Cuál(es)? Which? What?
¿Cuándo? When?
¿Cuánto/¿Cuánta? How much?
¿Cuántos/¿Cuántas? How many?
¿Dónde? Where?
¿Por qué? Why?
¿Qué? What?
¿Quién(es)? Who? Whom?

Requesting information

¿Cómo es su (tu) profesor(a) favorito(a)? What's your favorite professor like?
¿Cómo se (te) llama(s)? What's your name?
¿Cómo se llama? What's his/her name?
¿Cuál es su (tu) número de teléfono? What's your telephone number?
¿De dónde es (eres)? Where are you from?
¿Dónde hay...? Where is/are there . . .?
¿Qué estudia(s)? What are you studying?

Asking for descriptions

¿Cómo es...? What is . . . like?
¿Cómo son...? What are . . . like?

Asking for clarification

¿Cómo? What?
Dígame (Dime) una cosa. Tell me something.
Más despacio. More slowly.
No comprendo./No entiendo. I don't understand.
¿Perdón? Pardon me?
¿Cómo? Otra vez, por favor. What? One more time, please.
Repita (Repite), por favor. Please repeat.
¿Qué significa...? What does . . . mean?

Asking about and expressing likes and dislikes

¿Te (le) gusta(n)? Do you like it (them)?
No me gusta(n). I don't like it (them).
Sí, me gusta(n). Yes, I like it (them).

Asking for confirmation

... ¿de acuerdo? . . . agreed? (*Used when some type of action is proposed.*)
... ¿no? . . . isn't that so? (*Not used with negative sentences.*)

... ¿no es así? . . . isn't that right?
... ¿vale? . . . OK?
... ¿verdad? ¿cierto? . . . right?
... ¿está bien? . . . OK?

Complaining

Es demasiado caro/cara (costoso/costosa). It's too expensive.
No es justo. It isn't fair.
No puedo esperar más. I can't wait anymore.
No puedo más. I can't take this anymore.

Expressing belief

Es cierto/verdad. That's right./That's true.
Estoy seguro/segura. I'm sure.
Lo creo. I believe it.
No cabe duda de que... There can be no doubt that . . .
No lo dudo. I don't doubt it.
Tiene(s) razón. You're right.

Expressing disbelief

Hay dudas. There are doubts.
Es poco probable. It's doubtful/unlikely.
Lo dudo. I doubt it.
No lo creo. I don't believe it.
Estás equivocado(a). You're wrong.
Tengo mis dudas. I have my doubts.

Expressing frequency of actions and length of activities

¿Con qué frecuencia...? How often . . .?
de vez en cuando from time to time
durante la semana during the week
frecuentemente frequently
los fines de semana on the weekends
nunca never
por la mañana/por la tarde/por la noche in the morning/afternoon/evening
siempre always
todas las tardes/todas las noches every afternoon/evening
todos los días every day
Hace un año/dos meses/tres semanas que... for a year/two months/three weeks

Listening for instructions in the classroom

Abran los libros en la página... Open your books to page . . .
Cierren los libros. Close your books.

Complete (Completa) (Completen) la oración. Complete the sentence.
Conteste (Contesta) (Contesten) en español. Answer in Spanish.
Escriban en la pizarra. Write on the board.
Formen grupos de... estudiantes. Form groups of . . . students.
Practiquen en parejas. Practice in pairs.
¿Hay preguntas? Are there any questions?
Lea (Lee) en voz alta. Read aloud.
Por ejemplo... For example . . .
Preparen... para mañana. Prepare . . . for tomorrow.
Repita (Repite), (Repitan) por favor. Please repeat.
Saquen el libro (el cuaderno, una hoja de papel). Take out the book (the notebook, a piece of paper).

Greeting and conversing
Greetings

Bien, gracias. Fine, thanks.
Buenas noches. Good evening.
Buenas tardes. Good afternoon.
Buenos días. Good morning.
¿Cómo está(s)? How are you?
¿Cómo le (te) va? How is it going?
Hola. Hi.
Mal. Bad./Badly.
Más o menos. So so.
Nada. Nothing.
No muy bien. Not too well.
¿Qué hay de nuevo? What's new?
¿Qué tal? How are things?
Regular. Okay.
¿Y usted (tú)? And you?

Introducing people

¿Cómo se (te) llama(s)? What is your name?
¿Cómo se llama(n) él/ella/usted(es)/ellos/ellas? What is (are) his/her, your, their name(s)?
¿Cuál es su (tu) nombre? What is your name?
El gusto es mío. The pleasure is mine.
Encantado(a). Delighted.
Igualmente. Likewise.
Me llamo... My name is . . .
Mi nombre es... My name is . . .
Mucho gusto. Pleased to meet you.
Quiero presentarle(te) a... I want to introduce you to . . .
Se llama(n)... His/Her/Their name(s) is/are . . .

Entering into a conversation

Escuche (Escucha). Listen.
(No) Creo que... I (don't) believe that . . .
(No) Estoy de acuerdo porque... I (don't) agree because . . .
Pues, lo que quiero decir es que... Well, what I want to say is . . .
Quiero decir algo sobre... I want to say something about . . .

Saying goodbye

Adiós. Goodbye.
Chao. Goodbye.
Hasta la vista. Until we meet again.
Hasta luego. See you later.
Hasta mañana. Until tomorrow.
Hasta pronto. See you soon.

Chatting

(Bastante) bien. (Pretty) well, fine.
¿Cómo está la familia? How's the family?
¿Cómo le (te) va? How's it going?
¿Cómo van las clases? How are classes going?
Fenomenal. Phenomenal.
Horrible. Horrible.
Mal. Bad(ly).
No hay nada de nuevo. There's nothing new.
¿Qué hay de nuevo? What's new?
¿Qué tal? How's it going?

Reacting to comments

¡A mí me lo dice(s)! You're telling me!
¡Caray! Oh! Oh no!
¿De veras?/¿De verdad? Really? Is that so?
¡Dios mío! Oh, my goodness!
¿En serio? Seriously? Are you serious?
¡Estupendo! Stupendous!
¡Fabuloso! Fabulous!
¡No me diga(s)! You don't say!
¡Qué barbaridad! How unusual! Wow! That's terrible!
¡Qué bien! That's great!
¡Qué desastre! That's a disaster!
¡Qué gente más loca! What crazy people!
¿Qué hizo (hiciste)? What did you do?
¡Qué horrible! That's horrible!
¡Qué increíble! That's amazing!
¡Qué lástima! That's a pity! That's too bad!
¡Qué mal! That's really bad!
¡Qué maravilla! That's marvelous!
¡Qué pena! That's a pain! That's too bad!
¡Ya lo creo! I (can) believe it!

Extending a conversation using fillers and hesitations

A ver... Let's see . . .
Buena pregunta... That's a good question . . .
Bueno... Well . . .
Es que... It's that . . .
Pues... no sé. Well . . . I don't know.
Sí, pero... Yes, but . . .
No creo. I don't think so.

Expressing worry

¡Ay, Dios mío! Good grief!
¡Es una pesadilla! It's a nightmare!
¡Eso debe ser horrible! That must be horrible!
¡Pobre! Poor thing!
¡Qué espanto! What a scare!
¡Qué horror! How horrible!
¡Qué lástima! What a pity!
¡Qué mala suerte/pata! What bad luck!
¡Qué terrible! How terrible!
¡Qué triste! How sad!
¡Qué pena! What a shame!

Expressing agreement

Así es. That's so.
Cierto./Claro (que sí)./Seguro. Certainly. Sure(ly).
Cómo no./Por supuesto. Of course.
Correcto. That's right.
Es cierto/verdad. It's true.
Eso es. That's it.
(Estoy) de acuerdo. I agree.
Exacto. Exactly.
Muy bien. Very good. Fine.
Perfecto. Perfect.
Probablemente. Probably.

Expressing disagreement

Al contrario. On the contrary.
En absoluto. Absolutely not. No way.
Es poco probable. It's doubtful/ not likely.
Incorrecto. Incorrect.
No es así. That's not so.
No es cierto. It's not so.
No es verdad. It's not true.
No es eso. That's not it.
No está bien. It's not good/not right.
No estoy de acuerdo. I don't agree.
Todo lo contrario. Just the opposite./ Quite the contrary.

Expressing sympathy

Es una pena. It's a pity.
Lo siento mucho. I'm very sorry.
Mis condolencias. My condolences.
¡Qué lástima! What a pity!

Expressing obligation

Necesitar + *infinitive* To need to . . .
(No) es necesario + *infinitive* It's (not) necessary to . . .
(No) hay que + *infinitive* One must(n't) . . ., One does(n't) have to . . .
(Se) debe + *infinitive* (One) should (ought to) . . .
Tener que + *infinitive* To have to . . .

In the hospital
Communicating instructions

Lavar la herida. Wash the wound.
Llamar al médico. Call the doctor.
Pedir información. Ask for information.
Poner hielo. Put on ice.
Poner una curita/una venda. Put on a Band-Aid®/a bandage.
Quedarse en la cama. Stay in bed.
Sacar la lengua. Stick out your tongue.
Tomar la medicina/las pastillas después de cada comida (dos veces al día/antes de acostarse). Take the medicine/the pills after each meal (two times a day/ before going to bed).

Describing symptoms

Me duele la cabeza/la espalda, etc. I have a headache/backache, etc.
Me tiemblan las manos. My hands are shaking.
Necesito pastillas (contra fiebre, mareos, etc.). I need pills (for fever, dizziness, etc.).
Necesito una receta (unas aspirinas, un antibiótico, unas gotas, un jarabe). I need a prescription (aspirin, antibiotics, drops, cough syrup).

Invitations
Extending invitations

¿Le (Te) gustaría ir a... conmigo? Would you like to go to . . . with me?
¿Me quiere(s) acompañar a...? Do you want to accompany me to . . .?
¿Quiere(s) ir a...? Do you want to go to . . .?
Si tiene(s) tiempo, podemos ir a... If you have time, we could go to . . .

Accepting invitations

Sí, con mucho gusto. Yes, with pleasure.
Sí, me encantaría. Yes, I'd love to.
Sí, me gustaría mucho. Yes, I'd like to very much.

Declining invitations

Lo siento mucho, pero no puedo. I'm very sorry, but I can't.

Me gustaría, pero no puedo porque... I'd like to, but I can't because . . .

Making reservations and asking for information

¿Dónde hay...? Where is/are there . . .?
¿El precio incluye...? Does the price include . . .?
Quisiera reservar una habitación... I would like to reserve a room . . .

Opinons
Asking for opinions

¿Cuál prefiere(s)? Which (one) do you prefer?
¿Le (Te) gusta(n)...? Do you like . . .?
¿Le (Te) interesa(n)...? Are you interested in . . .?
¿Qué opina(s) de...? What's your opinion about . . .?
¿Qué piensa(s)? What do you think?
¿Qué le (te) parece(n)? How does/ do . . . seem to you?

Giving opinions

Creo que... I believe that . . .
Es bueno. It's good.
Es conveniente. It's convenient.
Es importante. It's important.
Es imprescindible. It's indispensable.
Es mejor. It's better.
Es necesario./Es preciso. It's necessary.
Es preferible. It's preferable.
Me gusta(n)... I like . . .
Me interesa(n)... I am interested in . . .
Me parece(n)... It seems . . . to me. (They seem . . . to me.)
Opino que... It's my opinion that . . .
Pienso que... I think that . . .
Prefiero... I prefer . . .

Adding information

A propósito/De paso... By the way . . .
Además... In addition . . .
También... Also . . .

Making requests

¿Me da(s)...? Will you give me . . .?
¿Me hace(s) el favor de...? Will you do me the favor of . . .?
¿Me pasa(s)...? Will you pass me . . .?
¿Me puede(s) dar...? Can you give me . . .?
¿Me puede(s) traer...? Can you bring me . . .?
¿Quiere(s) darme...? Do you want to give me . . .?
Sí, cómo no. Yes, of course.

In a restaurant
Ordering a meal

¿Está incluida la propina? Is the tip included?
Me falta(n)... I need . . .
¿Me puede traer..., por favor? Can you please bring me . . .?
¿Puedo ver la carta/el menú? May I see the menu?
¿Qué recomienda usted? What do you recommend?
¿Qué tarjetas de crédito aceptan? What credit cards do you accept?
Quisiera hacer una reservación para... I would like to make a reservation for . . .
¿Se necesitan reservaciones? Are reservations needed?
¿Tiene usted una mesa para...? Do you have a table for . . .?
Tráigame la cuenta, por favor. Please bring me the check/bill.

Shopping
Asking how much something costs and bargaining

¿Cuánto cuesta...? How much is . . .?
El precio es... The price is . . .
Cuesta alrededor de... It costs around . . .
¿Cuánto cuesta(n)? How much does it (do they) cost?
De acuerdo. Agreed. All right.

Es demasiado. It's too much.
Es una ganga. It's a bargain.
No más. No more.
No pago más de... I won't pay more than . . .
solo only
última oferta final offer

Describing how clothing fits

Me queda(n) bien/mal. It fits (They fit) me well/badly.
Te queda(n) bien/mal. It fits (They fit) you well/badly.
Le queda(n) bien/mal. It fits (They fit) him/her/you well/badly.

Getting someone's attention

Con permiso. Excuse me.
Discúlpeme. Excuse me.
Oiga (Oye). Listen.
Perdón. Pardon.

Expressing satisfaction and dissatisfaction

El color es horrible. The color is horrible.
El modelo es aceptable. The style is acceptable.
Es muy barato(a). It's very cheap.
Es muy caro(a). It's very expensive.
Me gusta el modelo. I like the style.

Thanking

De nada./Por nada./No hay de qué. It's nothing. You're welcome.
¿De verdad le (te) gusta? Do you really like it?
Estoy muy agradecido(a). I'm very grateful.
Gracias. Thanks./Thank you.
Me alegro de que le (te) guste. I'm glad you like it.
Mil gracias. Thanks a lot.
Muchas gracias. Thank you very much.
Muy amable de su (tu) parte. You're very kind.

This vocabulary includes all the words and expressions listed as active vocabulary in **Exploremos.** The number following the definition refers to the chapter in which the word or phrase was first used actively. Chapter numbers with an asterisk indicate that the entries are from the **Vocabulario útil** in the Explorer and **Video-viaje** sections. Also, included are some of the high-frequency terms.

Nouns that end in **-o** are masculine and in **-a** are feminine unless otherwise indicated.

All words are alphabetized according to the 1994 changes made by the Real Academia: **ch** and **ll** are no longer considered separate letters of the alphabet.

A

a to, at; **a la derecha de** to the right of; **a la izquierda de** to the left of; **a las orillas** at the shoreline; **a menudo** often

abogado(a) lawyer

abordar to board (4)

abrigo coat

abril April

abrir to open

abstracto(a) abstract (5)

abuela grandmother

abuelo grandfather

aburrido(a) boring; bored

aburrir to bore (2); **aburrirse** to become bored (3)

acabar to finish (5)

acampar to go camping

acera sidewalk (3)

acostarse (ue) to lie down; to go to bed

actor *m.* actor

actriz *f.* actress

Adiós. Goodbye.

¿adónde? to where?

aeropuerto airport

afeitarse to shave

aficionado(a) fan *(of a sport)*

agente *m. f.* agent; **agente de viajes** travel agent

agosto August

agradable pleasant (2)*

agresivo(a) aggressive

águila *f. (but* **el águila***)* eagle (6)

ahora now

ajedrez *m.* chess (2)

al lado de beside, next to

alegrarse to become happy (3)

alegre happy

alemán *m.* German *(language)*

alfombra carpet

álgebra *m.* algebra

algodón *m.* cotton (5)

almíbar *m.* syrup

almorzar (ue) to have lunch; to eat lunch (1)

almuerzo lunch (1)

alojamiento lodging (4)

alojarse to lodge; to stay (in a hotel) (4)

alpinismo mountain climbing

alquilar to rent

alto(a) tall

amable kind

ambiental environmental

ambiente *m.* atmosphere

ambulancia ambulance (3)

amigo(a) friend

amo(a) de casa homemaker

andar to walk (1); **andar en** to ride (2); **andar en bicicleta** to ride a bicycle

andén *m.* platform (4)

anfibio amphibian (6)

aniversario anniversary (3)

anoche last night

antes de *(+ infinitive)* before *(doing something)*

antiguo(a) ancient; old (5)*

antipático(a) unfriendly

añadir to add (6)*

Año Nuevo New Year

apagar to turn off (4)* (5)

apartamento apartment

apreciar to appreciate (5); to enjoy (5)

aprender (**a** + *infinitive*) to learn *(to do something)*

apretado(a) tight (5)

árbol *m.* tree (6)

ardilla squirrel (6)

arena sand (6)

armario closet, armoire

armonía harmony (3)*

arpa *m.* harp (3)*

arquitecto(a) architect

arreglarse to fix oneself up; to get ready

arroz *m.* rice (1)

arte *m.* art; **arte abstracto** abstract art (5)

arzobispo archbishop (4)*

asado(a) grilled (1)

ascensor *m.* elevator (4)

asistente *m. f.* **de vuelo** flight attendant

asistir (a) to attend
asustado(a) scared
asustarse to become frightened (3)
aterrizar to land (4)
atlético(a) athletic
atletismo track and field
atravesar (ie) to cross (3)
atropellar to run over (3)
auditorio auditorium
autorretrato self-portrait (5)
ave *f.* (*but* **el ave**) bird (6)
avergonzado(a) embarrassed
ayer yesterday
ayudar to help
azúcar *m.* sugar (1)

B

bacalao cod
bádminton *m.* badminton
bahía bay (5)* (6)
bailar to dance
bailarín/bailarina dancer
bajar to go down; to take something down (4); **bajar de** to get out of (*a vehicle*) (3)
bajo(a) short
ballena whale (6)
banco bank
bandera flag
banderines streamers (3)
bañarse to bathe; to shower (*Mex.*)
bañera bathtub
baño bathroom
barato(a) cheap; inexpensive (5)
barco hundido shipwreck
barrer to sweep (2)
básquetbol *m.* basketball
basura trash, garbage, litter (2)
bautizo baptism (3)
beber to drink
bebida drink (1)
béisbol *m.* baseball
besar to kiss (3)
biblioteca library
bien fine
bilingüe bilingual (3)*
biología biology
blusa blouse
bluyines *m., pl.* blue jeans
boca mouth
bocadillo snack (3)
boda wedding (3)

bolígrafo pen
bolsa purse
bonito(a) pretty
borrar to erase (4)*
bosque *m.* forest (6); **bosque nublado** cloud forest (4)*
bota boot
bote *m.* **de basura** trash can (2)
botones *m. f.* bellhop (4)
brazo arm
brindar to toast (3)
brindis *m.* toast (3)
brócoli *m.* broccoli (1)
bucear to scuba dive
bueno(a) good; **buenos días** good morning; **buenas noches** good night; **buenas tardes** good afternoon
bufanda scarf
búho owl (3)*
buscar to look for

C

caballo horse
cabeza head
cactus *m.* cactus (6)
caer(se) to fall (3); **caerse bien/mal** to like/dislike (*a person*) (2)
café *m.* café; coffee (1)
cafetera coffee maker
cafetería cafeteria
caja cash register (5)
calcetines *m., pl.* socks
calcular to estimate; to calculate
cálculo calculus
calle *f.* street
callejuela alley, narrow street (5)*
calvo(a) bald
cama bed
camarero(a) maid (4)
camarón *m.* shrimp (1)
cambio climático climate change (2)*
camilla stretcher (3)
caminar to walk
caminata long walk, hike (4)*
camisa shirt
camiseta T-shirt
campo (de fútbol) (soccer) field
campo countryside
cancha court
cansado(a) tired
cantante *m. f.* singer
cantar to sing
cara face
cariñoso(a) loving

carne *f.* meat (1)
caro(a) expensive (5)
carretera highway (3)
carrito toy car (2)
carta letter
cartas playing cards (2)
cartel *m.* poster
casarse (con) to get married (to) (3)
cascada cascade, small waterfall (6)
catarata large waterfall (6)
catsup *f.* ketchup (1)
caza hunting (6)
cazar to hunt (6)
cebolla onion (1)
cebra zebra (6)
celebrar to celebrate (3)
celoso(a) jealous
cena dinner (1)
cenar to eat dinner (1)
ceniza volcánica volcanic ash (6)*
centro comercial mall, shopping center; **centro de negocios**
    business center (4); **centros ceremoniales** ceremonial centers
cepillarse to brush
cerca de near
cerdo pork (1); pig (6)
cereal *m.* cereal (1)
cerebro brain (4)*
cerrar (ie) to close
champú *m.* shampoo
Chao. Bye.
chaqueta jacket
chatear to chat *(online)* (2)
chico(a) small (5)
chiste *m.* joke (2)
chocar (con) to crash *(into)* (3)
ciclista *m. f.* cyclist (3)
cielo sky (6)
cien one hundred (1)
ciencias science; **ciencias naturales** natural science; **ciencias**
    políticas political science; **ciencias sociales** social science
científico(a) scientist
ciento uno one hundred one (1)
cine *m.* movie theater
cinturón *m.* belt
ciudad *f.* city
claro(a) light; pale (5)
clase *f.* **turista** economy class (4)
cliente *m. f.* client
climático: cambio climático climate change (2)*
coche cama *m.* sleeping car (4)
cochera garage

cocina kitchen
cocinar to cook
cocinero(a) cook
cocodrilo crocodile (6)
cóctel *m.* cocktail (1)
codo elbow
colgar (ue) to hang (2)
colina hill (2)* (6)
comedor *m.* dining room
comenzar (ie) (a) to begin *(to do something)*
comer to eat
cometa kite (2)
cómico(a) funny
comida food, lunch (1)
¿cómo? how?; **¿cómo está (usted)?** how
    are you? *(form.)*; **¿cómo estás (tú)?** how are you? *(fam.)*
cómodo(a) comfortable
competir (i) to compete
complicado(a) complex (5)
comportamiento behavior (3)*
comprar to buy
comprender to understand
computadora computer
concebir to conceive (6)*
conducir (zc) to drive
conductor(a) driver (3)
conejo rabbit (6)
confundido(a) confused
conjunto group, set (5)*
conocer to know; to be acquainted with
conocimiento knowledge (6)*
consejero(a) adviser
conservador(a) conservative
contador(a) accountant
contaminación *f.* contamination (6); pollution (6)
contar (ue) to tell *(a story)* (2); to count (2)
contento(a) happy
corbata tie
correo post office
correr to run
cortacésped *m.* lawnmower (2)
cortar (el césped) to cut; to mow (the lawn) (2)
cortina curtain
corto(a) short *(length)*
costa coast (6)
costar (ue) to cost
creer to believe
crema cream (1)
cría offspring (3)*
cruce *m.* crosswalk (3)
crucifijo crucifix

cruel cruel
cruzar to cross (3)
cuaderno notebook
cuadro painting, picture
cuadros: a cuadros plaid (5)
¿cuál(es)? which?
¿cuándo? when?
¿cuánto(a)? how much?
¿cuántos(as)? how many?
cuarzo quartz
cuatrocientos four hundred (1)
cubista cubist (5)
cuchara spoon (1)
cuchillo knife (1)
cuello neck
cuenta bill (1)
cuento story (2)
cuerda jumping rope (2); string (3)*
cuerpo body
cumpleaños *m. sing., pl.* birthday (3)
cumplir... años to turn . . . years old (3)

D

damas checkers (2)
dañado(a) damaged; **estar dañado(a)** to be damaged (3)
dañar to damage (3)
dar to give; **dar la vuelta** to take a walk or a ride (2); **darse cuenta de** to realize (6)*
debajo de under
deber should, ought to
decidir to decide
decir (i) to say; to tell
decorar to decorate (3)
dedo finger; **dedo (del pie)** toe
deforestación *f.* deforestation (6)
dejar (una propina) to leave (a tip) (1)
delgado(a) thin
dentro de inside
dependiente *m. f.* clerk
deportista *m. f.* athlete
depositar to deposit
deprimido(a) depressed
derecha: a la derecha de to the right of
derechos humanos human rights (4)*
desaparecer (zc) to disappear
desayunar to eat breakfast (1)
desayuno breakfast (1)
descomponer to break down (*a machine*) (5)
descubrimiento discovery
descuento discount (5)
desear to wish

desechos industriales industrial waste (6)
desembocadura mouth (of a river) (5)*
desfile *m.* parade (3)
desierto desert (6)
despegar to take off (4)
despejado: Está despejado. It is clear. (*weather*)
despertador *m.* alarm clock
despertarse (ie) to wake up
después de (+ *inf.*) after (*doing something*)
destruir to destroy (6)
detrás de behind
devolver (ue) to return (*something*)
día *m.* day; **día feriado** holiday; **todos los días** every day
dibujar to draw (2)
diccionario dictionary
diciembre December
diente *m.* tooth
difícil difficult
dinero en efectivo cash (5)
dinero money
dirección *f.* address
diseñador(a) designer
diseñar to design (2)* (5)
disfrutar to enjoy (3)
dispersar to disperse (6)*
disponible available (4)
distraerse to get distracted (3)
divertirse (ie) to have fun
doblar to turn (4)
doble double (4)
domingo *m.* Sunday
dominó domino (2)
¿dónde? where?; **¿de dónde?** from where?; **¿de dónde eres tú?** where are you from?
dormir (ue) to sleep; **dormirse** to fall asleep
dormitorio bedroom
dos mil two thousand (1)
doscientos two hundred (1)
ducha shower
ducharse to shower
dulce *m.* candy (3)
durazno peach (1)

E

ecología ecology (6)
economía economics
edificio building
educación *f.* **física** physical education
egoísta selfish
elefante *m.* elephant (6)
elegir (i) to choose (5)

emocionado(a) excited
emocionante exciting (4)*
empezar (ie) (a) to begin *(to do something)*
en in, on, at
enamorado(a) (de) in love (with)
Encantado(a). Nice to meet you.
encantar to really like (2); to enjoy immensely (2)
encender (ie) to turn on
encima de on top of
encontrar (ue) to find
enero January
enfermero(a) nurse
enfermo(a) sick
enfrente de in front of
enojado(a) angry
enojarse to become angry (3)
ensalada salad (1)
enseñar to teach
entender (ie) to understand
entrada ticket
entre between
entremés *m.* appetizer (1)
entrevista interview
equilibrio balance (6)*
equipo equipment; team
equivocado(a) wrong
erupciones volcánicas volcanic eruptions (6)*
escalar to climb
escaleras stairs (4)
escoba broom (2)
escondidas hide and seek (2)
escribir to write
escritor(a) writer
escritorio teacher's desk
escuchar to listen
escuela school
esculpir to sculpt (5)
escultor(a) sculptor
escultura sculpture (5)
esfuerzo effort (5)*
esmog *m.* smog (6)
espalda back
especies *f.* species (5)*
espejo mirror
esperanza hope
esperar to wait (3)
esposo(a) spouse
esquiar to ski; **esquiar en el agua** to water-ski; **esquiar en tabla** to snowboard
esquina corner (3)
estacionarse to park (3)

estampado(a) patterned (5)
estar to be; **estar dañado(a)** to be damaged (3); **estar herido(a)** to be injured (3); **¿cómo está usted?** how are you *(form.)*?; **¿cómo estás?** how are you *(fam.)*?
estatua statue (2)*
estilo de vida lifestyle
estirarse to stretch
estómago stomach
estudiante *m. f.* student
estudiar to study
estufa stove
exhibición *f.* exhibit (5)
exhibir to exhibit (5)
expresión *f.* **oral** speech class
extraño(a) strange, odd (5)

F

fácil easy
facturar equipaje to check luggage (4)
falda skirt
fallecido passed away
famoso(a) famous
farmacia pharmacy
faro lighthouse (5)*
fascinar to fascinate (2)
febrero February
fecha date
felicitar to congratulate (1)
feliz happy
feo(a) ugly
festejo party, celebration (3)
filosofía philosophy
fin *m.* **de semana** weekend
física physics
flan *m.* flan (1)
flor *f.* flower
flora y fauna wildlife (4)* (6)*
fortificación *f.* fort (5)*
fotógrafo(a) photographer
francés *m.* French *(language)*
fregadero kitchen sink
fresa strawberry (1)
frito(a) fried (1)
frontera border
frustrado(a) frustrated
frustrarse to become frustrated (3)
fruta fruit (1)
fuegos artificiales fireworks (3)
fuera de outside
fuerte *m.* fort; *adj.* strong

fútbol *m.* soccer; **fútbol americano** American football

G

galería gallery (5)
gallina hen (6)
gallo rooster (6)
ganar to earn
gato(a) cat
generoso(a) generous
gente *f.* people
geografía geography
geometría geometry
gerente *m. f.* manager (4)
gimnasio gymnasium
globo balloon (3)
golf *m.* golf
gordo(a) fat
gorila *m.* gorilla (6)
gorro cap
grabado engraving; print (5)
gracias thank you
graduación *f.* graduation (3)
grande big; large (5)
granja farm (6)
grito *n.* shout
grupo de música music group, band (3)
guantes *m.* gloves
guapo(a) good-looking
guardar to put away (2)
gustar to like; to please; **le gusta** he/she likes; **les gusta** they, you *(form. plural)* like; **me gusta** I like; **nos gusta** we like; **os gusta** you *(form. plural)* like *(Spain)*; **te gusta** you *(fam. sing.)* like; **Mucho gusto.** Nice to meet you.

H

habitación *f.* room (4)
hablante *m.* speaker
hablar (por teléfono) to talk (on the phone)
hacer to do, to make; **hacer jardinería** to garden (2); **hacer juego** to match (5); **hacer la cama** to make the bed (2); **hace buen tiempo** the weather is nice; **hace calor** it's hot; **hace fresco** it is cool; **hace frío** it's cold; **hace mal tiempo** the weather is bad; **hace sol** it's sunny; **hace viento** it is windy; **hacer alpinismo** to climb mountains; **hacerse cargo de** to be in charge of
hamburguesa hamburger (1)
hasta until; **hasta luego** see you later; **hasta mañana** see you tomorrow; **hasta pronto** see you soon
hay there is/are

hecho(a) a mano handmade (5)
helado ice cream (1)
hembra female (animal) (6)
herido: estar herido(a) to be injured (3)
hermano(a) brother/sister; **hermanastro(a)** stepbrother/ stepsister
hijo(a) son/daughter
historia history
historieta comic book (2)
hockey *m.* hockey
hola hello
hombre *m.* man
hombro shoulder
honesto(a) honest
hornear to bake (1)
horno oven; **horno de microondas** microwave (oven); **al horno** baked (1)
hospital *m.* hospital
hotel *m.* hotel
hoy today
huésped *m. f.* guest (4)
huevo egg (1)

I

idealista idealist
idioma *m.* language
iglesia church
impaciente impatient
impedir to impede (6)*; to stop (6)*
impermeable *m.* raincoat
importar to be important (2)
impresionista impressionist (5)
informática computer science
ingeniero(a) engineer
inglés *m.* English *(language)*
inodoro toilet
inteligente intelligent
interesado(a) interested
interesante interesting
interesar to interest (2)
invierno winter
invitación *f.* invitation (3)
invitado(a) guest (3)
involucrar(se) to engage (1)*; to involve (become involved) (1)*; **involucrarse** to get involved (2)*
ir to go; **ir de excursión** to hike; **ir de paseo** to go for a walk (2); **ir de pesca** to go fishing; **irse** to leave; to go away
isla island (6)
italiano Italian *(language)*
izquierda: a la izquierda de to the left of

J

jabón *m.* soap; **jabón para platos** *m.* dish soap (2)

jaguar *m.* jaguar (6)

jamón *m.* ham (1)

jardín *m.* garden

jaula cage (6)

jefe/jefa boss

jirafa giraffe (6)

joven young

juego de mesa board game (2)

jueves *m.* Thursday

jugador(a) player

jugar (ue) to play; **jugar al ping-pong** to play ping-pong; **jugar a los bolos** to go bowling (2)

jugo juice (1)

juguete *m.* toy (2)

julio July

junco reed (2)*

junio June

L

laberinto labyrinth

laboratorio laboratory

lado: al lado de beside, next to

lagarto lizard (6)*

lago lake

lámpara lamp

lana wool (5)

lápiz *m.* pencil

largo(a) long

lavabo bathroom sink

lavadora washer

lavaplatos *m.* dishwasher

lavar platos to wash the dishes (2); **lavar ropa** to do laundry (2); **lavar(se)** to wash (oneself)

le him, her, you *(form. sing.)*; **Le presento a...** I'd like to introduce you to . . .

leche *f.* milk (1)

lechuga lettuce (1)

leer to read

lejos de far from

lengua language

lentes *m.* eyeglasses

león *m.* lion (6)

levantarse to get up; **levantar pesas** to lift weights

leyenda legend

liberal liberal

librería bookstore

libro book

límite *m.* **de velocidad** *f.* speed limit (3)

limonada lemonade (1)

limpiar to clean

limpio(a) clean (2)

lino linen (5)

liso(a) solid (5)

litera bunk (4)

literatura literature

liviano(a) light *(in weight)* (3)*

llama llama (6)

llamar to call; **Me llamo...** My name is . . .

llano plains (6)

llave *f.* key (4)

llegar to arrive

llevar to wear; to carry; to take along (1); **llevar puesto(a)** to be wearing

llover (ue) to rain; **llueve** it rains, it is raining

lobo wolf (6)

loco(a) crazy

lograr to succeed (4)*

luego later

lujo: de lujo luxurious (4)

lunares: de lunares polka-dot (5)

lunes *m.* Monday

luz *f.* light (5)

M

macho male (animal) (6)

madera wood (3)*

madrastra stepmother

madre *f.* **(mamá)** mother

maestro(a) teacher

maíz *m.* corn (1)

mal, malo(a) bad

mamífero mammal (6)

manada herd

mandar (un mensaje) to send (a message)

manejar to drive

manguera hose (2)

mano *f.* hand

mantel *m.* tablecloth (1)

mantequilla butter (1)

manzana apple (1)

mañana tomorrow; **por la mañana** in the morning

mapa *m.* map

maquillarse to put on make-up

mar *m.* sea (1)* (5)* (6)

marca: de marca name brand (5)

marino(a) marine, seafaring (6)*

mariposa butterfly

martes *m.* Tuesday

marzo March
masa de tierra landmass
máscara mask (5)
matemáticas mathematics
mayo May
mayonesa mayonnaise (1)
mayor older (*person*) (5)
mecánico(a) mechanic
mediano(a) medium (5)
medianoche *f.* midnight
médico(a) doctor
medio ambiente *m.* environment
medio(a) hermano(a) half brother/sister
mediodía *m.* noon
medios de comunicación media
mejor better (5)
melón *m.* melon (1)
menor younger (5)
mentir (ie) to lie
menudo: a menudo often
mercado market
mermelada jam (1)
mesa table
mesero(a) waiter
meseta de arenisca sandstone plateau
mesita coffee table
metálico(a) metallic (3)*
mezcla mixture (1)*
mezclilla denim (5)
mezquita mosque
microondas: (horno de microondas) microwave (oven)
mientras while
miércoles *m.* Wednesday
migratorio(a) migratory (5)*
mil one thousand (1)
milagro miracle
millón: un millón one million (1)
mina de sal salt mine
mirador *m.* scenic overlook (2)*
mirar (la tele) to look; to watch (TV)
mochila backpack
moda: (estar) a la moda (to be) fashionable (5)
modelo *m. f.* model
molestar to bother (2)
momia mummy
mono monkey (3)* (6)
montaña mountain (6)
montar a to ride (*an animal*)
moreno(a) dark-skinned, dark-haired
morir (ue) to die
mostaza mustard (1)

mostrar (ue) to show (2)
motocicleta motorcycle (2)
Mucho gusto. Nice to meet you.
mueble *m.* furniture
mujer *f.* woman
multa fine, ticket (3)
muñeca(o) doll (2)
mural *m.* mural (5)
muralla (city) wall
museo museum
música music
músico(a) musician
muslo thigh
muy very

N

nacido(a) born (2)*
nada nothing
nadar to swim
naranja orange (1)
nariz *f.* nose
natación *f.* swimming
naturaleza nature (6); **naturaleza muerta** still life (5)
navegar el Internet to surf the web (2)
Navidad *f.* Christmas
necesitar to need
negocio business
nervioso(a) nervous
nevar (ie) to snow; **nieva** it snows, it is snowing
nieto(a) grandson/granddaughter
niñera babysitter (2)
niño(a) child
noche: por la noche in the evening
nocturno(a) nocturnal (1)*
normalmente normally, usually
novecientos nine hundred (1)
noviembre November
novio(a) boyfriend/girlfriend; **novios** bride and groom (3)
nube *f.* cloud (6)
nublado: está nublado it is cloudy
número size (*shoe*) (5)
nunca: (casi) nunca (almost) never

O

obelisco obelisk (stone pillar) (1)*
obra work (*of art, literature, theater, etc.*) (5)
obscuro(a) dark (5)
ochocientos eight hundred (1)
octubre October
ocupado(a) busy
oferta sale (reduction of prices) (5)

oficina office
oír to hear
ojo eye
ola wave (6)
óleo oil painting (5)
olvidar to forget (5)
optimista optimist
orden *f.* order (1)
ordenar to tidy up (2); to straighten up (2)
oreja ear
orgullo pride
orilla shore (1)*; **a las orillas** at the shoreline
oso bear (6); **osito** teddy bear (2); **oso frontino** spectacled bear
otoño fall
oveja sheep (6)

P

paciente *m. f.* patient
padrastro stepfather
padre *m.* (**papá**) father
pagar y marcharse to check out (4)
paisaje *m.* landscape, scenery (4)* (5)
pájaro bird
paleta pallet (5)
palmera palm tree (6)
pampa grasslands (6)
pan *m.* bread (1)
pandilla gang
pantalones *m.* pants; **pantalones cortos** *m.* shorts
papa potato (1)
papel *m.* paper
paquete *m.* package
parada stop (4)
paraguas *m.* umbrella
paramédico paramedic (3)
PARE: pasarse una señal *f.* **de PARE** to run a STOP sign (3)
pareja couple; partner
pariente *m.* relative
parque *m.* park
parquímetro parking meter (3)
parrilla grill (1)*
partido game
pasar to pass; to happen; **pasar la aspiradora** to vacuum (2); **pasar por seguridad** to go through security (4); **pasar tiempo** to spend time (2); **pasarse un semáforo en rojo** to run a red light (3)
pasta de dientes toothpaste
pastel *m.* cake (1) (3)
pasto grass; pasture (6)
patín *m.* skate

patinar to skate; **patinar en hielo** to ice skate
patineta skateboard (2)
patio patio
pato duck (6)
patrulla police car (3)
pavo turkey (1) (6)
peatón (la peatona) pedestrian (3)
peatonal *f.* pedestrian walkway (1)*
pecho chest
pedir (i) to ask for
peinarse to comb or style one's hair
pelear to fight (2); to argue (2)
película movie
peligro danger; **peligro (de extinción)** danger (of extinction) (6)
peligroso(a) dangerous
pelirrojo(a) red-haired
pelo hair
pelota ball
península peninsula (6)
pensar (ie) to think
peor worse (5)
pepinillo pickle (1)
pepino cucumber (1)
pequeño(a) small
perder (ie) to lose; to miss (a flight, a train) (4)
perdido(a) lost
perezoso(a) lazy
periodismo journalism
periodista *m. f.* journalist
permiso permission (2)
pero but
perro(a) dog
pescado fish (*food*) (1)
pescar to fish
pesimista *m. f.* pessimist
petróleo oil (6)
pez *m.* (*pl.* **peces**) fish (6)
pie *m.* foot
piel *f.* leather (5)
pierna leg
pijama *m. f.* pajamas
piloto *m. f.* pilot
pimienta pepper (1)
pincel *m.* paintbrush (5)
pingüino penguin (6)
pintor(a) painter
pintoresco(a) picturesque (2)*
pintura painting (5)
piña pineapple (1)
piñata piñata (3)

piragua snow cone

piscina swimming pool

piso: (primer) piso (first) floor

pizarra chalkboard

plancha iron (2)

planchar to iron (2)

planta baja ground floor

planta plant

plátano banana (1)

plato plate (1); **plato hondo** bowl (1); **plato principal** main dish (1)

playa beach

plaza city square

poblado(a) populated (4)*

pobre poor

poco: un poco a little

poder (ue) to be able to

policía/mujer policía police officer

político(a) politician

pollo chicken (1); chick (6)

poner to put; to set; **poner la mesa** to set the table (2); **ponerse (la ropa)** to put on (clothing)

por by, for, through; **por ciento** percent (5); **¿por qué?** why?; **por la mañana** in the morning; **por la noche** in the evening; **por la tarde** in the afternoon

portarse (bien/mal) to behave (well/badly) (2)

posadas nine-day celebration before Christmas (3)

posar to pose (5)

poste *m.* post (3)

postre *m.* dessert (1)

practicar (deportes) to practice; to play (sports)

precio de entrada entrance fee

preferir (ie) to prefer

preguntar to ask

prenda garment (5)

preocupado(a) worried

presentar: Te presento a... I'd like to introduce you *(fam.)* to . . .

preservar to preserve (6)

prestar to lend (2)

primavera spring

primo(a) cousin

probador *m.* dressing room (5)

probar to try (1)*; **probarse (ue)** to try on (5)

pronto soon

proteger to protect (6)

psicología psychology

psicólogo(a) psychologist

puente *m.* bridge (3)

puerta door

puesta de sol sunset

puesto vendor stand or stall (1)*

pupitre *m.* student desk

Q

¡qué! what!; **¡qué bien te queda esa falda!** that skirt really fits you well! (5); **¡qué caro!** how expensive! (5); **¡qué color tan bonito!** what a pretty color! (5); **¡qué lindos zapatos!** what pretty shoes! (5); **¡qué pantalones tan elegantes!** what elegant pants! (5)

¿qué? what?, which; **¿qué hay de nuevo?** what's new?; **¿qué pasa?** what's going on?; **¿qué tal?** how's it going?

quedar to fit (5); to remain (behind) (5); **quedarse** to stay (4)

quehacer *m.* chore (2)

querer (ie) to want; to love (1)

quesadilla quesadilla (1)

queso cheese (1)

¿quién? who?; **¿quién(es)?** who?

química chemistry

quince fifteen; **quince años** girl's fifteenth birthday celebration (3); **quinceañera** girl celebrating her fifteenth birthday (3)

quinientos five hundred (1)

quiosco kiosk, stand

quitarse (la ropa) to take off (clothing)

R

rana frog (6)

raqueta racquet

rascacielos *m., sing.* skyscraper (3)*

ratón *m.* mouse

rayas: a rayas striped (5)

rayos del sol sun's rays (6)*

realista realist

rebajado: (estar) rebajado(a) (to be) on sale (5)

rebanada slice (1)

recepción *f.* reception (desk) (4)

recepcionista *m. f.* receptionist (4)

recibir (un regalo) to receive (a gift)

reciclaje *m.* recycling (6)

recoger (la mesa) to pick up (to clear the table) (2)

recordar (ue) to remember

recorrido route (5)*

recuerdos memories (4)*

recurso resource (1)*; **recursos naturales** natural resources (6)

red *f.* net

redacción *f.* writing, composition

refresco soda (1)

refrigerador *m.* refrigerator

regalo gift (3)

regar (ie) to water (2)

registrarse to register (4)

regresar (a casa) to return (home)

regular OK

reír (i) to laugh

relajarse to relax (2)*

reloj *m.* clock

repente: de repente suddenly (3)

repetir (i) to repeat

reptile *m.* reptile (6)

respirar to breathe (6)*

restaurante *m.* restaurant

reto challenge (1)*

retrato portrait (5)

revisor(a) controller (4)

rezar to pray

rico(a) rich

riguroso(a) rigorous

río river (1)* (6)

riqueza wealth

rodeado(a) surrounded by (2)*

rodilla knee

romper to break (3) (5)

rubio(a) blond(e)

S

sábado *m.* Saturday

saber to know (*facts; how to do something*)

sacar la basura to take the trash out (2)

sacerdote *m.* priest

saco de dormir sleeping bag

sacudidor *m.* duster (2)

sacudir to dust (2)

sal *f.* salt (1); **sal cristalizada** *f.* crystallized salt

sala living room; **sala de conferencias** conference center (4)

salir to go out; to leave; **salir (a +** *inf.***)** to go out (*to do something*) (2)

salón *m.* hall (4)*; **salón de clases** classroom

saltar to jump (2)

salud *f.* health

saludar to greet (1)

salvaje wild (6)

sandalia sandal

sandía watermelon (1)

sándwich *m.* sandwich (1)

sano(a) healthy

santo: el (día del) santo saint's day (3)

sauna *m.* sauna (4)

secadora dryer

secar to dry (2); **secarse** to dry oneself

secretario(a) secretary

seda silk (5)

sede *f.* seat (of government), venue (1)*

seguir (i) to follow; **seguir derecho** to go straight (4)

seguro(a) sure

seiscientos six hundred (1)

selva rainforest; tropical forest, jungle (2)* (6)

semáforo traffic light (3); **pasarse un semáforo en rojo** to run a red light (3)

semana week; **fin** *m.* **de semana** weekend; **semana pasada** last week

sencillo(a) single room (4); simple (5)

sentarse (ie) to sit down

sentirse to feel (3)

señal *f.* sign (3); **pasarse una señal de PARE** to run a stop sign (3)

septiembre September

sequía drought (1)*

ser to be; **Yo soy de...** I am from . . .

serenata serenade (3)

seres humanos human beings (6)*

serio(a) serious

serpiente *f.* snake (6)

servicio service; **servicio a la habitación** room service (4); **servicio de emergencias** emergency service (3)

servilleta napkin (1)

servir (i) to serve

setecientos seven hundred (1)

siempre: (casi) siempre (almost) always

siglo century

silla chair

sillón *m.* armchair

símbolo symbol (5)*

simpático(a) nice

sinagoga synagogue

sitio arqueológico archaeological site

sobrino(a) nephew/niece

sociable sociable

sofá *m.* couch

soledad *f.* solitude

solicitud *f.* application; want ad

sombrero hat

sonreír (ie) to smile

soñar (ue) (con) to dream (about)

sopa soup (1)

sorprendentemente surprisingly (6)*

sorprenderse to be surprised (3)

sorprendido(a) surprised

subir to go up; to take something up (4); **subir a** to get into (a vehicle) (3)

sucio(a) dirty (2)

suegro(a) father-in-law/mother-in-law

sueldo salary

sueño dream
suéter *m.* sweater
superar to exceed; to go beyond (5)*
supermercado supermarket
surrealista surrealist (5)
sustentable sustainable (6)*

T

tabla de planchar ironing board (2)
talla size *(clothing)* (5)
tallar to sculpt
también also
taquilla ticket window (4)
tarde late; **más tarde** later; **por la tarde** in the afternoon
tarjeta de crédito credit card (5)
taza cup (1)
tazón *m.* serving bowl (1)
teatro theater
tejer to knit (2)
tela fabric (5)
teléfono celular cell phone (2)
televisor *m.* television set
templo temple
temprano early
tenedor *m.* fork (1)
tener to have; **¡Que tengas un buen día!** Have a nice day! *(fam.)*; **tener (mucha) hambre** to be (very) hungry; **tener (mucha) prisa** to be in a (big) hurry; **tener (mucha) razón** to be right; **tener (mucha) sed** to be (very) thirsty; **tener (mucha) suerte** to be (very) lucky; **tener (mucho) calor** to be (very) hot; **tener (mucho) cuidado** to be (very) careful; **tener (mucho) éxito** to be (very) successful; **tener (mucho) frío** to be (very) cold; **tener (mucho) miedo** to be (very) afraid; **tener (mucho) sueño** to be (very) sleepy; **tener ganas de** + *inf.* to feel like *(doing something)*; **tener que** + *inf.* to have to *(do something)*; **tener... años** to be . . . years old
tenis *m.* tennis; *m. pl.* tennis shoes
tepuy *m.* tabletop mountain
terminar to finish (3)
terrestre terrestrial, of the land (6)*
testigo m. f. witness (3)
tiburón *m.* shark (5)* (6)
tienda store; **tienda de campaña** camping tent
tierra alta highland (6)*
Tierra Earth (6)
tigre *m.* tiger (6)
tímido(a) timid, shy
tinta ink (5)
tío(a) uncle/aunt
toalla towel

tobillo ankle
tocar (el piano / la guitarra) to play (the piano / the guitar) (2)
todavía still
todos los días every day
tomar (café) to take; to drink (coffee)
tomate *m.* tomato (1)
tonto(a) dumb
toro bull (6)
tortuga turtle (5)* (6)
totopo tortilla chip (1)
trabajador(a) *adj.* hardworking
trabajador(a) social social worker
trabajar to work
trabajo job
tradicional traditional (5)
traer to bring
traje *m.* suit; **traje de baño** swimsuit
transporte *m.* transportation (4)
trapeador *m.* mop (2)
trapear to mop (2)
trapo cloth, rag (2)
trepar (un árbol) to climb (a tree) (2)
trescientos three hundred (1)
triple triple (4)
triste sad
tropezar (ie) to trip (3)
trozo piece, fragment
tumba tomb (4)*
turista *m. f.* tourist (4)

U

ubicación *m.* location
usar to use
utilizar to utilize; to use (3)*
uva grape (1)

V

vaca cow (6)
vagón *m.* car (4)
valle *m.* valley (6)
vanguardista revolutionary; avant-garde (5)
vaquero cowboy
vaso glass (1)
vela candle (3)
venado deer (6)
vendedor(a) salesperson
vender to sell
venir (ie) to come
venta sale (transaction) (5)
ventana window
ver to see; **nos vemos** see you later

verano summer
verse to look at oneself
vestido dress
vestirse (i) to get dressed
veterinario(a) veterinary
vez time; **a veces** sometimes
viajar to travel
videojuego video game (2)
viejo(a) old
viernes *m.* Friday
vivir to live
volar to fly (2)
volcán *m.* volcano (6)
voleibol *m.* volleyball
volver (ue) to come back

wifi *m.*, **Internet** *m.* **inalámbrico** wireless Internet (4)

y and; **¿y tú?** And you? *(fam.);* **¿y usted?**
    And you? *(form.)*
ya already; **ya no** no longer
yogur *m.* yogurt (1)

zanahoria carrot (1)
zapato shoe
zócalo main square
zoológico zoo
zorro fox (6)

English-Spanish Vocabulary

A

abstract abstracto(a) (5)
add, to añadir (6)*
alley callejuela (5)*
along, to take llevar (1)
ambulance ambulancia (3)
amphibian anfibio (6)
angry, to become enojarse (3)
anniversary aniversario (3)
appetizer entremés *m.* (1)
apple manzana (1)
appreciate, to apreciar (5)
archbishop arzobispo (4)*
argue, to pelear (2)
art (abstract) arte (abstracto) (5)
available disponible (4)
avant-garde vanguardista (5)

B

babysitter niñera (2)
bake, to hornear (1)
baked al horno (1)
balance equilibrio (6)*
balloon globo (3)
banana plátano (1)
band grupo de música (3)
baptism bautizo (3)
bay bahía (5)* (6)
bear oso (6)
behave (well/badly), to portarse
    (bien/mal) (2)
behavior comportamiento (3)*
bellhop botones *m. f.* (4)
better mejor (5)
beyond, to go superar (5)*
bilingual bilingüe (3)*
bill cuenta (1)
bird ave *f.* (el ave) (6)
birthday cumpleaños *m. sing., pl.* (3)
board game juego de mesa (2)
board, to abordar (4)
bore, to aburrir (2)
bored, to become aburrirse (3)
born nacido(a) (2)*
bother, to molestar (2)
bowl plato hondo (1)
bowling, to go jugar a los bolos (2)
brain cerebro (4)*

bread pan *m.* (1)
break down *(a machine)*, **to** descomponer (5)
break, to romper (3) (5)
breakfast desayuno (1); **to eat breakfast**
    desayunar (1)
breathe, to respirar (6)*
bride and groom novios (3)
bridge puente *m.* (3)
broccoli brócoli *m.* (1)
broom escoba (2)
bull toro (6)
bunk litera (4)
business center centro de negocios (4)
butter mantequilla (1)

C

cactus cactus *m.* (6)
cage jaula (6)
cake pastel *m.* (1) (3)
candy dulce *m.* (3)
candle vela (3)
car (train) vagón *m.* (4); **toy car** carrito (2)
cards: playing cards cartas (2)
carrot zanahoria (1)
cascade cascada (6)
cash dinero en efectivo (5)
cash register caja (5)
celebrate, to celebrar (3)
celebration festejo (3)
cell phone teléfono celular (2)
cereal cereal *m.* (1)
challenge reto (1)*
chat *(online)*, **to** chatear (2)
cheap barato(a) (5)
check luggage, to facturar equipaje (4)
check out, to pagar y marcharse (4)
checkers damas (2)
cheese queso (1)
chess ajedrez *m.* (2)
chick pollo (6)
chicken pollo (1)
choose, to elegir (i) (5)
chore quehacer *m.* (2)
Christmas Navidad *f.;* **nine-day celebration before**
    Christmas posadas (3)
class: economy class clase *f.* turista (4)
clean limpio(a) (2)
clear the table, to recoger la mesa (2)

climate change cambio climático (2)*
climb (a tree), to trepar (un árbol) (2)
cloth trapo (2)
cloud nube *f.* (6)
cloud forest bosque *m.* nublado (4)*
coast costa (6)
cocktail cóctel *m.* (1)
coffee café *m.* (1)
comic book historieta (2)
complex complicado(a) (5)
conceive, to concebir (6)*
conference center sala de conferencias (4)
congratulate, to felicitar (1)
contamination, pollution contaminación *f.* (6)
controller revisor(a) (4)
corn maíz *m.* (1)
corner esquina (3)
cotton algodón *m.* (5)
count, to contar (ue) (2)
cow vaca (6)
crash *(into)*, **to** chocar (con) (3)
cream crema (1)
credit card tarjeta de crédito (5)
crocodile cocodrilo (6)
cross, to atravesar (ie) (3); cruzar (3)
crosswalk cruce *m.* (3)
cubist cubista (5)
cucumber pepino (1)
cup taza (1)
cut, to cortar (2)
cyclist ciclista *m. f.* (3)

D

damage, to dañar (3)
damaged, to be estar dañado(a) (3)
danger (of extinction) peligro (de extinción) (6)
dark obscuro(a) (5)
decorate, to decorar (3)
deer venado (6)
deforestation deforestación *f.* (6)
denim mezclilla (5)
desert desierto (6)
design, to diseñar (2)* (5)
dessert postre *m.* (1)
destroy, to destruir (6)
dinner cena (1); **to eat dinner** cenar (1)
dirty sucio(a) (2)
discount descuento (5)
dish soap jabón para platos *m.* (2)
dislike *(a person)*, **to** caer mal (2)
disperse, to dispersar (6)*

distracted, to get distraerse (3)
doll muñeca(o) (2)
domino dominó (2)
double doble (4)
down, to go bajar (4)
draw, to dibujar (2)
dressing room probador *m.* (5)
drink bebida (1)
driver conductor(a) (3)
drought sequía (1)*
dry, to secar (2)
duck pato (6)
dust, to sacudir (2)
duster sacudidor *m.* (2)

E

eagle águila *f.* (el águila) (6)
Earth Tierra (6)
eat lunch, to almorzar (1)
ecology ecología (6)
economy class clase *f.* turista (4)
effort esfuerzo (5)*
egg huevo (1)
eight hundred ochocientos (1)
elegant: What elegant pants! ¡Qué pantalones tan elegantes! (5)
elephant elefante *m.* (6)
elevator ascensor *m.* (4)
emergency service servicio de emergencias (3)
engage, to involucrar(se) (1)*
engraving grabado (5)
enjoy, to disfrutar (3); apreciar (5); **to enjoy immensely** encantar (2)
erase, to borrar (4)*
exceed, to superar (5)*
exciting emocionante (4)*
exhibit exhibición *f.* (5); **to exhibit** exhibir (5)
expensive caro(a); **How expensive!** ¡Qué caro! (5)

F

fabric tela (5)
fall, to caer(se) (3)
farm granja (6)
fascinate, to fascinar (2)
fashionable, to be estar a la moda (5)
feel, to sentirse (3)
female (animal) hembra (6)
fifteen quince; **girl celebrating her fifteenth birthday** quinceañera (3); **girl's fifteenth birthday celebration** quince años (3)
fight, to pelear (2)

fine multa (3)

finish, to terminar (3); acabar (5)

fireworks fuegos artificiales (3)

fish pescado *(food)* (1); pez *m.* *(pl.* peces) (6)

fit, to quedar (5); **That skirt really fits you well!** ¡Qué bien te queda esa falda! (5)

five hundred quinientos (1)

flan flan *m.* (1)

fly, to volar (2)

food comida (1)

forest bosque *m.* (6)

forget, to olvidar (5)

fork tenedor *m.* (1)

fort fortificación *f.* (5)*

four hundred cuatrocientos (1)

fox zorro (6)

fried frito(a) (1)

frightened, to become asustarse (3)

frog rana (6)

fruit fruta (1)

frustrated, to become frustrarse (3)

G

gallery galería (5)

garbage basura (2)

garden, to hacer jardinería (2)

garment prenda (5)

get into *(a vehicle),* **to** subir a (3); **to get out of** *(a vehicle)* bajar de (3)

gift regalo (3)

giraffe jirafa (6)

glass vaso (1)

go out *(to do something),* **to** salir (a + *inf.*) (2)

gorilla gorila *m.* (6)

graduation graduación *f.* (3)

grape uva (1)

grass pasto (6)

grasslands pampa (6)

greet, to saludar (1)

grill parrilla (1)*

grilled asado(a) (1)

group conjunto (5)*

guest invitado(a) (3); huésped *m. f.* (4)

H

hall salón *m.* (4)*

ham jamón *m.* (1)

hamburger hamburguesa (1)

handmade hecho(a) a mano (5)

hang, to colgar (ue) (2)

happy, to become alegrarse (3)

harmony armonía (3)*

harp arpa *m.* (3)*

hen gallina (6)

hide and seek escondidas (2)

highland tierra alta (6)*

highway carretera (3)

hike caminata (4)*

hill colina (2)* (6)

hose manguera (2)

human humano(a); **human rights** derechos humanos (4)*; **human beings** seres humanos (6)*

hunt, to cazar (6)

hunting caza (6)

I

ice cream helado (1)

impede, to impedir (6)*

important, to be importar (2)

impressionist impresionista (5)

industrial waste desechos industriales (6)

inexpensive barato(a) (5)

injured, to be estar herido(a) (3)

ink tinta (5)

interest, to interesar (2)

invitation invitación *f.* (3)

involve (become involved), to involucrar(se) (1)*; **to get involved** involucrarse (2)*

iron plancha (2); **to iron** planchar (2)

ironing board tabla de planchar (2)

island isla (6)

J

jaguar jaguar *m.* (6)

jam mermelada (1)

joke chiste *m.* (2)

juice jugo (1)

jump, to saltar (2)

jumping rope cuerda (2)

jungle selva (2)* (6)

K

ketchup catsup *f.* (1)

key llave *f.* (4)

kiss, to besar (3)

kite cometa (2)

knife cuchillo (1)

knit, to tejer (2)

knowledge conocimiento (6)*

L

land, to aterrizar (4)

landscape paisaje *m.* (4)* (5)

large grande (5)

laundry, to do lavar ropa (2)
lawnmower cortacésped *m.* (2)
leather piel *f.* (5)
leave (a tip), to dejar (una propina) (1)
lemonade limonada (1)
lend, to prestar (2)
lettuce lechuga (1)
light *adj.* claro(a) (5); *(in weight)* liviano(a) (3)*; *n.* luz *f.* (5)
lighthouse faro (5)*
like *(a person)*, **to** caer bien (2); **to really like** encantar (2)
linen lino (5)
lion león *m.* (6)
litter basura (2)
lizard lagarto (6)*
llama llama (6)
lodge, to alojarse (4)
lodging alojamiento (4)
love, to querer (1)
lunch almuerzo, comida (1); **to eat lunch** almorzar (1)
luxurious de lujo (4)

M

maid camarero(a) (4)
main dish plato principal (1)
make the bed, to hacer la cama (2)
male (animal) macho (6)
mammal mamífero (6)
manager gerente *m. f.* (4)
marine marino(a) (6)*
married (to), to get casarse (con) (3)
mask máscara (5)
match, to hacer juego (5)
mayonnaise mayonesa (1)
meat carne *f.* (1)
medium mediano(a) (5)
melon melón *m.* (1)
memories recuerdos (4)*
metallic metálico(a) (3)*
migratory migratorio(a) (5)*
milk leche *f.* (1)
million: one million un millón (1)
miss (a flight, a train), to perder (4)
mixture mezcla (1)*
monkey mono (3)* (6)
mop trapeador *m.* (2)
mop, to trapear (2)
motorcycle motocicleta (2)
mountain montaña (6)
mouth (of a river) desembocadura (5)*
mow (the lawn), to cortar (el césped) (2)
mural mural *m.* (5)
music group grupo de música (3)

mustard mostaza (1)

N

name brand de marca (5)
napkin servilleta (1)
narow street callejuela (5)*
natural resources recursos naturales (6)
nature naturaleza (6)
nine hundred novecientos (1)
nocturnal nocturno(a) (1)*

O

obelisk (stone pillar) obelisco (1)*
odd extraño(a) (5)
off, to take despegar (4)
offspring cría (3)*
oil petróleo (6)
oil painting óleo (5)
old antiguo(a) (5)*
older *(person)* mayor (5)
one hundred cien (1)
one hundred one ciento uno (1)
onion cebolla (1)
orange naranja (1)
order orden *f.* (1)
owl búho (3)*

P

paintbrush pincel *m.* (5)
painting pintura (5)
pale claro(a) (5)
pallet paleta (5)
palm tree palmera (6)
parade desfile *m.* (3)
paramedic paramédico (3)
park, to estacionarse (3)
parking meter parquímetro (3)
party festejo (3)
pasture pasto (6)
patterned estampado(a) (5)
peach durazno (1)
pedestrian peatón (la peatona) (3)
pedestrian walkway peatonal *f.* (1)*
penguin pingüino (6)
peninsula península (6)
pepper pimienta (1)
percent por ciento (5)
permission permiso (2)
pick up, to recoger (2)
pickle pepinillo (1)
picturesque pintoresco(a) (2)*
pig cerdo (6)

piñata piñata (3)

pineapple piña (1)

plaid a cuadros (5)

plains llano (6)

plate plato (1)

platform andén *m.* (4)

**play (the piano / the guitar),
to** tocar (el piano / la guitarra) (2)

pleasant agradable (2)*

police car patrulla (3)

polka-dot de lunares (5)

pollution contaminación *f.* (6)

populated poblado(a) (4)*

pork cerdo (1)

portrait retrato (5)

pose, to posar (5)

post poste *m.* (3)

potato papa (1)

preserve, to preservar (6)

pretty lindo(a), bonito(a); **What a pretty color!** ¡Qué color tan bonito! (5); **What pretty shoes!** ¡Qué lindos zapatos! (5)

print grabado (5)

protect, to proteger (6)

put away, to guardar (2)

Q

quesadilla quesadilla (1)

R

rabbit conejo (6)

rag trapo (2)

realize, to darse cuenta de (6)*

reception (desk) recepción *f.* (4)

receptionist recepcionista *m. f.* (4)

recycling reciclaje *m.* (6)

red light semáforo en rojo; **to run a red light** pasarse un semáforo en rojo (3)

reed junco (2)*

register, to registrarse (4)

relax, to relajarse (2)*

remain (behind), to quedarse (4)

reptile reptil *m.* (6)

resource recurso (1)*

revolutionary vanguardista (5)

rice arroz *m.* (1)

ride, to andar en (2); **to take a ride** dar la vuelta (2)

river río (1)* (6)

room habitación *f.* (4)

room service servicio a la habitación (4)

rooster gallo (6)

route recorrido (5)*

run a red light, to pasarse un semáforo en rojo (3); **to run a stop sign** pasarse una señal *f.* de PARE (3); **to run over** atropellar (3)

S

saint's day (día del) santo (3)

salad ensalada (1)

sale (reduction of prices) oferta (5)

sale (transaction) venta (5)

sale, to be on estar rebajado(a) (5)

salt sal *f.* (1)

sand arena (6)

sandwich sándwich *m.* (1)

sauna sauna *m.* (4)

scenery paisaje *m.* (4)* (5)

scenic overlook mirador *m.* (2)*

sculpt, to esculpir (5)

sculpture escultura (5)

sea mar *m.* (1)* (5)* (6)

seafaring marino(a) (6)*

seat or **branch (of government)** sede *f.* (1)*

security, to go through pasar por seguridad (4)

self-portrait autorretrato (5)

serenade serenata (3)

serving bowl tazón *m.* (1)

set conjunto (5)*

set the table, to poner la mesa (2)

seven hundred setecientos (1)

shark tiburón *m.* (5)* (6)

sheep oveja (6)

shore orilla (1)*

show, to mostrar (ue) (2)

shrimp camarón *m.* (1)

sidewalk acera (3)

sign señal *f.* (3)

silk seda (5)

simple sencillo(a) (5)

single sencillo(a) (4)

six hundred seiscientos (1)

size *(clothing)* talla (5)

size *(shoe)* número (5)

skateboard patineta (2)

sky cielo (6)

skyscraper rascacielos *m., sing.* (3)*

sleeping car coche cama *m.* (4)

slice rebanada (1)

small chico(a) (5)

smog esmog *m.* (6)

snack bocadillo (3)

snake serpiente *f.* (6)

soda refresco (1)
solid liso(a) (5)
soup sopa (1)
species especies *f.* (5)*
speed limit límite *m.* de velocidad *f.* (3)
spend time, to pasar tiempo (2)
spoon cuchara (1)
squirrel ardilla (6)
stairs escaleras (4)
statue estatua (2)*
stay, to quedarse (4); **to stay (in a hotel)** alojarse (4)
still life naturaleza muerta (5)
stop parada (4); **stop sign** señal de PARE; **to run a stop sign** pasarse una señal de PARE (3); **to stop** impedir (6)*
story cuento (2)
straight, to go seguir derecho (4)
straighten up, to ordenar (2)
strange extraño(a) (5)
strawberry fresa (1)
streamers banderines (3)
stretcher camilla (3)
string cuerda (3)*
striped a rayas (5)
succeed, to lograr (4)*
suddenly de repente (3)
sugar azúcar *m.* (1)
sun's rays rayos del sol (6)*
surf the web, to navegar el Internet (2)
surprised, to be sorprenderse (3)
surprisingly sorprendentemente (6)*
surrealist surrealista (5)
surrounded rodeado(a) (2)*
sustainable sustentable (6)*
sweep, to barrer (2)
symbol símbolo (5)*

T

tablecloth mantel *m.* (1)
take something down, to bajar (4); **to take something up** subir (4)
teddy bear osito (2)
tell *(a story)*, **to** contar (ue) (2)
terrestrial, of the land terrestre (6)*
thousand: one thousand mil (1)
three hundred trescientos (1)
ticket multa (3)
ticket window taquilla (4)
tidy up, to ordenar (2)
tiger tigre *m.* (6)
tight apretado(a) (5)
toast brindis *m.* (3)

toast, to brindar (3)
tomato tomate *m.* (1)
tomb tumba (4)*
tortilla chip totopo (1)
tourist turista *m. f.* (4)
toy juguete *m.* (2)
traditional tradicional (5)
traffic light semáforo (3)
transportation transporte *m.* (4)
trash basura (2); **trash can** bote de basura *m.* (2); **to take the trash out** sacar la basura (2)
tree árbol *m.* (6)
trip, to tropezar (ie) (3)
triple triple (4)
tropical forest selva (2)* (6)
try, to probar (1)*; **to try on** probarse (ue) (5)
turkey pavo *(1)* (6)
turn, to doblar (4); **to turn off** apagar (4)* (5); **to turn . . . years old** cumplir… años (3)
turtle tortuga (5)* (6)
two hundred doscientos (1)
two thousand dos mil (1)

U

up, to go subir (4)
use, to utilizar (3)*
utilize, to utilizar (3)*

V

vacuum, to pasar la aspiradora (2)
valley valle *m.* (6)
vendor stand or stall puesto (1)*
venue sede *f.* (1)*
video game videojuego (2)
volcanic ash ceniza volcánica (6)*; **volcanic eruptions** erupciones volcánicas (6)*
volcano volcán *m.* (6)

W

wait, to esperar (3)
walk, to andar (1); **to go for a walk** ir de paseo (2); **to take a walk** dar la vuelta (2); **long walk** caminata (4)*
wash the dishes, to lavar platos (2)
water, to regar (ie) (2)
waterfall *(large)* catarata (6); *(small)* cascada (6)
watermelon sandía (1)
wave ola (6)
wedding boda (3)
whale ballena (6)
wild salvaje (6)
wildlife flora y fauna (4)* (6)*

wireless Internet wifi *m.*, Internet *m.* inalámbrico (4)
witness testigo *m. f.* (3)
wolf lobo (6)
wood madera (3)*
wool lana (5)
work *(of art, literature, theater, etc.)* obra (5)
worse peor (5)

Y

yogurt yogur *m.* (1)
younger menor (5)

Z

zebra cebra (6)